Basiscursus

Dreamweaver CS5

Basiscursussen verschenen bij Academic Service:

Basiscursus Access 2010
Basiscursus Access 2007
Basiscursus Access 2003
Basiscursus Access 2002
Basiscursus ASP.NET
Basiscursus AutoCAD 2011 en LT 2011
Basiscursus AutoCAD 2010 en LT 2010
Basiscursus AutoCAD 2009 en LT 2009
Basiscursus AutoCAD 2008 en LT 2008
Basiscursus AutoCAD 2007 en LT 2007
Basiscursus AutoCAD 2005 en LT 2005
Basiscursus AutoCAD 2004
Basiscursus AutoCAD LT 2004
Basiscursus C++ 3e herziene druk
Basiscursus Cascading Style Sheets
Basiscursus Contribute
Basiscursus Dreamweaver CS5
Basiscursus Dreamweaver CS4
Basiscursus Dreamweaver CS3
Basiscursus Dreamweaver 8
Basiscursus Dreamweaver MX 2004
Basiscursus Dreamweaver MX
Basiscursus Excel 2010
Basiscursus Excel 2007
Basiscursus Excel 2003
Basiscursus Excel 2002
Basiscursus Flash CS5
Basiscursus Flash CS4
Basiscursus Flash CS3
Basiscursus Flash 8
Basiscursus Flash MX 2004
Basiscursus Flash MX
Basiscursus Flash ActionScript
Basiscursus FrontPage 2003
Basiscursus FrontPage 2002
Basiscursus HTML 4.01
Basiscursus Illustrator CS4
Basiscursus Illustrator CS3
Basiscursus Illustrator CS2
Basiscursus Illustrator 10/CS
Basiscursus InDesign CS4
Basiscursus InDesign CS3
Basiscursus InDesign CS2
Basiscursus InDesign CS
Basiscursus Internet, 3e herziene druk
Basiscursus Internet Explorer 6
Basiscursus Java, 2e herziene druk
Basiscursus JavaScript 1.5
Basiscursus Joomla! 1.5
Basiscursus Mac OSX 10.5 Leopard
Basiscursus Mac OSX 10.3 Panther
Basiscursus Mac OSX 10.2 Jaguar
Basiscursus Outlook 2010
Basiscursus Outlook 2007
Basiscursus Outlook 2003
Basiscursus Outlook 2002
Basiscursus Paint Shop Pro X
Basiscursus Paint Shop Pro 9
Basiscursus Photoshop Elements 3.0
Basiscursus Photoshop CS5
Basiscursus Photoshop CS4
Basiscursus Photoshop CS3
Basiscursus Photoshop CS2
Basiscursus Photoshop CS
Basiscursus Photoshop 7
Basiscursus PHP 6
Basiscursus PHP 5
Basiscursus PHP 4.2
Basiscursus Pinnacle Liquid Edition
Basiscursus Pinnacle Studio 10
Basiscursus Pinnacle Studio 9
Basiscursus PowerPoint 2010
Basiscursus PowerPoint 2007
Basiscursus PowerPoint 2003
Basiscursus PowerPoint 2002
Basiscursus Premiere Elements
Basiscursus Premiere Pro
Basiscursus Premiere 6.5
Basiscursus Project 2003
Basiscursus QuarkXPress 5
Basiscursus SQL, 2e herziene druk
Basiscursus SUSE Linux 10
Basiscursus Visio 2002
Basiscursus Visual Basic 2005 EE
Basiscursus Visual Basic.NET
Basiscursus Visual Basic 6.0
Basiscursus Windows 7
Basiscursus Windows Vista
Basiscursus Windows XP
Basiscursus Word 2010
Basiscursus Word 2007
Basiscursus Word 2003
Basiscursus Word 2002
Basiscursus XHTML 1.0
Basiscursus XML herziene editie

Voor meer informatie en bestellingen:

Sdu Klantenservice
Postbus 20014, 2500 EA Den Haag
Tel.: 070-3789880, fax: 070-3789783
E-mail: bestelling@sdu.nl
Website: http://www.academicservice.nl

Peter Villevoye

Basiscursus Dreamweaver CS5

ACADEMIC SERVICE

Meer informatie over deze en andere uitgaven kunt u verkrijgen bij:
Sdu Klantenservice
Postbus 20014
2500 EA Den Haag
tel.: (070) 378 98 80
www.sdu.nl/service

Academic Service is een imprint van Sdu Uitgevers bv.

Redactie: Hilarius Publicaties, Leiden
Zetwerk: Redactiebureau Ron Heijer, Markelo
Ontwerp omslag: Sjef Nix, Amsterdam
Druk- en bindwerk: DeltaHage, Den Haag

ISBN: 978 90 12 58220 9
NUR: 991

Inhoud

Inleiding

Welkom bij dit boek over het meest complexe en flexibele gereedschap voor het maken van websites: Adobe Dreamweaver. Het web is relatief gezien een gloednieuw medium en groeit als kool. En de gereedschappen groeien mee. Het programma biedt vele technieken en methoden. Nieuwe en zelfs experimentele fenomenen verschijnen naast oudere (en zelfs verouderde) werkwijzen. Dreamweaver is zodoende een grandioze gereedschapskist vol technische én creatieve hulpmiddelen. Waardevol, mits in goede handen...

Voor wie

Dit boek is een uitstekend begin voor het leren werken met een nieuw medium en met een nieuw gereedschap. Hobbyisten, studenten maar zeker ook professionals zullen daarom baat hebben bij deze basiscursus. De beschikbare technieken en moderne werkwijzen voor het maken van een website zijn voor iedereen hetzelfde. Of je nu meer visueel of juist technisch bent ingesteld, maakt ook niet uit. Dreamweaver (en zo ook dit boek) biedt voor iedereen een bruikbare basis om een website te maken.

Softwareversie

Dit boek is gebaseerd op Dreamweaver versie CS5 (Nederlandse versie) maar in principe kun je nog prima uit de voeten met de versies CS3, CS4 en zelfs 8 (daterend uit het Macromedia-tijdperk). Al zul je natuurlijk nieuwere functies missen en kan de interface er hier en daar anders uitzien.

8 CS3 CS4 CS5 Windows Mac

Alle uitleg, sneltoetsen en de meeste afbeeldingen gaan uit van een Windows-omgeving. Visueel en functioneel zijn de Windows- en Mac-versie echter vrijwel gelijk aan elkaar, al zijn er kleine verschillen. Waar nodig worden de afwijkende elementen voor de Mac-versie duidelijk aangegeven.

In de bijlage achter in dit boek vind je een lijst met de vertalingen van de meeste (en belangrijkste) Engelse en Nederlandse termen en commando's, voor Windows en Mac.

Vereiste voorkennis

Deze basiscursus leert jou als beginnende gebruiker van Dreamweaver goede webpagina's en sites bouwen. Je hoeft geen kennis of ervaring in het maken van websites of het werken met Dreamweaver te hebben. De uitleg en oefeningen vereisen wel dat je goed vertrouwd bent met het werken op een pc of Mac, dus dat je weet hoe je mappen aanmaakt, bestanden beheert en de weg weet te vinden in een dialoogvenster om bestanden te Openen of Opslaan. En we mogen aannemen dat je zelf de nodige ervaring hebt met het gebruik van het web.

Kennis van andere software voor grafische of webtoepassingen is evenmin een vereiste, maar biedt wel voordelen. Dat geldt ook voor technische kennis met betrekking tot databases, al gaat dit boek nauwelijks in op het uitvoeren van websites met databasekoppelingen.

Opzet van het boek

Het doel van dit boek is om je een meer dan stevige basis te bieden. Je leert niet alleen het gereedschap te hanteren, maar je krijgt ook de nodige kennis om de uitvoering van een website eerst goed voor te bereiden.

Het inhoudelijk opzetten van een website komt zijdelings aan bod. Wil je daar meer over leren, dan raad ik je het boek *Webdesign, van concept tot realisatie* aan van Hedwyg van Groenendaal (Academic Services, 2009).

Dus leer je op theoretische én praktische wijze met Dreamweaver omgaan, maar tegelijk leer je ook veel over de werking van webtechnieken in het algemeen. Want Dreamweaver houdt zich aan de regels en mogelijkheden van het web. Wil je dus begrijpen hoe en waarom iets zo moet of zo werkt binnen Dreamweaver, dan vind je het antwoord daarop in de meeste gevallen bij de werking van het web.

Zodoende leer je ook om de steeds vorderende technieken beter te volgen en begrijpen. Want ieder jaar verschijnen er weer mooie en deugdelijke nieuwe mogelijkheden die de moeite waard zijn.

Overzicht hoofdstukken

Hoofdstuk 1 Websites maken. In dit hoofdstuk vind je wat achtergrondinformatie over internet, het web en Dreamweaver. Deze informatie is niet noodzakelijk voor het werken met Dreamweaver maar wel wetenswaardig.

Hoofdstuk 2 Eerste verkenning. In dit hoofdstuk leer je het programma eerst een beetje kennen. Hoe werkt de interface, hoe zet je de werkomgeving naar je hand en hoe werkt het maken van een eenvoudige pagina in vogelvlucht.

Hoofdstuk 3 Meer inhoud. In dit hoofdstuk leer je elementen als afbeeldingen, Flash en allerlei andere media toe te voegen aan je webpagina's. Daarbij krijg je ook de nodige technische informatie over de vele verschillende bestandsformaten en hun compressie.

Hoofdstuk 4 Inhoud en vorm. Dit hoofdstuk legt de basis voor een goed begrip van webtechnieken voor het vormgeven van een webpagina. De scheiding tussen vorm en inhoud en het werken met inhoudelijke indelingen wordt uitgelegd en geoefend.

Hoofdstuk 5 CSS in de praktijk. In dit hoofdstuk wordt een begin gemaakt met het werken met CSS-technieken. Stap voor stap en door veel herhaling worden de mogelijkheden en eigenschappen van CSS-technieken geleerd.

Hoofdstuk 6 Oud en fout. Dit hoofdstuk mag je uitsluitend lezen op voorwaarde dat je de materie niet in praktijk brengt. Toch is het handig om te weten hoe tot voor enkele jaren geleden websites werden gebouwd.

Hoofdstuk 7 Meer mooie CSS. In dit hoofdstuk ga je onder andere de verrassende mogelijkheden van het werken met lijsten en CSS verkennen. Je leert navigatiemenu's en rollovers geheel met CSS in elkaar te zetten.

Hoofdstuk 8 Meer interactie. Een webpagina kan baat hebben bij diverse interactieve extra's als tabbladen, uitklapbare menu's, panelen die verschijnen en verbergen en dynamische lijsten.

Hoofdstuk 9 Formulieren. Veel websites hebben in meer of mindere mate formulieren nodig, waarmee de websitebezoeker een vraag kan stellen, iets op kan zoeken of iets anders kan aangeven. Je leert ze vorm te geven en te bespreken met andere partijen, die voor de technische afwerking zorg moeten dragen.

Hoofdstuk 10 Sjablonen. In dit hoofdstuk worden de verschillende soorten sjablonen besproken en leer je tempo te maken aan de hand van een zelfgemaakt en aanpasbaar sjabloon.

Hoofdstuk 11 Sitebeheer. In dit laatste hoofdstuk ruimen we op, controleren we of alles goed werkt en leer je de website online te zetten of een bestaande website te downloaden en bewerken.

Uitleg en oefening

De technieken en werkwijzen in het programma Dreamweaver sluiten aan bij de moderne methoden en standaardtechnieken voor het maken van websites. Veel uitleg is dus algemeen van aard en niet specifiek voor Dreamweaver.

Aan de hand van oefeningen wordt de theorie in praktijk gebracht. Veel oefeningen zijn voorzien van illustraties en stapsgewijze beschrijvingen, zodat je goed ziet wat de bedoeling is en kunt volgen wat er gebeurt.

Veel oefeningen staan op zichzelf en zijn apart uit te voeren. Je hoeft dus niet eerst andere hoofdstukken of oefeningen te doen om ze te kunnen volgen.

Naast de vele oefeningen die aan een onderwerp verbonden zijn, wordt een aantal oefeningen (online) gewijd aan de website van het fictieve reisbureau *Tropic Tracks*. Deze website doorloopt vrijwel alle hoofdstukken, verduidelijkt de samenhang tussen alle onderdelen en laat zo de onderwerpen stapsgewijs samen komen.

Alle verwijzingen, voorbeelden en oefenmateriaal uit dit boek zijn te vinden op de website van Academic Service (www.academicservice.nl) en op mijn eigen website (www.studea.nl).

Vergeet niet dat er ook een volledige Dreamweaver-handleiding in je programma ingebouwd zit (**Help**) (**F1**) en ook online te vinden is (http://help.adobe.com/nl_NL/dreamweaver/cs/using). Adobe verwijst verder ook graag naar haar community's (zie http://forums.adobe.com/community/dreamweaver).

Afspraken

In dit boek geldt een aantal afspraken:

Commando's, opties en instellingen die je vrijwel letterlijk (soms ingekort) op het scherm en in menu's kunt lezen en vinden worden **in dit lettertype** weergegeven.

Teksten en getallen die je moet invoeren worden ook **vet** weergegeven, net als de toetsen die je indrukt (**Ctrl**+**Shift**+**Alt**+**F**).

Extra informatie wordt met een speciaal informatie-icoon in dit soort kaders aangegeven. Deze informatie is niet essentieel voor het volgen van de materie, maar geeft wat extra uitleg of nog een handige tip.

In kaders met een aanwijzer-icoon vind je extra oefeningen of handelingen die bij een onderwerp horen, maar die niet essentieel zijn voor het volgen van het boek.

Informatie over Dreamweaver voor Mac-gebruikers staat in kaders met een Mac-icoontje.

In deze basiscursus komt ook regelmatig code in HTML, CSS of uit scripts voor. Deze staan in `dit lettertype`. Bijvoorbeeld:

```
<table> <tr> <td>
```

Belangrijke sneltoetsen die voor een menucommando gelden worden aangegeven bij het onderdeel over dat commando. Verderop in de tekst zal de sneltoets niet meer worden vermeld.

Vrijwel alle sneltoetsen zijn voor de Mac- en Windows-versie gelijk, alleen zul je waar je bij Windows de Control-toets (Ctrl) gebruikt, voor de Mac de zogenaamde Command, Apple ofwel Klaver-toets moeten gebruiken.

Voor de leesbaarheid wordt in dit boek consequent de hij- of hem-vorm aangehouden. Vanzelfsprekend wordt daar eveneens 'zij' of 'haar' bedoeld.

Dankwoord
Graag bedank ik Marieke en Marcel van Sdu Uitgevers voor hun geduld en hulp. Mirjam van Ooijen wil ik in het bijzonder danken voor haar vele bijdragen.

1 Websites maken

Websites maken is een relatief nieuw vak. Een volwaardig vak, met eigen disciplines, specifieke technieken en een breed en groeiend scala aan mogelijkheden en toepassingen. Mensen die nog denken dat een website niet veel meer dan een 'digitale folder' is, hebben het bij 't verkeerde eind. Er zijn overeenkomsten met papieren media, maar ook grote verschillen. In elk geval kent een website veel meer mogelijkheden dan sinds lang bestaande media.

1.1 In dit hoofdstuk

- Het internet
- Het web
- De software
- Beperkingen of principes

Het verdient aanbeveling om voordat je aan de slag gaat dit hoofdstuk in alle rust door te nemen. Neem een kopje koffie of thee erbij, laat die computer nog even met zijn screensaver spelen en doe de deur dicht. Of beter: ga lekker buiten zitten (als het mooi weer is), want gedurende de rest van dit boek zul je toch veel te lang achter het scherm zitten.

Als het je allemaal te theoretisch wordt, wees gerust: je mist daarmee geen cruciale kennis om met Dreamweaver te kunnen werken. Het gaat er meer om dat je wat achtergrondinformatie krijgt.

1.2 Het internet

In tegenstelling tot wat veel mensen denken is het internet niet alleen maar het world wide web (www). Het internet is in de jaren zestig van de vorige eeuw in opdracht van het Amerikaanse ministerie van Defensie door enkele wetenschappers bedacht. Het doel was om informatie snel en veilig van A naar B te krijgen. Cruciaal daarbij was de aanpak om een computernetwerk niet alleen van A naar B maar ook van B naar C en van A naar C (en alle andere punten) te verbinden.

Zo ontwikkelt zich een netwerk dat bij het wegvallen van één verbindingspunt in staat is gegevens via een andere route alsnog te versturen. Ten tijde van de Koude Oorlog dachten Amerikanen aan Russische bommen als grootste bedreiging voor het netwerk. Tegenwoordig denken we aan 'digitale opstoppingen' die het netwerk kunnen belasten, bijvoorbeeld door een nieuw muziekalbum dat iedereen gratis mag downloaden. De immense en fijnmazige structuur van het internet kan deze plotselinge pieken beter aan door ze te verdelen en over meerdere routes te leiden.

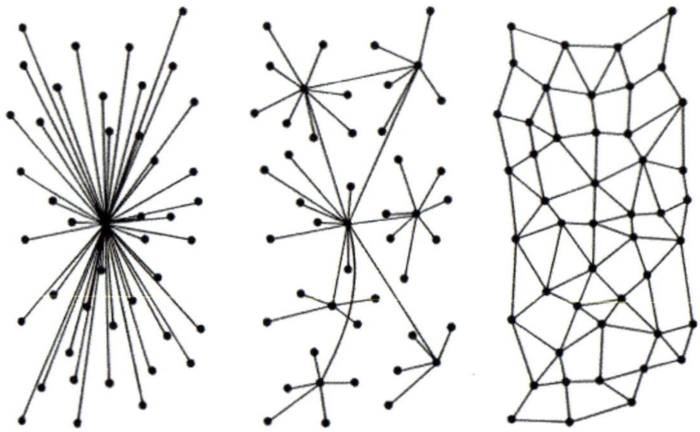

Figuur 1.1: In plaats van een centraal (of deels centraal) netwerk, een verdeeld netwerk met vele fijnmazige vertakkingen.

1.2.1 Protocollen

Het internet begon met slechts enkele computers (zo groot als een keukenaanrecht), die volgens de zojuist beschreven opzet met elkaar verbonden werden. De technische naam voor deze verbindingswijze luidt TCP/IP (voluit: Transmission Control Protocol, Internet Protocol).

Het allereerste functionele 'protocol' bestond eruit simpelweg een pakketje data te versturen. Men noemde dit protocol FTP, oftewel File Transfer Protocol. Tegenwoordig gebruiken we het nog steeds, bijvoorbeeld om webpagina's op een server te plaatsen.

De wetenschappers die dit prille internet gebruikten, ontdekten dat veel pakketjes informatie niet veel meer behelsden dan een simpele memo of notitie voor een of meer personen. Om dat makkelijker te kunnen onderscheiden van de andere data, bedacht men in 1971 twee e-mailprotocollen: SMTP (verzenden) en POP (ophalen). Deze zijn nu nog steeds in gebruik.

Een ander protocol dat al vroeg werd vastgelegd, beschrijft het chatten. Dit protocol kon in feite niet veel meer dan wat vroeger een telex deed: korte tekstberichten direct heen en weer sturen. Dit protocol noemde men IRC (Internet

Relay Channel) en werd later door ICQ en het nu zo bekende MSN van meer mogelijkheden voorzien.

1.2.2 Van elite naar massa

Computers en computernetwerken bleven lange tijd een walhalla voor de elite van wetenschappers en overheden. Totdat in de jaren tachtig van de vorige eeuw bedrijven en zelfs moedige particulieren zich ook meer en meer inlieten met deze nieuwe technieken. Computers werden niet alleen kleiner en krachtiger, maar ook goedkoper. Netwerken werden een noodzakelijke infrastructuur. Er ontstonden diverse merken computerplatformen en netwerktechnieken, die elkaar liever beconcurreerden dan samenwerkten.

Na een lange periode vol klachten en ergernissen over al die dure en vaak haperende netwerktechnieken, krabden makers en gebruikers van computers en netwerken zich op het hoofd en omarmden ze langzaamaan het internet en haar standaard protocollen. Daardoor kon iedereen thuis of op het werk gebruik gaan maken van het internet.

Toch waren de functies die men via internet kon verrichten nogal beperkt óf te technisch voor de massa. E-mail en chatten waren de meest spannende functies. Bestanden heen en weer sturen (FTP) vond men al te ingewikkeld. Totdat eind jaren tachtig één wetenschapper een nieuw protocol bedacht...

1.3 Het web

Geen auteur van een boek over het web of websites maken komt eronder uit kort eer te betonen aan de grondlegger van het web. Zoals boekenmakers behoren te weten wie de boekdrukkunst heeft uitgevonden, zo zou een webdesigner best mogen weten aan wie men zijn nieuwe vak te danken heeft. Laten we dus even stilstaan bij de uitvinding van het 'web', het is immers niet eens zo heel lang geleden. Bovendien helpt deze wetenswaardigheid ook enkele belangrijke principes van het web beter te begrijpen.

CERN

De bakermat van het web ligt bij CERN, een internationaal instituut waar men zich bezighoudt met allerlei onderzoek en reguleringen met betrekking tot atoomfysica en dergelijke.

En in zo'n bastion vol techneuten en managers wordt natuurlijk ook veel gecommuniceerd. Massa's voorstellen, rapporten en notities worden continu over de hele wereld verzonden. Men wist de papierberg destijds al in te dammen door met FTP en e-mail te gaan werken. Maar men bestookte elkaar net zo rijkelijk met digitale memo's en tekstbestanden, wat op den duur ook voor een chaos zorgde.

Tim Berners-Lee

Tim Berners-Lee (inmiddels tot 'Sir' benoemd) was en is nog steeds wetenschapper bij CERN. Hij zocht eind jaren tachtig naar oplossingen om ook de digitale informatiestromen van CERN in betere banen te leiden.

Figuur 1.2: Tim Berners-Lee, oprichter van het web.

1.3.1 Webtechnieken

HTTP

Sir Tim had er genoeg van. Met een team van wetenschappers en een NeXT-computer ontwikkelde hij eind jaren tachtig het HTTP-protocol (HyperText Transfer Protocol). De term 'hypertext' bestond al, en betekent dat men op een computerscherm via een of meer woorden in een tekst verwezen wordt naar gekoppelde informatie. Het 'transfer protocol' regelt het verzenden en ontvangen van de informatie. Zo 'springt' men van de ene tekst naar de andere, wat men ervaart als heen en weer bladeren in een boek of het 'over informatie heen surfen' (dat klinkt avontuurlijker).

Daarmee waren veel problemen verholpen:

- De informatie is centraal toegankelijk.
- Men leest/bekijkt deze wanneer men wil.
- Men leest/bekijkt precies zoveel men wil.
- Men ziet altijd de meest recente versie.

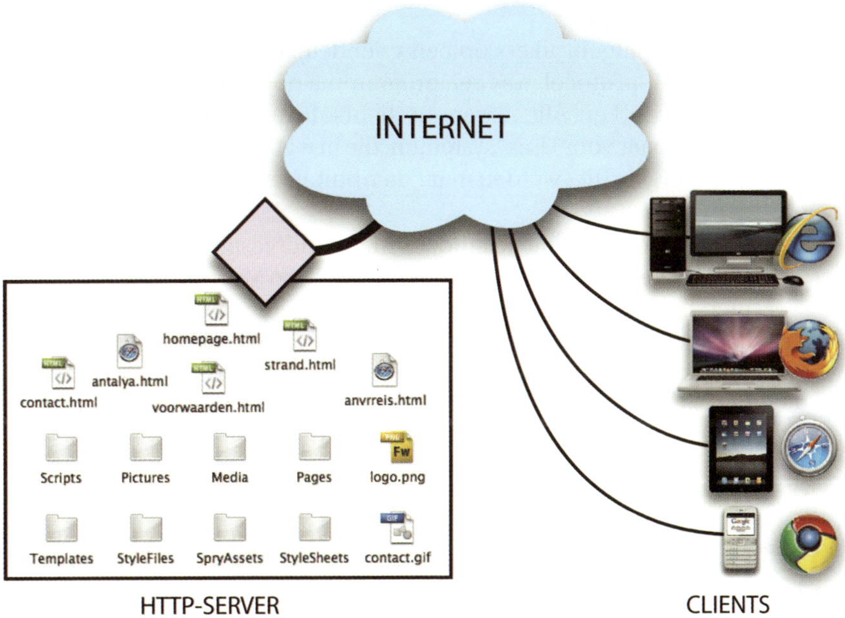

Figuur 1.3: Een simpel diagram van de werkwijze van HTTP. De clients vragen een pagina ('request') en de server 'serveert'.

HTML-taal

De term HTML staat voor Hypertext Markup Language, vrij vertaald: een pagina met opmaak en koppelingen. De HTML-taal werd in 1993 als een voorstel ingediend (zo hoort dat, in wetenschappelijke kringen), maar in feite is er nooit officieel een eerste versie van de HTML-taal gepubliceerd. Voor de werking van de HTML-taal werd teruggevallen op een al bestaande methode voor het structureren en vormgeven van (tekstuele) inhoud, de 'SGML'-taal (Standard Generalised Markup Language). Het team van wetenschappers stelde een lijst van tags, afkortingen en definities samen, waarmee men tekst (en later ook afbeeldingen) in een op alle systemen werkende visuele vorm kon gieten.

```
<html>
<head>
<meta http-equiv="content-type" content="text/html;charset=iso-8859-1">
<title>Studea - Trainingen inleiding</title>
</head>
<body link="#0000FF" alink="#FF0000" vlink="#990099"
  background="../picts/gray_cmyw.gif" bgcolor="#FFFFFF" text="#000000"
  leftmargin="0" topmargin="0" marginwidth="0" marginheight="0">
<a name="top"></a>
<h1>Trainingen</h1>
<p><b>Inleiding</b><br>
  <a href="lijst.html"><b>Lijst overzicht</b></a><br>
  <a href="intermediairs.html"><b>Intermediairs</b></a><br>
  <a href="referenties.html"><b>Referenties</b></a></p>
<h3>Introductie</h3>
<p>Het grootste deel van mijn dagelijkse werk is het lesgeven in<br>
  vele software-pakketten m.b.t. DTP, multimedia en Internet,<br>
maar ook het trainen in 'fenomenen', zoals interface-design en<br>
```

Figuur 1.4: Een voorbeeld van HTML in een webpagina.

Webbrowsers

Om internetgebruikers op een vriendelijke wijze gebruik te laten maken van het HTTP-protocol, was een programma nodig dat ook op eenvoudige computers kon werken. Alle server- en clientsoftware voor HTTP was tot dusver alleen beschikbaar voor Unix-systemen, die in wetenschappelijke en educatieve kringen veel gebruikt werden maar daarbuiten eigenlijk nauwelijks.

In 1992 ontwikkelde de student Marc Andreesen het programma Mosaic, een HTTP-client (browser) waarmee men ook op Macintosh- en Windows PC-systemen informatie op HTTP-servers kon opvragen en bekijken. Mosaic was het eerste populaire programma hiervoor, maar omdat het in feite een universitair project betrof, kon Marc Andreesen deze naam niet blijven gebruiken voor zijn bedrijfsmatige versie van het project. Onder de naam Netscape Navigator werd in 1994 dit vervolg op Mosaic gelanceerd.

Inmiddels zijn er tientallen browsers van verschillende merken en makelij. Veel browsers worden ontwikkeld op basis van een 'engine' (de 'motor' die de HTML en alle andere webtalen en -technieken interpreteert). Mosaic, dat dus later Netscape Navigator is gaan heten, vormt nu de basis voor de Mozilla-engine Gecko, die onder andere door FireFox gebruikt wordt. Microsoft heeft haar Explorer uitgebracht (met een eigen engine) en Apple haar Safari (gebaseerd op de WebKit-engine). Dit zijn de bekendste browsers.

1.3.2 Websites

Technisch gezien is het gros van de websites een map vol bij elkaar horende HTML-bestanden en eventuele afbeeldingen, Flash-bestanden, filmpjes, mappen, et cetera.

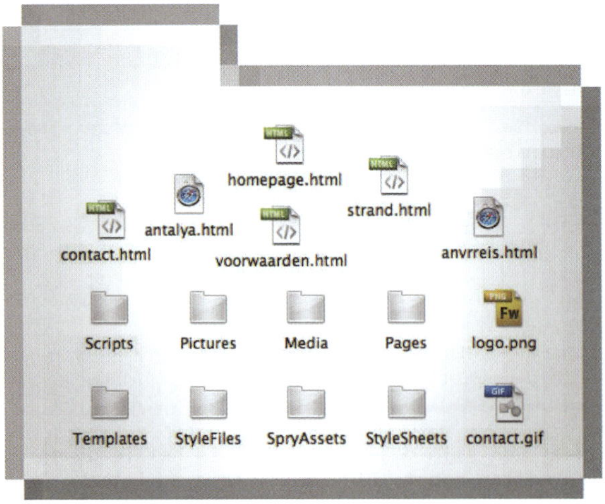

Figuur 1.5: De technische opzet van een website: wat pagina's en afbeeldingen (al dan niet onderverdeeld in mappen), alles bijeen in één map.

Inhoudelijk kan een website slechts een 'vlaggenmast' zijn, een teken van (digitaal) leven. Veel particulieren en kleine bedrijven willen zo'n kleine, beperkte website voor zichzelf. Een homepage met enkele plaatjes, wat pagina's over hun bezigheden, wat links naar andere websites, dat volstaat. Kleine bedrijven hebben soms ook weinig te vertellen; niet iedereen wil een grootse digitale wereld om zijn producten, diensten of ideeën kenbaar te maken.

Dergelijke eenvoudige websites kun je tegenwoordig via kant-en-klare websystemen en programma's aanmaken. Met behulp van sjablonen waarin je de gewenste inhoud giet, staat binnen vijf minuten je eigen website online.

Figuur 1.6: Diensten zoals MySpace en programma's als iWeb voorzien op uitstekende wijze in een eenvoudige behoefte.

Maar het kan natuurlijk altijd uitgebreider, mooier en 'rijker', zoals softwaremakers en webdesigners het noemen. Een website kan een bolwerk van media en technieken worden, met dynamische inhoud, formulieren, downloads, complexe interactie, video's, een 'mash-up' van websites, en nog veel meer.

De allereerste websites waren wetenschappelijk van aard of op z'n minst aan wetenschappelijke instituten verbonden. Toen langzaamaan ook andere sectoren, zoals scholen en musea, zich op het maken van websites gingen richten, vonden bedrijven dat ze niet achter konden blijven.

1.3.3 Intranet en extranet

Een term waar we snel klaar mee zijn, is intranet. Sommige bedrijven en instellingen maar tegenwoordig zelfs huishoudens kiezen ervoor om een soort mini-internet van hun eigen netwerk te maken: een *intranet.* Dit bevat dezelfde technieken en mogelijkheden als het grote openbare internet, maar dan beperkt tot het eigen netwerk van computers (clients en servers).

Een *extranet* borduurt daarop voort: dit is een website (of een deel daarvan) die niet voor iedereen toegankelijk is. Eigenlijk valt daar elke website of pagina onder waarvoor je je moet registreren, met een naam en wachtwoord.

Vanuit die optiek kun je net zo goed een website voor een intranet of extranet maken. Technisch is dat precies hetzelfde, maar de toegang strekt niet verder dan 'voor intern of beperkt gebruik'. De netwerktechnische afscherming ervan bepaalt of het een website voor internet, intranet of extranet is.

1.4 De software

Websites worden met diverse technieken gemaakt. Voor sommige onderdelen van een website zijn programma's als Flash (voor animaties) en Photoshop (voor foto's) nodig. Maar het gros van de websites kan voor een groot deel worden uitgevoerd met programma's zoals Dreamweaver.

Veel websites worden ontwikkeld met populaire kant-en-klaar systemen gebaseerd op sjablonen en databases, zoals Wordpress, Joomla of Drupal. Ook daar kan Dreamweaver (CS5) makkelijk op inhaken.

1.4.1 Historie Dreamweaver

Het programma Dreamweaver stamt uit 1997. De roots liggen bij Allaire Systems, dat in 1998 werd opgekocht door de kleine ontwikkelaar voor multimediasoftware, Macromedia. In het begin was Dreamweaver een beetje speels (met frisse kleuren en heel hip ogende knoppen om je site live te publiceren), maar Macromedia voelde goed aan dat dit programma potentie had.

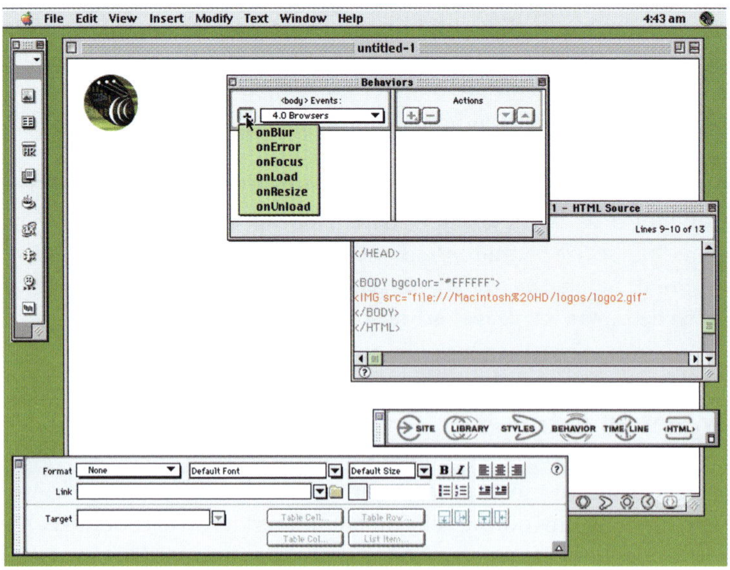

Figuur 1.7: Groene glorie sinds versie 1 in 1997.

Intussen bleef Adobe niet achter. Nadat Macromedia het programma Dreamweaver voor haar neus had weggekaapt, kocht Adobe het van oorsprong Duitse GoLive. Macromedia Dreamweaver en Adobe GoLive waren dus in feite vele jaren gezworen vijanden. Totdat Adobe en Macromedia in 2005 fuseerden en Adobe alsnog haar eerste keus in bezit kreeg. GoLive werd toen snel terzijde geschoven.

1.4.2 Werkwijze Dreamweaver

Het leren maken van websites met Dreamweaver is een kwestie van leren begrijpen wat je kunt verwachten van de technieken die het web biedt. Websites kunnen namelijk heel veel maar lang niet alles. Zoals je eerder in dit hoofdstuk kon lezen, is het web (en de techniek waarop het gebaseerd is) in eerste instantie bedacht door en voor wetenschappers. Zij hadden nooit de bedoeling er een vliegreis mee te kunnen boeken of een spelletje mee te spelen.

WYSIWYG?

De afkorting WYSIWG (voluit: What You See Is What You Get) is een populaire werkwijze in veel software. Op het scherm zie je als maker exact wat anderen als eindresultaat te zien krijgen. Hoewel een website juist een schermmedium bij uitstek is, blijkt Dreamweaver slechts ten dele WYSIWYG te werken. Men noemt het daarom ook liever: What You See Is What You ALMOST Get...

Dreamweaver werkt met name vanaf versie CS4 via een structurele aanpak. Door deze professionelere werkwijze neemt Adobe min of meer afscheid van de methodes waarmee je uit de losse pols een website kon maken.

1.5 Beperkingen of principes

Je zou verwachten dat het web, naast al die digitale media als tekstverwerking, dtp, fotografische, audiovisuele en multimedia, de verzameling is van alle voordelen van die andere media, plus de verdiensten van het internet: via een enkel draadje (of zelfs draadloos) altijd en overal bereikbaar zijn. Maar dat is niet zo. De geestelijke vaders van het web hadden zo hun eigen ideeën over hoe en wat dit nieuwe medium voorstelde. En fraaie vormgeving of audio en video waren daarbij niet van groot belang. Als het web als nieuw medium al ergens op leek, dan was dat nog het meest op de weinig spannende mogelijkheden van noeste tekstverwerking.

De HTTP-protocollen en HTML-mogelijkheden van het eigenwijze web dwingen websitemakers vandaag de dag nog steeds tot een andere kijk op 'design'. De wetmatigheden van het web zijn nu eenmaal harde principes waar je maar beter rekening mee kunt houden. We zetten een paar belangrijke punten op een rij.

Inhoud (en structuur) is primair

En vervolgens kunnen we stellen dat mooimakerij secundair is. Goed gestructureerde inhoud is dus een voorwaarde voor een goede website. Tenminste, als we het over een informatieve website hebben. Je kunt ook een website met een spel of puzzel willen maken, maar we gaan even uit van een 'gewone' website die een product, dienst of idee wil slijten.

Formaat staat niet vast

In tegenstelling tot veel andere media heeft een website liever geen vast formaat. Ze worden wel veel gemaakt, maar een goeie website is juist formaatloos. Je weet namelijk niet of niet altijd welk formaat scherm je bezoekers gebruiken. Een ouderwetse kleine monitor met een beeldbuis, een extra breed LCD-scherm, een staande of liggende iPad? Misschien gebruikt men helemaal geen scherm om je website te bezoeken, misschien is de bezoeker wel blind en gebruikt hij of zij speciale braille- of spraaksoftware.

Figuur 1.8: Gebruikt men wel een scherm, en hoe groot is het?

Lettertypen zijn schaars

Het is niet mogelijk om op de aanwezigheid van een lettertype te vertrouwen. Daardoor weet je nooit zeker hoe je bezoeker de website zal gaan zien en moet je dus rekening houden met een wisselende tekstlengte. Eerdere experimentele technieken zoals sIFR (op basis van Flash) boden weliswaar wat typografische keuzes, maar zorgden ook voor veel hoofdbrekens.

Een nieuwe en betere aanpak wordt geboden door onder andere Typekit en Fonts.com. Daarbij kan men eindelijk weer gebruikmaken van vele gratis en te betalen lettertypen van gerenommeerde uitgeverijen.

Figuur 1.9: Dankzij de fontface-techniek die onder andere door Typekit wordt gebruikt, kun je eindelijk weer lettertypen in een website doorvoeren.

Kleuren zijn zelden zeker

Bordeauxrood kan stoplichtrood worden en kanariegeel is op een andere monitor misschien tegen het olijfgroene aan. Kortom: als de maker en bezoeker van een website beiden geen poging hebben gedaan om kleurbeheer door te voeren (en dat is de meerderheid), dan zul je altijd schrikken van andermans kijk op jouw kleuren. De kleurentelevisie van je buren valt dan nog mee. Kleurbeheer voor het web is nu nog onbegonnen werk.

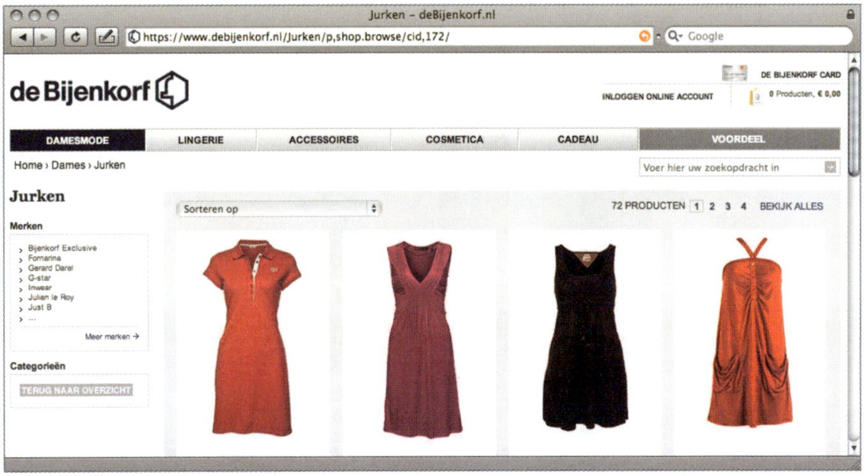

Figuur 1.10: Zoveel schermen, zoveel jurken, zoveel kleuren... Welk rood ziet de bezoeker: steenrood, bordeauxrood, vuurrood?

Snelheden blijven verschillen

We dachten pakweg tien jaar geleden nog dat we nu (tien jaar later) alles véél sneller en dus veel 'rijker' konden maken. En dat klopt. Vrijwel iedere websitemaker mag ervan uitgaan dat de meeste webgebruikers een redelijk snelle verbinding hebben. Maar het kan best zijn dat je je website richt op de steeds groter wordende groep gebruikers die superhip en hightech modern leven. Lees: die dus veel gebruikmaken van mobiele computers en smartphones. En die apparatuur beschikt niet altijd en overal over een snelle netwerkverbinding. Zuinigheid in design is dus nog steeds troef voor een goede websitebeleving.

Gebruik de juiste technieken

In het verleden hebben veel websitemakers op een onjuiste manier gebruikgemaakt van HTML-technieken. Zo werden tabellen en framesets ingezet voor ingewikkelde lay-out, werden interfaceonderdelen misbruikt voor verkapte reclame, dat soort trucs. De huidige stand van HTML-technieken is niet alleen uitgebreid (waardoor eerdere moeilijkheden nu goed mogelijk zijn) maar ook strenger; webstandaarden laten het niet makkelijk meer toe om te smokkelen.

Verschillende browsers

Het is een komen en gaan van browsers. Nieuwe browsers verschijnen en oude versies verdwijnen. Ze raken echter niet zo snel uit gebruik als webmakers zouden willen, waardoor je steeds meer te maken hebt met een bonte verzameling browsernamen en nummers. Dankzij de brede acceptatie van webstandaarden (zelfs door Microsoft) zijn de browserverschillen lang niet meer zo desastreus als pakweg vijf jaar geleden, maar ze zijn er nog wel. Het is in ieder geval raadzaam om te werken volgens webstandaarden. Want het is makkelijker om een website later van wat kleine compensaties voor oudere (niet-standaard)browsers te ontdoen, dan een website die voor een specifieke (oude) browser was gebouwd telkens bij te spijkeren of om te bouwen.

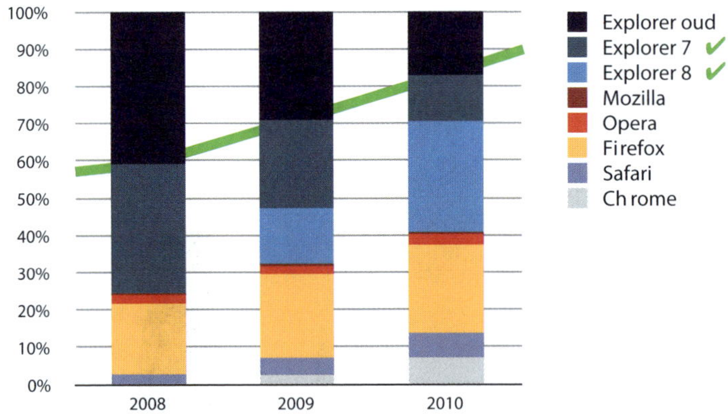

Figuur 1.11: Wijsheid komt met de jaren, ook voor Explorer. Meer ondersteuning voor webstandaarden (groene lijn) in 2008, dankzij Explorer 7 en (binnenkort) versie 8.

Verdeling van taken

De eerste-generatie websites werden gebouwd door fanatieke hobbyisten, slimme alleskunners en gehaaide jeugdigen. Het waren vaak eenpitters die zo'n klus aannamen en de hele website van voor tot achter klaarmaakten. Van het verzinnen van de vorm, tot en met het aanknopen van databases en het regelen van contracten met hostingproviders. Het web was 'booming business' en de pioniers boerden goed. Maar inmiddels zitten die vroege goeroes op de spreekwoordelijke Bahama's (of op zwart zaad) en hebben opdrachtgevers en werkgevers ook gemerkt dat het niet verstandig is om zoiets aan één persoon over te laten.

Figuur 1.12: De taken verdeeld over een team van mensen met verschillende disciplines.

Een moderne website is een zaak van teamwork: redactie, vormgeving en techniek. Het is nog steeds mogelijk (ook door de veelzijdigheid van een programma als Dreamweaver) om in je eentje een website te maken. Maar als de website groeit en meer aandacht trekt en vereist, dan is het belangrijk om de taken te verdelen en niet (meer) alles naar je toe te trekken. Dat is soms moeilijk, zeker als je het werk best leuk vindt. Maar aan de andere kant is het uitstekend om je eigen (on)mogelijkheden te onderkennen en de hulp van anderen in te schakelen. Niet iedereen is een Leonardo da Vinci!

Nieuwe kunstjes en raar jargon

Het web is een relatief jong medium en voorlopig nog een soort speeltuin voor techneuten. Samen met visionairs bedenken en verwezenlijken ze iedere dag weer nieuwe webtechnieken. Veel daarvan blijft – gelukkig – in experimentele stadia hangen, maar zo af en toe dringt er weer een nieuwe en nuttige functionaliteit door tot de 'gewone' regionen van het web. Da's mooi, maar zo'n nieuw fenomeen is dan meestal nog niet echt elegant en betrouwbaar van opzet.

Rare afkortingen, verwarrende termen en vage afspraken omgeven het nieuwe kunstje; het zou eigenlijk nog eens goed moeten worden doorgelicht. Maar dan zien we de kracht van het internet: in no time is de prille techniek alom verspreid en al in gebruik alsof het de gewoonste zaak van de wereld is. Er is geen gelegenheid meer om het voor minder technische goden begrijpelijker te maken. We zitten er dan al snel mee opgezadeld. Maak je borst dus maar nat en schrik niet van wat onlogische technieken of termen. Het web staat er bol van...

Gebruikers kunnen er trouwens ook wat van; ze benoemen iets op basis van wat ze zien, maar wat wordt dan precies bedoeld als men zegt die 'pop-ups' wel of niet handig te vinden? Ook in het gebruik van software treft men vaak verwarrende termen aan: menuoptie, uitklapmenu, zijwaarts menu, flapdingetje?

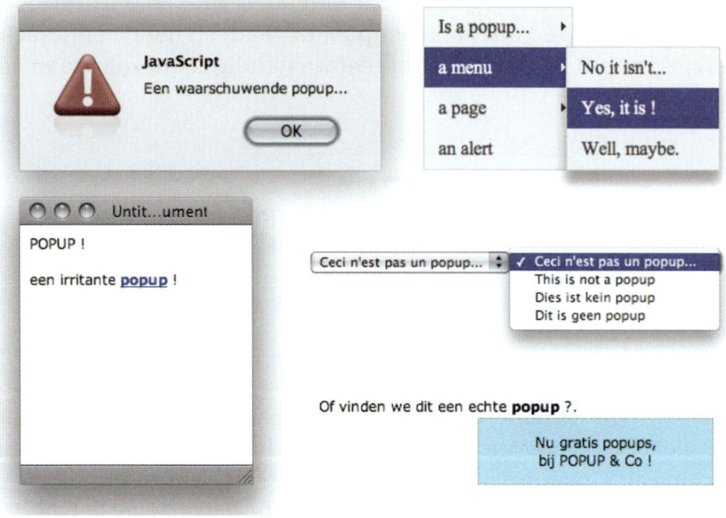

Figuur 1.13: Wat bedoelt u precies met 'pop-up'? Met de klok mee: een alert-, menu-, keuzelijst-, knopinfo- of window-popup...

Beperkingen of principiële vrijheden

Je kunt je afvragen of deze punten belemmerend of beperkend zijn. Voor wie, is dan de wedervraag. Want het zijn misschien hindernissen voor de websitemaker, maar tegelijk vrijheden aan de kant van de webgebruiker. De gebruiker mag zelf bepalen welk formaat scherm of maat venster men voor de informatie gebruikt; de gebruiker kan zijn eigen lettertype instellen en de tekst groter en kleiner maken als deze voor hem niet prettig leesbaar is. Met andere woorden: de gebruiker heeft meer zeggenschap over hoe hij de informatie tot zich neemt. In feite is papier juist beperkend, vanwege het vaste formaat, de niet aan te passen tekstgrootte, de beperkte ruimte en vaststaande indeling.

Daar moet je natuurlijk even aan wennen. Die knop moet 'om'. Je moet leren omgaan met de conventies van het web en de principes van die andere (oudere) media even vergeten. Ieder medium heeft zijn eigen voor- en nadelen, zijn eigen conventies. Je zult wat overeenkomsten kunnen ontdekken, maar je zult ook moeten openstaan voor andere manieren van ontwerpen.

1.6 Afronding

Webdesign is een vak, geen kunstje of trucje dat men even flikt. Het is net als grafisch werk (dtp) doorspekt met visuele aspecten maar ook net zo complex en technisch, en gebonden aan conventies en regels die soms uit onverwachte hoek komen. Bepaalt bij papieren producties de eeuwenoude achtergrond de spelregels en (zelf)beperkingen, bij websites is het prille bestaan de reden voor veel technische beperkingen en regels. Sterkte!

2 Eerste verkenning

Dreamweaver biedt de gebruiker een mix van visuele hulpmiddelen en technische handigheden. Daardoor vindt een technisch ingestelde persoon Dreamweaver op het eerste oog vaak wat te simpel, en haakt iemand die visueel is ingesteld af omdat Dreamweaver soms behoorlijk technisch kan lijken. Het grappige is dat je zelf de balans bepaalt. Je hoeft immers niet meteen alles te weten. In dit hoofdstuk leer je het programma een beetje kennen. Hoe werkt de interface, hoe kun je de werkomgeving naar je hand zetten en hoe werkt het maken van een eenvoudige pagina in vogelvlucht.

2.1 In dit hoofdstuk

- Werkomgeving
- Rauwe HTML
- Hulpmiddelen
- Fysiek vs. semantiek
- Raamwerk pagina
- Koppelingen maken

2.2 Werkomgeving

Zoals veel Adobe-programma's werkt Dreamweaver met een aantal panelen en balken in en rondom een documentvenster. Welke je belangrijk vindt en direct of permanent in beeld wilt zien, is je eigen keuze.

Oefening 2.1

1 Als je het programma opstart of (nog) geen bestand hebt geopend, verschijnt er een welkomstscherm.

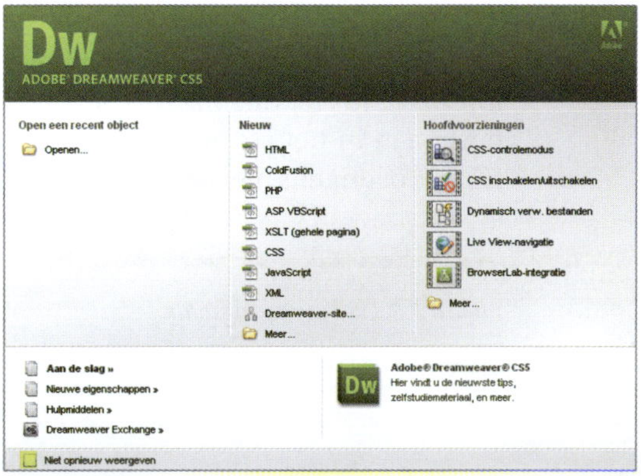

Figuur 2.1: Het welkomstscherm.

2 Klik op de knop **Niet opnieuw weergeven** linksonder om dit scherm in het vervolg te verbergen. Wat erin staat is later ook op andere manieren te bereiken en het scherm is desnoods weer op te roepen via **Bewerken**, **Voorkeuren** (**Ctrl+U**) in de rubriek **Algemeen** (eerste bovenaan).

3 Klik in de categorie bij **Nieuw** een **HTML**-pagina aan, maar sluit die pagina direct weer nadat deze op het scherm verschenen is. Dan zie je het scherm uit figuur 2.2.

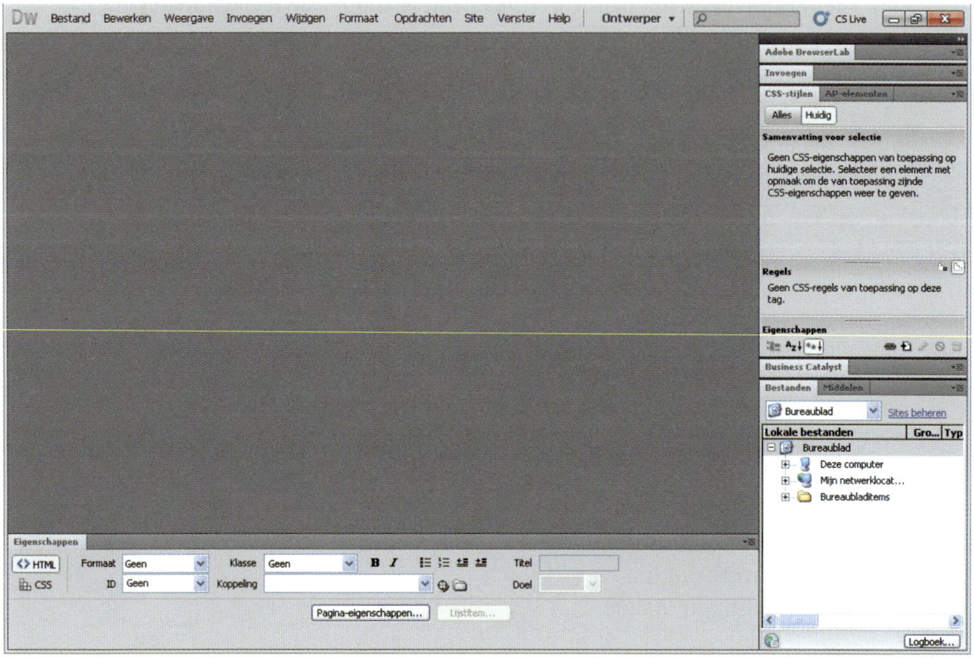

Figuur 2.2: De belangrijkste onderdelen van het scherm.

We maken nu een rondgang over het scherm van Dreamweaver, eerst zonder en daarna met een geopend bestand.

2.2.1 Vensters, panelen en balken

Dreamweaver werkt binnen een zogenaamd toepassingsvenster met een eigen interface. Je ziet dus niet de bekende Windows-menubalk en -vensterranden bovenaan in het scherm of document, maar de Toepassingsbalk van Adobe. Deze is overigens nieuw sinds versie CS4.

Figuur 2.3: De Toepassingsbalk.

Op dit punt zien we gelijk al een van de weinige maar wel meest typische verschillen tussen de Windows- en Mac-versie van Dreamweaver: als Mac-gebruiker blijf je wel de vertrouwde Mac-werkomgeving van menubalk en vensterranden zien. Ook heb je de mogelijkheid om onder Venster de Toepassingsbalk uit te schakelen als je deze niet prettig vindt (hij kost best veel schermruimte en is niet altijd nodig), en kun je ook makkelijker documentvensters los houden, met eventueel je Bureaublad op de achtergrond.

Oefening 2.2

1 Kies in de **Toepassingsbalk** voor de werkruimte **Ontwerper** en voor alle zekerheid ook voor **Ontwerper opnieuw instellen**, zodat je van dezelfde beginsituatie uitgaat als in dit boek.

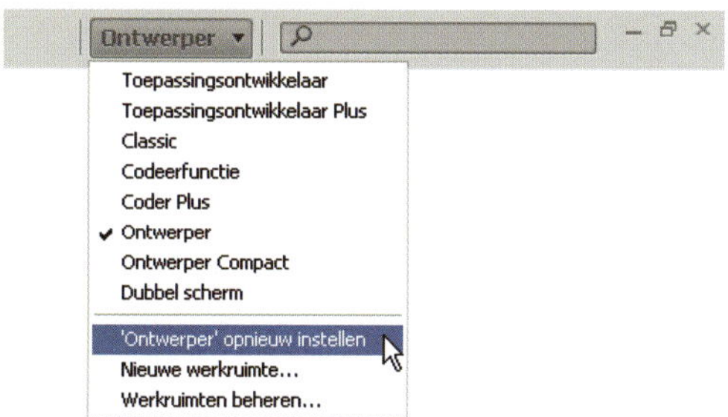

Figuur 2.4: Kies in de Toepassingsbalk de werkruimte 'Ontwerper' en laat deze 'opnieuw instellen'.

Eerlijk gezegd is Dreamweaver een beetje rommelig met al die extra's. Daarom is het beter als je alle extra panelen en balken eerst even uit beeld laat verdwijnen, zodat we een schone blik op ons scherm hebben.

2 Kies onder **Venster** voor **Panelen verbergen** (**F4**), zodat het scherm 'schoon' is.

Allereerst kijken we naar enkele methoden om panelen op te roepen, te beheren en (automatisch) te verbergen.

3 Kies bijvoorbeeld bij **Venster** voor **Historie** (hierin kun je al je handelingen overzien en herstellen) of voor het venster **Bestanden**.

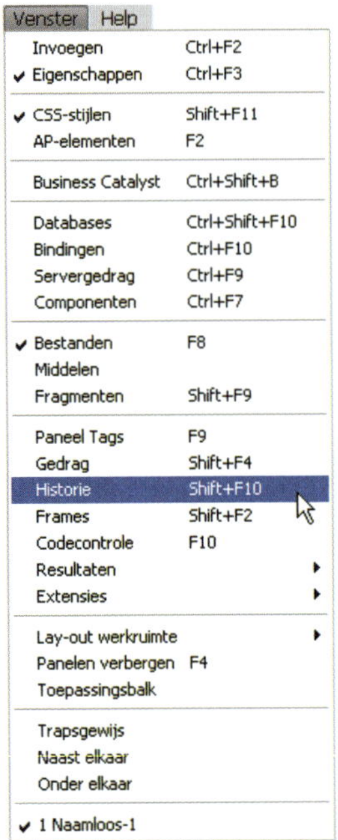

Figuur 2.5: Een venster oproepen, in dit geval Historie.

4 Er komt nu een paneel bij. Een vinkje in het menu **Venster** geeft aan dat het paneel ergens te zien moet zijn.
5 Breng een paneel naar het midden van het scherm door het met de aanwijzer aan de tab (waar de naam staat) beet te pakken en te verslepen.

Figuur 2.6: Panelen slepen aan hun tab.

6 In ieder paneel zie je aan de rechterzijde ook een uitklapmenu, waarmee in sommige panelen best belangrijke commando's zijn uit te voeren. Probeer dit menu maar eens uit.

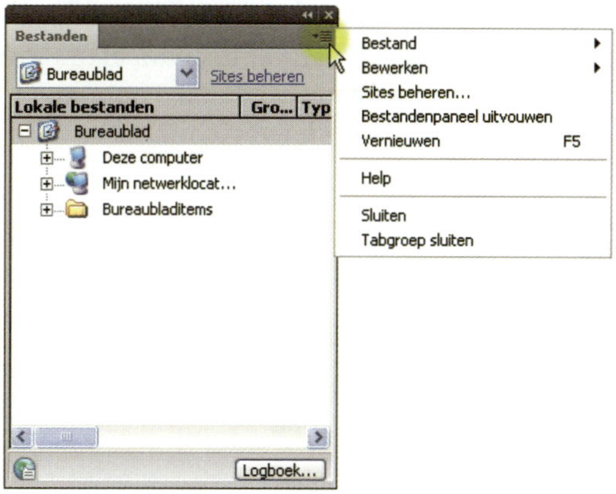

Figuur 2.7: Het enigszins verborgen knopje voor het uitklapmenu.

Panelen groeperen als tabs

Panelen kunnen los blijven staan, of gegroepeerd worden tot een tabgroep met meerdere panelen.

7 Als je een paneel met andere wil combineren, let dan goed op de punt van de aanwijzer terwijl je met een paneel over het scherm sleept.
8 Zodra je met de punt van de aanwijzer een licht- of donkergrijze bovenrand van een ander paneel (of groep panelen) raakt, zie je een blauw kader verschijnen.
9 Als je de muis loslaat, vormt het paneel (of de groep panelen) een grotere tabgroep.

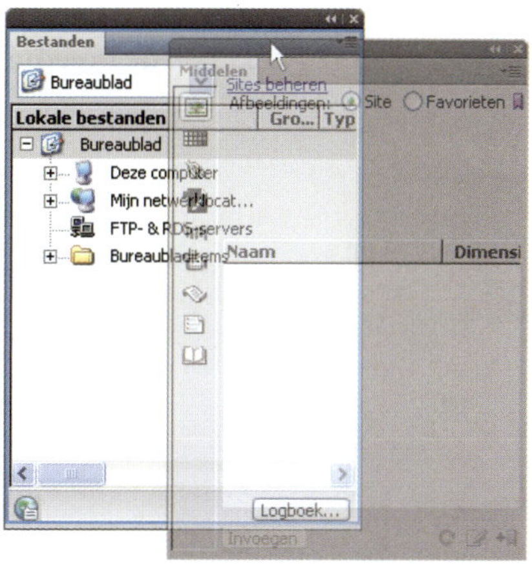

Figuur 2.8: De panelen Bestanden en Middelen worden samen tot een tabgroep gebracht (let op de blauwe randen).

Panelen naast of onder elkaar

Je kunt al dan niet gegroepeerde panelen ook naast of onder elkaar plaatsen in plaats van te groeperen.

10 Beweeg terwijl je een groep panelen of een los paneel versleept, de aanwijzer over de uiterste randen van een ander los paneel of tabgroep. Dus niet in het lichte of donkergrijze gebied van de tabs en namen. Je ziet nu een blauwe kantlijn in plaats van een kader verschijnen.

11 Laat het paneel hier los.

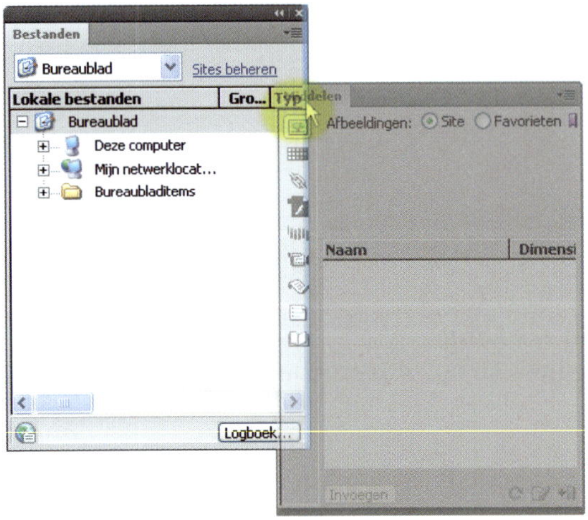

Figuur 2.9: Panelen naast of onder elkaar rangschikken.

Panelen groter of kleiner maken

Natuurlijk kun je panelen en tabgroepen van panelen ook groter en kleiner maken.

12 Beweeg met de muis over de onder- of zijkanten van een paneel(groep). Je ziet dan vanzelf de aanwijzer veranderen. Nu kun je de breedte of hoogte van een paneel(groep) wijzigen.

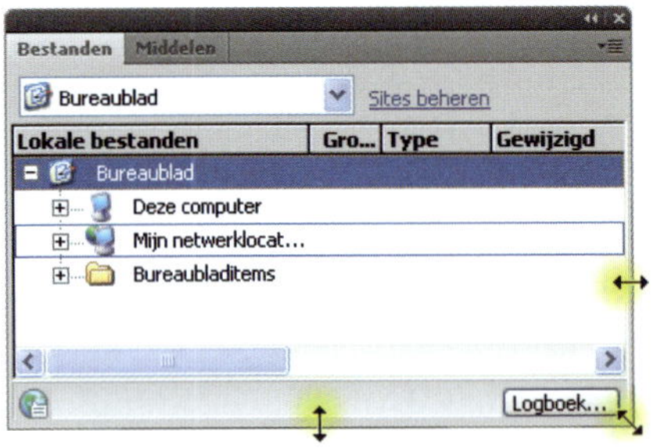

Figuur 2.10: De afmeting van een paneelgroep wijzigen.

Er zijn echter minimale afmetingen waar een paneel soms aan moet voldoen, ook als het grootste paneel binnen een groep niet voorop ligt.

Panelen samen- of openvouwen

Moet een paneel (of groep) nóg kleiner worden, dan kan dat op een andere manier dan het paneel aan de randen verkleinen:

13 Klik op de zijwaartse pijltjes in de donkergrijze rechter bovenhoek van een paneel of groep of dubbelklik op de donkere bovenrand. Het geheel vouwt zich samen tot een veel kleiner paneel, en opent zich ook weer als je nogmaals op de pijltjes klikt.
14 Klik op het icoon of de naam in deze samengevouwen stand. Nu verschijnt het paneel (of de groep) aan de zijkant.
15 Klik nogmaals op het icoon of de naam (of zelfs daarbuiten) en het geheel vouwt zich weer samen. Je kunt ook op de bovenrand van het paneel dubbelklikken.
16 Je kunt een paneel ook verticaal laten dicht- en weer openklappen, door in de opengevouwen stand op de tab(s) of naam, of op de grijze tussenrand te dubbelklikken.

Figuur 2.11: Paneel open- en samenvouwen.

Het open- en samenvouwen is handig voor het werken op kleinere schermen. Zodoende kun je panelen snel openen en door gewoon verder te gaan (en elders te klikken) de schaarse schermruimte weer terugkrijgen.

Los zwevend of in dok

Panelen (of paneelgroepen) kunnen zowel los zwevend op het scherm staan als ‘gedokt’ aan de randen van het beeldscherm.

17 Sleep een paneel (of groep) met de pijlpunt van de aanwijzer naar de uiterste rand van het scherm, en zie hoe er weer een blauwe lijn verschijnt maar nu in de rand van het scherm.
18 Sleep als er al andere panelen of groepen gedokt zijn, een paneel (of groep) met de aanwijzer totdat een blauwe lijn naast of tussen de andere gedokte panelen/groepen verschijnt.

Panelen kleiner maken

Gedokte en (vanaf CS4) al dan niet gekoppelde, zwevende panelen kun je kleiner maken. Als je op de naam dubbelklikt wordt het paneel deels open- of dichtgeklapt. Als je op de pijltjes in de bovenrand klikt, wordt het hele venster verkleind tot een of meer iconen (met paneelnamen). Vervolgens kun je dit nog meer versmallen, tot louter iconen.

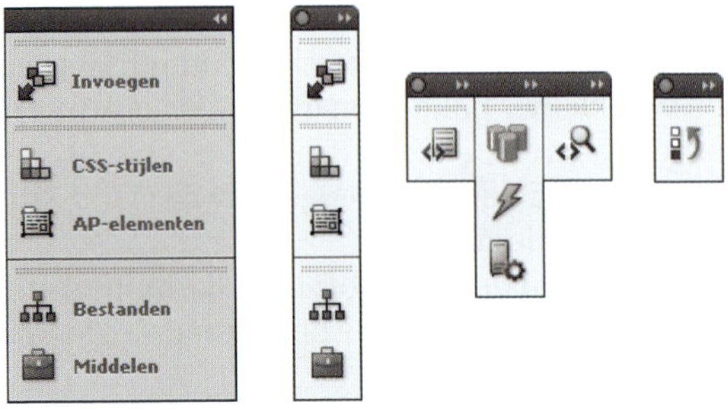

Figuur 2.12: Versmal samengevouwen vensters tot iconen (met of zonder namen).

Helemaal ideaal voor kleine schermen is de automatische Verberg-functie. Wanneer diverse panelen in het dok staan, kun je ze snel tevoorschijn laten komen en weer laten verdwijnen door de Verberg-stand (**F4**) in te schakelen. Beweeg vervolgens de aanwijzer naar de (donkergrijze) rand van je scherm, houd de aanwijzer een moment stil en de gedokte panelen verschijnen vanzelf. Beweeg de aanwijzer weer weg van de rand, en de panelen verdwijnen automatisch.

Adobe noemt al deze kleine, extra vensters liever 'panelen', omdat het verwarrend werd dat één venster meerdere panelen kan bevatten en een gedokt venster niet gesloten kan worden. De term 'venster' was dus niet meer consistent.

De gedokte panelen houden zelf in de gaten hoeveel ruimte ze minimaal nodig hebben. Het kan dus zijn dat de hoogte of breedte van een paneel verandert als een ander paneel meer ruimte vereist. En als het programmavenster groter of kleiner wordt, zullen de gedokte panelen ook meeschuiven.

De Mac-versie maakt geen gebruik van een toepassingsvenster, wat overigens in andere Adobe CS4- en CS5-programma's wel een keuze kan zijn.

Keer terug naar de beginstand (omdat je wellicht een chaos van je scherm hebt gemaakt) door in de **Toepassingsbalk** te kiezen voor **Ontwerper opnieuw instellen**.

Figuur 2.13: De werkruimte Ontwerper en het menu 'opnieuw instellen' zetten alle onderdelen weer snel terug waar ze horen.

Documentvenster

Het documentvenster bevat de inhoud van je pagina plus diverse werkbalken. Om het te zien, moeten we eerst een nieuw document aanmaken.

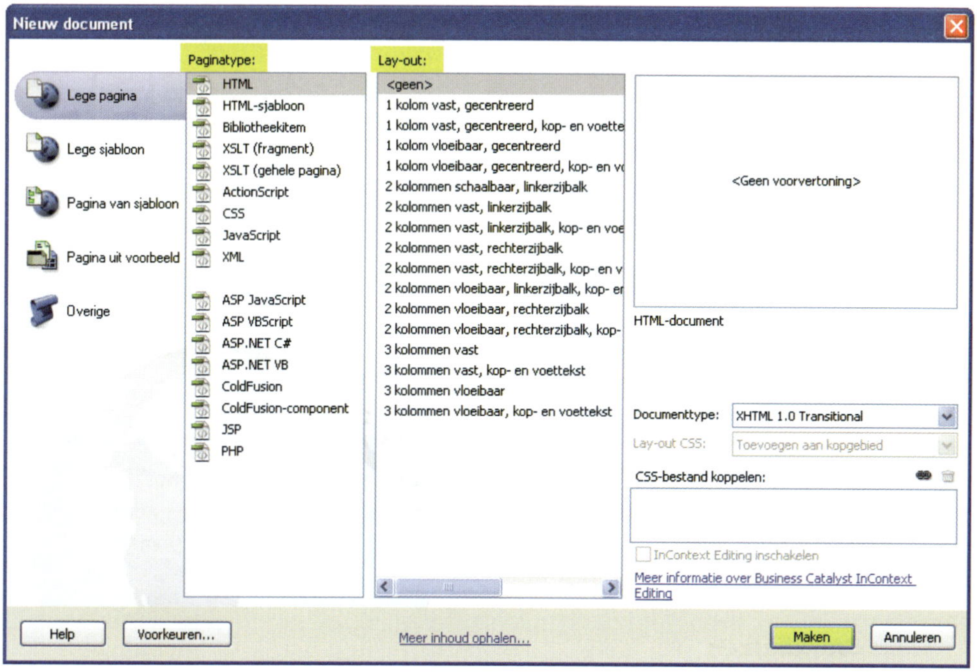

Figuur 2.14: Het venster Nieuw document.

Oefening 2.3

1 Maak een nieuw document aan. Kies daarvoor bij **Bestand** voor **Nieuw document**, en let op dat de keuzen (van links naar rechts) op **Lege pagina**, **Paginatype: HTML** en **Lay-out: <Geen>** staan.
2 Klik op **Maken**. Er verschijnt een documentvenster.

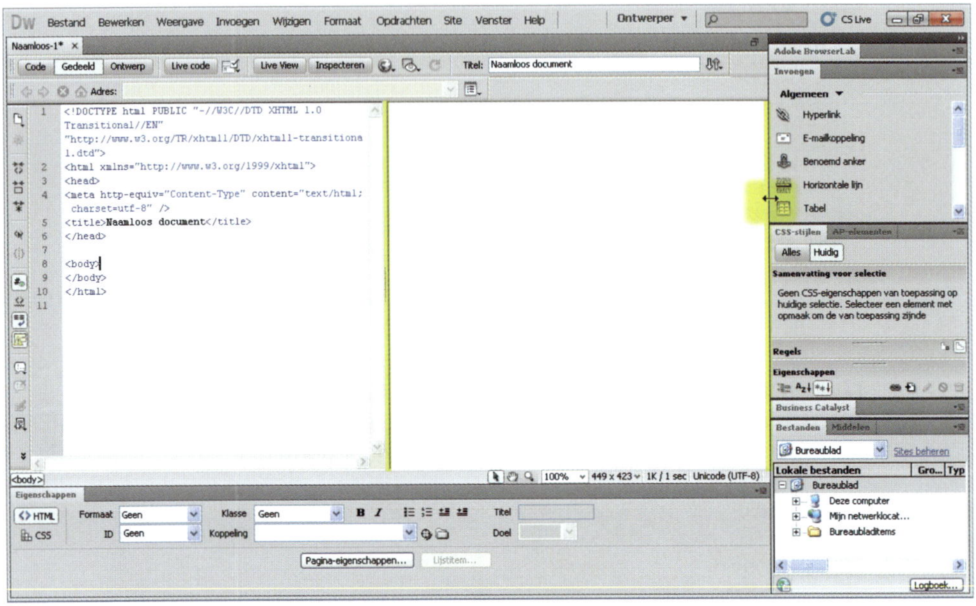

Figuur 2.15: De onderdelen van het documentvenster.

Wat je allemaal in het document ziet, is nog niet belangrijk. Het gaat nu slechts om de interface, niet om de inhoud.

Het documentvenster ‘hangt’ tussen de andere gedokte panelen.

3 Verschuif de scheidingslijn tussen het document en de gedokte panelen. Nu wordt alles navenant vergroot en verkleind.

Op de Mac werkt dit alleen als je de Vergroot-knop (linksboven in het documentvenster) aanklikt. Wanneer je je venster aangepast hebt, zullen de gedokte panelen niet automatisch meeschuiven als je de scheidingslijn verplaatst.

Werkbalken

In de bovenrand van dit document kun je maar liefst drie à vier verschillende werkbalken laten weergeven.

Oefening 2.4

1 Kies bij **Weergave** voor **Werkbalken** en dan voor **Stijl weergeven**, **Document**, **Standaard** en (als je in de Codeweergave werkt, maar daarover later meer) ook nog **Codering**.

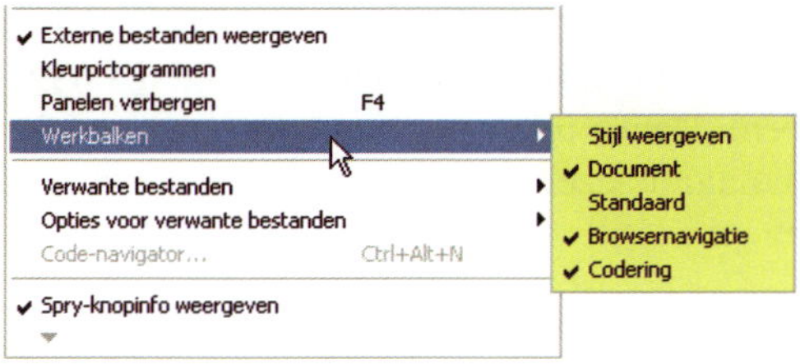

Figuur 2.16: Werkbalken weergeven.

2 Versleep en rangschik deze werkbalken aan het gestippelde uiteinde (links) binnen de rand van het document.
3 Versleep ze uit de bovenrand van het documentvenster en laat ze als losse werkbalk zweven.

Figuur 2.17: Enkele werkbalken erbij.

In de Mac-versie kun je de werkbalken helaas niet verplaatsen in of loskoppelen van het documentvenster. Ze zullen dus boven op elkaar gestapeld staan, wat best veel ruimte kan innemen. Gelukkig heb je ze eigenlijk zelden alle drie of vier tegelijk nodig. Meestal staat alleen Document ingeschakeld.

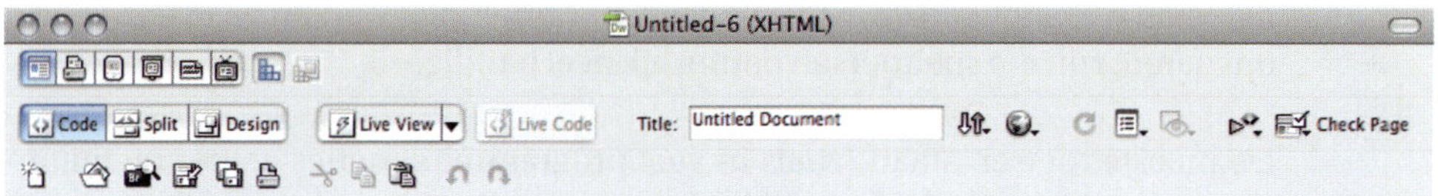

Figuur 2.18: De (voor de verandering Engelstalige) werkbalken op de Mac, die onnodig veel extra ruimte in je documentrand kunnen kosten.

Statusbalk

Onder in het documentvenster bevindt zich de statusbalk. Deze zul je veel gaan gebruiken, onder andere voor het maken van selecties, dus daarom wijs ik je er al op. Maar we hoeven er nu nog weinig mee te doen.

Figuur 2.19: Alvast een blik op de later zo belangrijke statusbalk.

2.2.2 Werkruimten

We hebben er al een paar keer gebruik van gemaakt, maar nu gaan we er even goed naar kijken. In de **Toepassingsbalk** staat een knop voor verschillende werkruimten. Door een werkruimte te kiezen, worden alle panelen en vensters snel op een bepaalde manier verspreid, wat handig kan zijn voor een bepaalde manier van werken. Niet iedereen gebruikt dezelfde panelen, en niet iedereen heeft dezelfde maat scherm. Daarom kun je deze kant-en-klare werkruimten niet alleen snel oproepen maar ook zelf aanpassen en aanmaken.

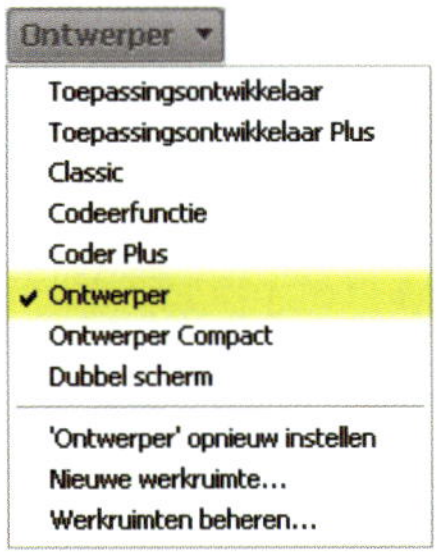

Figuur 2.20: De diverse werkruimten die Dreamweaver als aanzet biedt.

In een vroeg stadium van het leren omgaan met Dreamweaver heb je natuurlijk nog geen idee van wat er allemaal in de panelen gebeurt en welke je meer of minder nodig zult hebben. Maar onthoud dat als op een gegeven moment het gehannes met panelen oproepen en sluiten en opzijschuiven je begint te irriteren, het tijd is voor je eigen werkruimten!

2.2.3 Sneltoetsen

Als beginnende Dreamweaver-gebruiker wijd je nog liever geen aandacht aan het leren van sneltoetsen. Maar als je meer ermee gaat werken en je tempo wilt opvoeren, zijn die sneltoetsen natuurlijk heel handig.

De meeste toetsen staan (zoals in veel programma's) netjes achter de menucommando's vermeld. Maar wil je als beginner een overzicht van alle sneltoetsen, kies dan **Bewerken**, **Sneltoetsen** en klik op de knop **Set exporteren als HTML**. Bewaar dit bestand op een handige locatie en bekijk het met je browser. Je kunt de lijst ook uitprinten, naast je computer leggen of aan de muur hangen, als je er maar af en toe naar kijkt en ziet dat alles sneller kan...

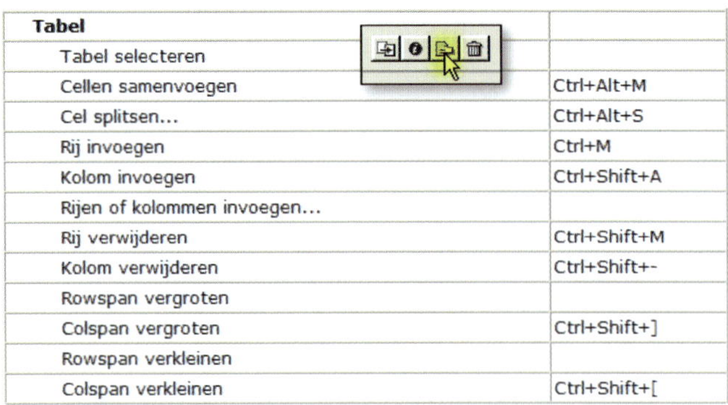

Tabel	
Tabel selecteren	
Cellen samenvoegen	Ctrl+Alt+M
Cel splitsen...	Ctrl+Alt+S
Rij invoegen	Ctrl+M
Kolom invoegen	Ctrl+Shift+A
Rijen of kolommen invoegen...	
Rij verwijderen	Ctrl+Shift+M
Kolom verwijderen	Ctrl+Shift+-
Rowspan vergroten	
Colspan vergroten	Ctrl+Shift+]
Rowspan verkleinen	
Colspan verkleinen	Ctrl+Shift+[

Figuur 2.21: Fragment van de uitgebreide lijst van sneltoetsen.

Achter in dit boek vind je een lijst van de meest gebruikte sneltoetsen. Deze lijst is niet compleet, maar wel een goed begin.

De overige mogelijkheden van dit **Sneltoetsen**-menu zijn voor een geroutineerde gebruiker ontzettend handig. Je kunt namelijk ook alle sneltoetsen aanpassen en zelf aanmaken.

2.2.4 Voorkeuren

In **Voorkeuren** (bij **Bewerken**) kun je wat belangrijke en ook triviale zaken naar je hand zetten, variërend van de afmetingen voor je favoriete paginaformaten tot de indicatiekleur voor selectierandjes. Handig voor later.

De enige voorkeur die ik je zou willen aanraden om voorlopig even uit te zetten, is de indicator voor Code-navigator. En die vind je niet eens in dit Voorkeuren-dialoogscherm. Dat rare scheepsroer komt namelijk constant in de buurt van je aanwijzer aandacht trekken. Het is bedoeld om routiniers snel verwante stijlregels en andere code te laten overzien en bewerken. Klik het aan als het verschijnt en kies **Indicator uitschakelen**. Mocht je het later ooit weer terug willen, dan vind je het in de linkerrand in de Codeweergave.

Het Voorkeuren-commando is een van de weinige verschillen tussen de Dreamweaver-versies voor de Mac en Windows. Dit commando vind je in het Mac-systeem onder het menu Dreamweaver en niet onder Bewerken.

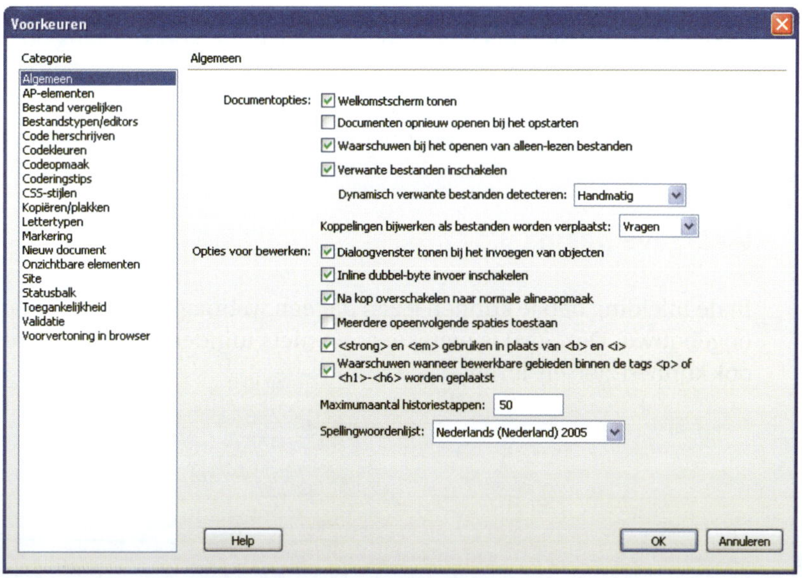

Figuur 2.22: Alle voorkeuren op een rij, vooral goed voor later.

2.3 Rauwe HTML

We gaan een eerste pagina maken. Dat is nog beslist geen hele website (ook nauwelijks een begin), maar we doen het om even de stappen te doorlopen en wat belangrijke commando's en HTML-tags te kunnen bekijken.

Wees niet bang, je hoeft voor het werken met Dreamweaver geen lange lijsten HTML-tags vanbuiten te kennen. Maar je moet wel de werking van de HTML-taal begrijpen, en dat valt best mee. Zonder enig begrip van HTML is het juist veel moeilijker om Dreamweaver te doorgronden en goede websites te maken.

2.3.1 Nieuw document

Misschien heb je het document uit de vorige oefening nog, en anders maak je een nieuw document aan.

Oefening 2.5

1 Kies bij **Bestand** voor **Nieuw**.

Het scherm dat we dan krijgen – en dat we al eerder zagen in figuur 2.14 – ziet er complex uit, maar biedt niet veel meer dan heel veel variaties op een paar thema's: kant-en-klare en eigen voorbeelden en sjablonen. Rechts onderaan kun je dan nog aangeven welk **Documenttype** je wilt, wat bepalend is voor de HTML-versie die je nieuwe bestand zal aanhouden.

We beginnen met een blanco pagina en een basale instelling.

2 Kies wederom voor **Lege pagina**, **Paginatype: HTML** en **Lay-out: Geen**.

Enkele andere instellingen komen in andere hoofdstukken aan bod.

3 Klik op **Maken** om de pagina te zien. Je ziet dan weer het totale beeld van Dreamweaver en een documentvenster samen op je scherm (zie figuur 2.15).

2.3.2 Weergave pagina

In de Inleiding heb je kunnen lezen dat een webpagina met HTML-tags wordt opgebouwd. Deze taal is niets meer en niets minder dan gewone tekst die we ook kunnen zien en 'lezen'.

Ontwerp- en Codeweergave

In Dreamweaver kunnen we kiezen voor het weergeven van de pagina in codes. Dit kan in de Ontwerpweergave zoals deze ook in een browser getoond zou worden, of in een Gedeeld-weergave (code en ontwerp tegelijk in één venster).

Dat doe je met de drie gelijknamige knoppen in de werkbalk van het document of bij **Weergave**. Wissel maar eens van weergave, dan zie je dat er al wat code in je schijnbaar nog lege pagina zit.

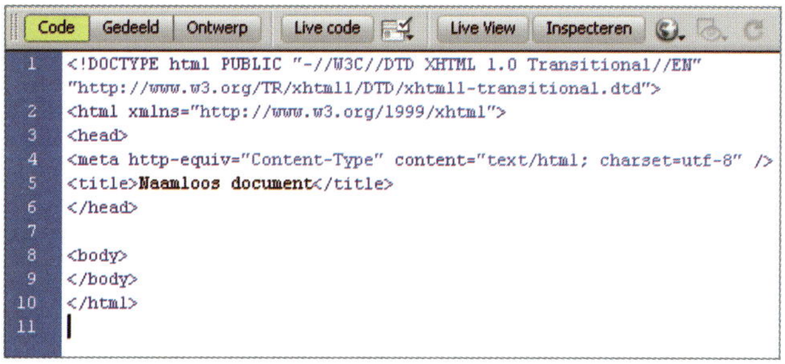

Figuur 2.23: De weergave 'Code' als een van de drie weergaven.

De code-inhoud van een pagina hoeft niet uitsluitend HTML-tags of gewone tekst te zijn. Er zijn meer technische webtalen en dus ook soorten codes, zoals JavaScript en CSS.

Laten we eens wat zichtbare inhoud aan onze lege pagina geven.

Oefening 2.6

1 Zorg ervoor dat je in de **Gedeeld-weergave** staat en tik een simpel woord als **hallo** in het Ontwerp-gedeelte (onderste helft) van een gedeelde weergave.
2 Als het goed is zie je hoe deze tekst ook in het Code-gedeelte zichtbaar wordt, maar dan omgeven door allerlei tags.

Vanaf Dreamweaver versie CS5 wordt het venster verticaal gesplitst. In eerdere versies was dat horizontaal. Stel bij Weergave je voorkeur in voor Horizontaal of Verticaal splitsen.

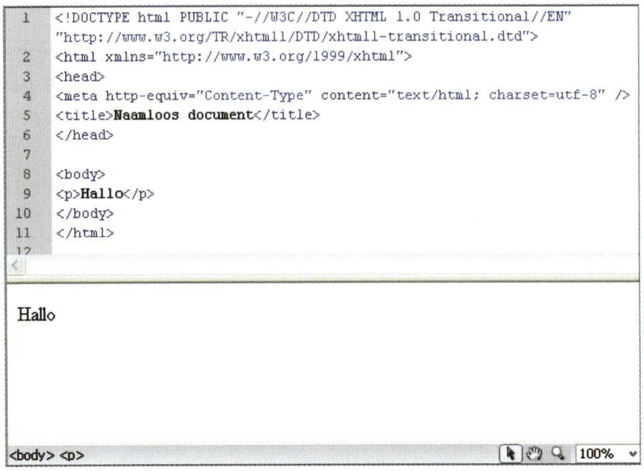

Figuur 2.24: Ingetikte tekst, simultaan in de Gedeeld-weergave met horizontale splitsing.

3 Je kunt ook wat tekst in het Code-gedeelte intikken, maar let dan wel op dat je dit aansluitend op je eerdere tekst doet. Dus niet elders tussen de codes.

De tekst in het gewone Ontwerp-gedeelte wordt niet direct bijgewerkt. Pas als je weer in het Ontwerp-gedeelte of op de knop **Ontwerpweergave vernieuwen** in de bovenrand van je documentvenster klikt, zal Dreamweaver de tekst laten zien.

Figuur 2.25: Klik op deze knop of in het Design-gedeelte om de weergave te vernieuwen.

Het kon namelijk zo zijn dat je nog bezig was om een ingewikkelde tag in te tikken. In dat geval zou het voor Dreamweaver onzinnig zijn om constant je Ontwerpweergave te proberen te vernieuwen.

Live-weergave en Voorvertoning

Met Live View (vanaf Dreamweaver CS4) zie je een pagina zoals in een browser. Je gebruikt deze weergave als in de volgende oefening wordt uitgelegd.

Oefening 2.7

1 Klik op de knop **Live View** (**Alt+F11**) en Dreamweaver zal een ingebouwde browser inschakelen die de pagina betrouwbaarder laat zien.

Figuur 2.26: Live View toont de pagina zoals een browser doet.

Dreamweaver gebruikt de zogeheten WebKit engine als ingebouwde browser om de pagina's zo goed mogelijk te tonen. Deze engine is een open-sourcetechnologie die in talloze softwareprogramma's op computers en mobiele apparaten opduikt, zoals in de browsers Safari en Chrome van Apple en Google maar ook in iTunes en smartphones. De WebKit houdt zich (net zoals Firefox' Mozilla) strikt aan de webstandaarden en is een snelle en makkelijk verwerkbare engine.

Voor een extra triomfantelijk gevoel kun je in iedere versie van Dreamweaver ook een voorvertoning van de pagina in je eigen browser krijgen.

2 Bewaar je pagina met **Bestand**, **Opslaan** (op het Bureaublad of in de map Mijn documenten, met een willekeurige naam), en klik op de knop **Voorvertoning** (**F12**).

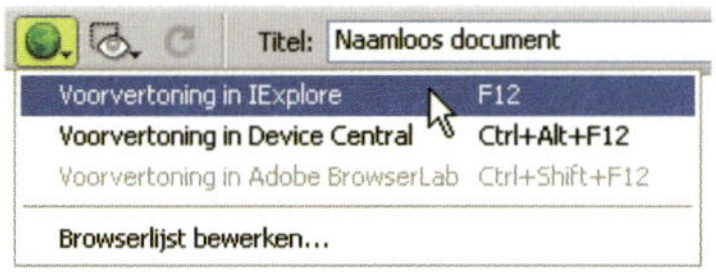

Figuur 2.27: Met dit menu kies je welke browser je wilt gebruiken.

De browser zal nu opstarten met je eigen pagina in een venster.

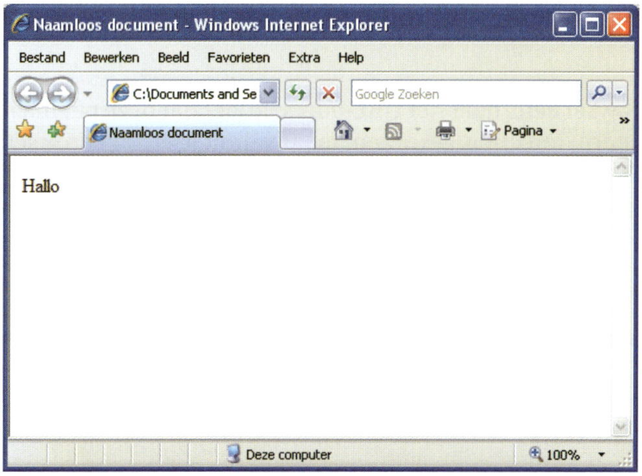

Figuur 2.28: De pagina via Voorvertoning (Explorer in dit geval).

De browser Safari is weliswaar 'standards compliant' maar op één punt wat eigenwijs: de tekstgrootte kan afwijken van wat gebruikers op een Windows-scherm zien. Wil je meer zekerheid over het verschil (voor zover daar zekerheid over te verwachten is), gebruik dan liever Firefox als standaardbrowser voor je Voorvertoning.

Het bestand dat je hebt gemaakt kan ook direct vanuit de Verkenner of de Finder worden geopend. Het zal dan net zo goed in een browser verschijnen. Wil je het juist in Dreamweaver openen, kies dan met de rechtermuisknop voor Openen met Dreamweaver.

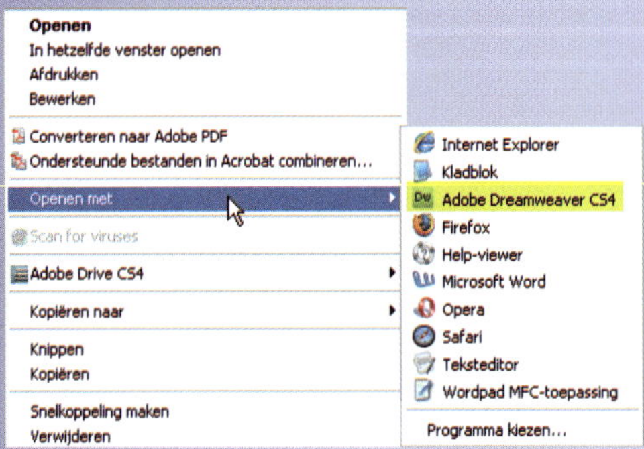

Figuur 2.29: Welk programma kan deze HTML-pagina openen?

Kijk in de browser eens naar het URL-adres. Je ziet dat deze pagina niet via het web op je scherm terecht is gekomen, maar vanuit je eigen harde schijf. Er was ook geen HTTP-protocol via een internetaansluiting nodig, want we hebben geen webserver ervoor wakker hoeven schudden. Dit heet lokaal browsen.

Figuur 2.30: Lokaal browsen: geen URL met 'http' als adres, maar een verwijzing naar je harde schijf.

2.3.3 Rariteiten in tekst

Om wat meer inzicht te krijgen in de werking van HTML in het algemeen, doen we nog een paar korte oefeningen. Bedenk daarbij dat het beslist niet essentieel is om HTML uit je hoofd te leren of zelf te typen. De oefeningen demonstreren slechts enkele aspecten aan de hand van enkele simpele HTML-tags, wat goed is voor het begrijpen van de principes van de HTML-taal.

Oefening 2.8 Returns werken niet

1 Klik met de aanwijzer in de Codeweergave achter een tekst die je in de Ontwerpweergave ingetikt hebt (bijvoorbeeld het 'Hallo' van de vorige oefening).

2 Geef een of meer returns, en typ dan weer wat gewone tekst. In de Ontwerpweergave zal de tekst achter elkaar blijven staan. Er verschijnt geen regel tussen de teksten.

Vergeet niet de Ontwerpweergave eerst te vernieuwen door erin te klikken of de knop aan te klikken.

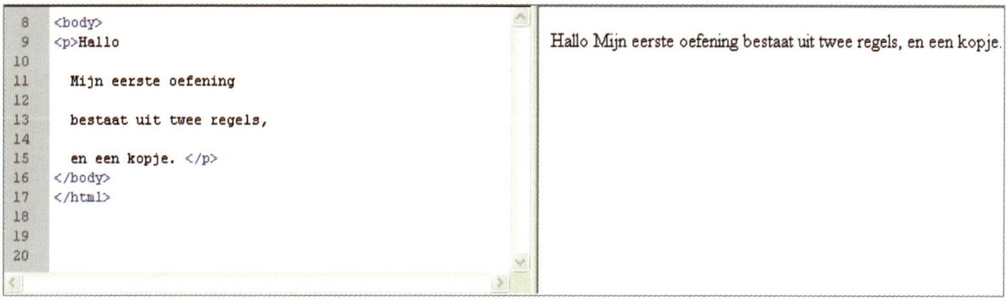

Figuur 2.31: Het lijkt een mooi stuk tekst, maar dat wordt het niet.

Geen dubbele spaties

3 Tik (ook weer in de Codeweergave) een aantal spaties achter elkaar, tussen enkele woorden of na een return met tekst erna. Ook die ruimte zal niet te zien zijn in de Ontwerpweergave.

Er wordt hooguit één spatie getoond tussen woorden, meer niet.

HTML weigert ruimte die met returns of spaties gecreëerd wordt te tonen. De tekens blijven wel in de code zichtbaar, maar HTML laat ze niet zien.

Deze werking van HTML maakt tevens een einde aan een oude Amerikaanse traditie om twee spaties achter een punt te tikken.

Tabs zijn onbekend

Een andere (betere) gewoonte bij het creëren van een grotere marge in een tekstverwerker, zou het gebruiken van de Tab-toets zijn.

4 Druk in de Codeweergave op **Tab**. Je ziet de tekst wel inspringen, maar ook dat heeft geen effect in de Ontwerpweergave.

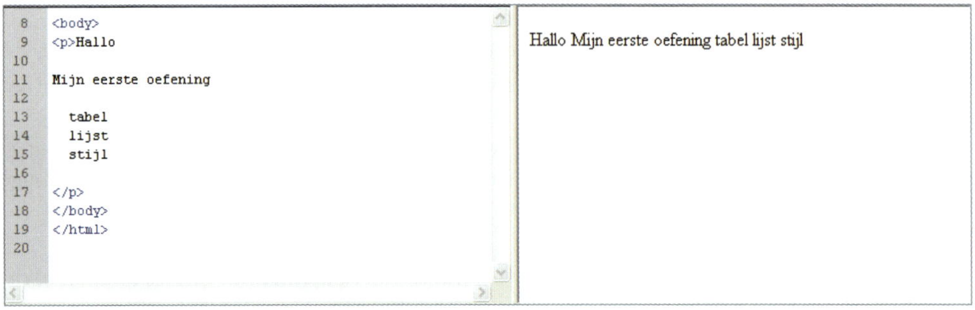

Figuur 2.32: Inspringen met spaties of tabs lukt ook niet.

Tabs werken dus evenmin. Voor het maken van inspringingen en tabellen zijn er veel betere technieken in HTML. Meer daarover in andere hoofdstukken.

Speciale tekens

Het werken met speciale tekens of accenten op letters verdient ook wat aandacht. Als je de invoegwijze weet, kun je die in de Ontwerpweergave veilig gebruiken.

5 Zoek met **Invoegen**, **HTML**, **Speciale tekens** de lijst van veelgebruikte speciale tekens. Voeg er enkele in, zoals © of €.

6 Voor een uitgebreider overzicht kun je met hetzelfde commando ook **Overige** tekens oproepen, zoals de é en ë.

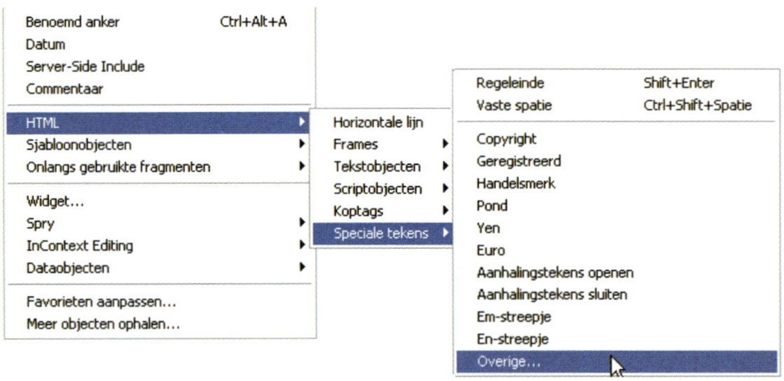

Figuur 2.33: Tenzij je alle Alt-nummers kent, is dit menu een praktische hulp voor speciale tekens.

De wijze waarop je tekens mag invoegen is tegenwoordig sterk vereenvoudigd. In oudere versies van HTML werd vaak met een andere karakterset gewerkt, die gebruikmaakte van een beperkt aantal normale tekens en aanvullende 'entiteiten', speciale HTML-tags zoals ë of €. Deze kun je nog wel tegenkomen en zelfs blijven gebruiken in pagina's met modernere karaktersets.

2.3.4 HTML-spelregels

Het zal duidelijk zijn dat HTML anders werkt dan een tekstverwerker. Om bijvoorbeeld een tekst naar een volgende regel te laten gaan, is namelijk al een HTML-tag nodig; een gewone return (in de code) werkt kennelijk niet.

In de Codeweergave zie je al waar het naartoe gaat. Nogmaals, zo hoef je niet te werken (tenzij je het leuk vindt), maar om te leren omgaan met de principes van HTML, is het toch goed om er iets meer over te weten. Enkele oefeningen waarbij we direct HTML intikken kunnen daarbij geen kwaad.

Haakjes openen en sluiten

De HTML-taal bevat twee soorten tekst: tags en inhoudelijke tekst. Tags staan altijd tussen 'haakjes', bijvoorbeeld <title>. Gewone tekst wordt niet omgeven door dergelijke haakjes. Dus zodra er iets speciaals moet gebeuren, zie je tags in de HTML staan.

In je vrijwel lege pagina zie je dus ontzettend veel tags en nog bijna geen gewone tekst. Al die ogenschijnlijk loze tags zijn deels verplicht, deels een goede gewoonte.

Code | Gedeeld | Ontwerp | Live code | Live View | Inspecteren

```
<!DOCTYPE html PUBLIC "-//W3C//DTD XHTML 1.0 Transitional//EN"
"http://www.w3.org/TR/xhtml1/DTD/xhtml1-transitional.dtd">
<html xmlns="http://www.w3.org/1999/xhtml">
<head>
<meta http-equiv="Content-Type" content="text/html; charset=utf-8" />
<title>Naamloos document</title>
</head>
<body>
</body>
</html>
```

Figuur 2.34: Het spel met de haakjes is al begonnen, al heb je zelf nog geen letter getypt.

HTML-tags werden vroeger vaak in hoofdletters getikt. Dat maakte het onderscheid tussen gewone tekst en tags duidelijker. Tegenwoordig hoeven we lang niet meer zoveel in tags te werken, en is dat niet meer nodig. Sterker nog: in XHTML is het zelfs verplicht om tags in kleine letters te tikken.

```
<BODY>
<HR WIDTH="50" SIZE="6" NOSHADE="noshade">
<P>Kijk, een lijn boven de tekst!</P>
</BODY>
</HTML>
```

```
<body>
<hr width="50" size="6" noshade="noshade" />
<p>Kijk, een lijn boven de tekst!</p>
</body>
</html>
```

Figuur 2.35: Eerst wél hoofdletters, nu weer géén hoofdletters...

Voer onderstaande oefeningen maar eens uit, in de Codeweergave, terwijl je in de Ontwerpweergave naar het resultaat kijkt. Vergeet niet de weergave telkens te vernieuwen.

Oefening 2.9 Afsluitend deelteken

1 Vrijwel alle tags hanteren de vaste structuur: de ene tag markeert het begin van de tag, de andere tag (herkenbaar aan de / ervoor) markeert het einde. Bijvoorbeeld:

```
<strong>Vette tekst</strong>, nu niet meer.
```

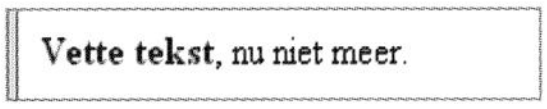

Figuur 2.36: De tekst wordt plaatselijk vet.

2 Sommige tags hoeven niet per se een begin- en eindemarkering. Deze hebben de / in de begintag vervat. Bijvoorbeeld:

```
<hr /> Kijk, een lijn boven de tekst!
```

Figuur 2.37: Er verschijnt een lijn boven de tekst.

De tag <hr> staat voor een 'horizontal rule', oftewel een horizontale lijn. Valt het je trouwens op dat de lijn bóven de tekst staat (ter breedte van het venster) en niet vóór de tekst?

Attributen

3 Veel tags gebruiken na de eerste tag nog wat andere tags binnen dezelfde set haakjes. Daarmee worden optionele of zelfs essentiële extra kenmerken aangegeven. Bijvoorbeeld:

```
<hr width="50%" size="6" />
```

Figuur 2.38: De lijn wordt dikker maar in de breedte smaller.

De tag <hr> leverde wel een lijn, maar zonder extra attributen zou dat het 'standaard'-lijntje zijn: waarschijnlijk zo breed als de pagina en twee pixels dik. De attributen width en size geven een ander gewenst uiterlijk aan de lijn: halve breedte en 6 pixels dik.

4 Voeg er nog een attribuut aan toe:

```
<hr width="50%" size="6" noshade="noshade" />
```

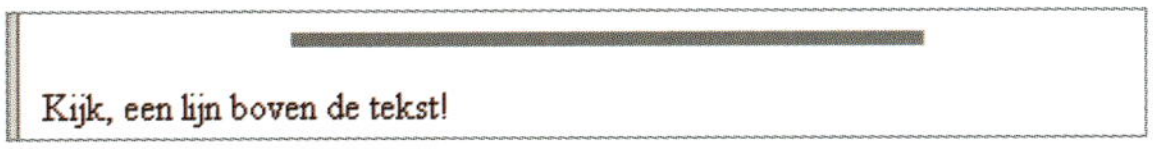

Figuur 2.39: De lijn oogt nu solide, in plaats van in reliëf.

De attribuut **noshade** zorgt voor het solide uiterlijk van de lijn. Zonder dit attribuut zou de lijn een gegraveerd uiterlijk hebben.

Attributen hoef je niet per kenmerk apart af te sluiten; ze horen bij de tag en die wordt al afgesloten, als het goed is.

Het is niet belangrijk dat je deze tags (of hun exacte werking) letterlijk onthoudt. Het gaat erom dat je begint te begrijpen hoe de HTML-taal werkt en hoe je tags kunt nakijken en desnoods zelf intikken of aanpassen. En ook dat is niet iets wat vaak voorkomt, want Dreamweaver biedt veel handiger opties.

Je weet nu toevallig wat de tag voor een horizontale lijn is: <hr>. Maar er bestaat geen tag <vr> voor een verticale lijn! Je zou deze code kunnen intikken, maar onjuiste tags worden gewoon genegeerd.

2.3.5 Een gewone alinea

De eerste en meest gebruikte tag is <p>. Hiermee wordt een alinea ('paragraph') gewone, platte tekst van begin tot einde aangegeven. De meest simpele vorm van tekst dus. Geen kop, geen ingesprongen toestanden, gewoon tekst.

Oefening 2.10

1 Tik in de Ontwerpweergave een tekst met een return erachter en dan nog wat tekst.
2 Maak de tekst langer dan één regel, zodat je ziet hoe de tekst van de ene naar de andere regel overloopt.
3 Kopieer eventueel wat losse woorden en plak ze achter elkaar, voor een sneller effect.
4 Bekijk je tekst in de Codeweergave en let op de <p> en </p> in de code steeds bij het begin en einde van een alinea.

Tags en tekst zouden net zo goed direct achter elkaar kunnen staan in de code, maar Dreamweaver formatteert de code netter, zodat je ook in de Codeweergave beter ziet hoe de tekst bedoeld is.

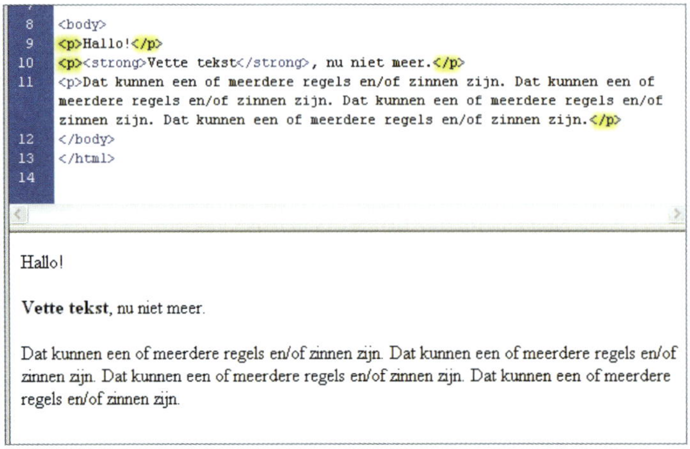

Figuur 2.40: De 'oervorm' van een stukje tekst: een gewone alinea. Met de p van 'paragraph', en dus niet de a van 'alinea', zoals veel niet-Engelstalige beginners denken.

```
<body><p>Hallo!</p><p><strong>Vette tekst</strong>, nu niet meer.</p><p>Dat
kunnen een of meerdere regels en/of zinnen zijn. Dat kunnen een of meerdere
regels en/of zinnen zijn. Dat kunnen een of meerdere regels en/of zinnen
zijn. Dat kunnen een of meerdere regels en/of zinnen zijn.</p></body></html>
```

Figuur 2.41: Zo werkt het ook, maar dit leest als code niet zo prettig.

Iedere alinea wordt overigens automatisch gescheiden door extra witruimte. Als je dat niet wil (of méér afstand wenst) kan dat hardhandig met een regeleinde (zie Break, hierna) of met CSS worden aangegeven (CSS komt later aan bod).

Bekijk je pagina ook in de Live View of Voorvertoning. Maak het venster van de browser maar eens groter of kleiner. Je ziet dan hoe de tekst binnen de gegeven breedte 'vloeit'.

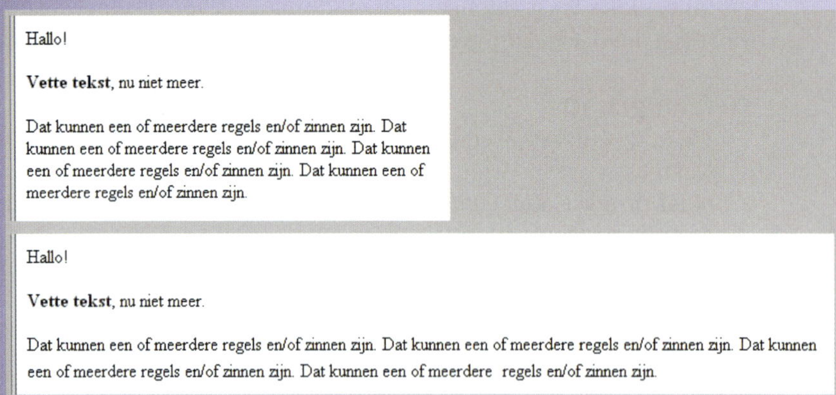

Figuur 2.42: Tekst 'vloeit' binnen de aangewezen ruimte.

Break

Een <p> geeft het begin van een nieuwe alinea aan en de </p> markeert het einde, wat ook duidelijk zichtbaar is aan de extra regel ruimte die automatisch volgt. Als je echter een regeleinde wilt zonder de alinea te eindigen, dan kan dat met
 ('break'). Vergelijk deze met de tegenstrijdig klinkende termen 'zachte return' of 'harde regelafbreking' in tekstverwerking.

Probeer bijvoorbeeld een opsomming van namen dichter opeen te houden door breaks in plaats van paragraphs te gebruiken.

5 Tik in plaats van een gewone return maar eens een Shift-return of Shift-enter in de Ontwerpweergave of tik de tag <br /> in Code. De tekst gaat verder op de volgende regel, direct onder de voorgaande regel (zonder extra witruimte).

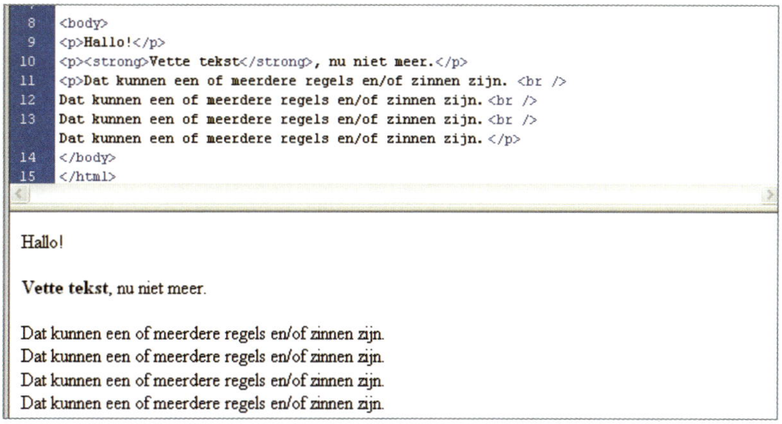

Figuur 2.43: Er zit veel verschil tussen een alinea-einde en een regeleinde.

Verwar de <p> (en </p>) dus niet met een <br />. Beide hebben een eigen betekenis, doel en visueel effect.

Uitlijning

6 Om een alinea te centreren of rechts te laten uitlijnen (**Ctrl+Alt+Shift+R**), kun je een attribuut bij de tag <p> tikken:

```
<p align="center">Mooi in het midden.</p>
```

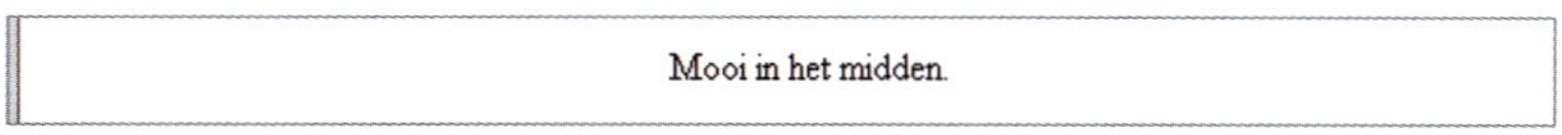

Figuur 2.44: Eenvoudige en bekende tekstverwerkingsfuncties.

De hele alinea zal dan gecentreerd worden. Voor een linkse uitlijning hoef je in feite niets te doen. Standaard zal iedere browser tekst links uitlijnen (tenzij een CSS-instelling anders aangeeft).

Besef goed dat het uitlijnen van een alinea géén tag op zich is, maar een attribuut van (in dit geval) de paragraph-tag <p>.

Als je het venster Eigenschappen in de CSS-stand hebt staan (knoppen links in het paneel Eigenschappen), dan zie je dat er drie uitlijnknopjes in overeenstemming met de gekozen uitlijning automatisch uit- of ingeschakeld worden. In Dreamweaver CS3 en eerdere versies zie je deze werking altijd en zou je er veilig op kunnen klikken. Vanaf CS4 daarentegen heeft Adobe het paneel Eigenschappen ingedeeld met een HTML- en CSS-stand, om zo gebruikers te dwingen netter om te gaan met alinea-instellingen volgens CSS. Laat ze dus nog even met rust. Later meer over dit paneel en CSS.

Figuur 2.45: Het Eigenschappen-paneel verraadt de knopjes al.

2.3.6 Inlineformattering

Naast de tags voor hele alinea's zoals de <p>, zijn er ook tags die kleinere delen van een tekst kunnen formatteren. Deze tags noemen we 'inline', omdat ze zich binnen een text line (dus binnen een regel of zin, of alinea) kunnen voordoen. Ze hoeven niet per definitie een hele alinea voor hun rekening te nemen, zoals de <p>.

Het meest voor de hand liggende voorbeeld is een woord dat vet of gekleurd moet worden. De tag voor vet is simpel en heb je al gezien: <strong> en natuurlijk de afsluitende tag </strong>.

Oefening 2.11

1 Tik in de Codeweergave de tags <strong> en </strong> voor en na een woord. In de Ontwerpweergave zie je het woord dan ook vet worden.

Als je het paneel **Eigenschappen** in je scherm hebt staan, zie je dat daar nu ook de knop **B** wordt ingeschakeld. Zo kan het dus ook. Selecteer in de Ontwerpweergave de tekst die je vet wilt maken (of cursief, met de **I** ernaast) en klik maar op de knoppen of gebruik de toetsen (**Ctrl+B** of **Ctrl+I**). Je kunt ook de andere knoppen uitproberen, maar laat het voorlopig bij die twee.

Figuur 2.46: Eerste knoppen in het paneel Eigenschappen.

De tag <strong> (en </strong>) heeft een stiefbroertje: <b> (en dus ook </b>). In de beginjaren van de HTML vond men de officiële tag <strong> wat te lang om in te tikken, dus bedacht men voor een latere versie HTML (2) de vervangende tag <b>, afgeleid van 'bold' (vet). Toch hadden de hogepriesters van de HTML-taal moeite met deze aanpassing en hebben ze de <b> later weer afgeschaft voor de modernere XHTML-taal. Waarom dat was, wordt in paragraaf 4.2.2. uitgelegd. Maar dat is de reden dat je nog vaak een <b> zult tegenkomen in oudere webpagina's.

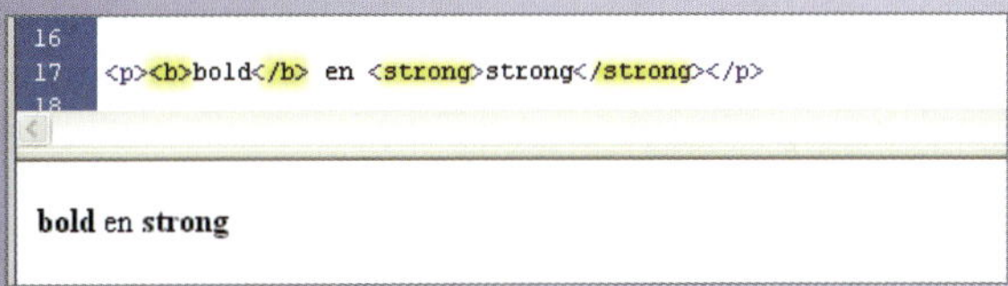

Figuur 2.47: Bold of strong; in HTML verschillend, visueel gelijk.

Grootte

2 Wil je een grotere kop? Gebruik dan de font-tag. Het is niet volgens de moderne CSS-regels, maar vooruit:

```
<font size="6">Dit wordt een kop.</font>
```

Figuur 2.48: Grotere tekst.

Die '6' is geen exacte maat zoals we in tekstverwerking aangeven met bijvoorbeeld 12 punts. Het is een waarde die in stappen werkt, uitgaande van de tekengrootte die de lezer prefereert. Bekijk de pagina maar eens via **Voorvertoning** in je browser en kies (afhankelijk van de browser die je gebruikt) bij **Beeld**, **Tekengrootte** maar eens een andere maat. Je zult zien dat de tekst direct groter en kleiner wordt. Hier zien we dus weer een 'vrijheid' van de webbezoeker en een onzekerheid voor de webmaker. Naast het schermformaat staat ook de tekengrootte niet vast.

Tekst wordt meestal in stappen van enkele punten geschaald. Afhankelijk van de browser zijn de stappen bijvoorbeeld 9, 10, 12, 14, 18 en 24 punten.

Kleur

Nog een lekker HTML-attribuut, zonder ons al te bekommeren om CSS.

3 Wil je een stuk tekst een kleurtje geven, dan is dat in HTML mogelijk. Tik maar eens:

```
<font size="6" color="#339966">tekst</font>
```

Figuur 2.49: Inlineformatteringen achter elkaar in één regel.

Hoe je de kleur exact instelt (met het teken # en dat het beter met CSS kan) behandelen we later wel. Gebruik eventueel andere cijfers en/of letters (0 tot en met 9 en A tot en met F, zes op een rij).

Er zijn trouwens ook kleuren die je kunt intikken, zoals 'red' of 'blue'. Maar dat is niet zo gebruikelijk. Dankzij software als Dreamweaver kies je straks uit een staalkaart van kleuren en hoef je geen namen of nummers in te tikken.

Hiermee heb je je portie HTML-codes intikken achter de rug. Vanaf hier wordt het werken met HTML-code alleen maar makkelijker.

Laatste handige codeertip: als pagina's er in de Codeweergave heel rommelig uitzien, gebruik dan eens het commando Opdrachten, HTML-opruimen. Daarmee wordt alles veel beter geordend.

2.3.7 MS Word- en e-mailtekst

In tekstverwerkingssoftware als Microsoft Word en via e-mail wordt veel tekst gegenereerd. Deze kun je overnemen in je webpagina's, maar let erop dat dergelijke software wel eens meer meegeeft dan de schone tekst alleen.

Kopiëren en plakken

Als je tekst vanuit andere software in je pagina plakt, let dan eens op hoe bijvoorbeeld de regelomhalen worden gemaakt. Soms zijn dat correcte returns (herkenbaar aan <p> en </p>), soms worden het regeleinden (<br />) die later erg dwars kunnen liggen bij het formatteren met HTML- en CSS-technieken.

Beter kun je met **Bewerken**, **Voorkeuren** (**Ctrl+U**) in de categorie **Kopiëren/ Plakken** enkele opties testen. Met je huidige kennis van HTML-codes kun je wellicht doorzien wat voor jou de handigste instelling is.

Op de Mac vind je **Voorkeuren** onder het **Dreamweaver**-menu.

HTML uit MS Word

Helemaal rampzalig zijn de vaak goedbedoelde pogingen van mensen om hun Word-bestand te bewaren als webpagina. Dat lijkt vanuit MS Word zonder al te veel moeite te gaan, maar als je het resultaat opent in Dreamweaver staat het meestal bol van allerlei inlineformattering en eigenwijze Microsoft-codes. Dreamweaver heeft er zelfs een speciaal commando voor om in één klap het gros van die codes op te ruimen (zie menu **Opdrachten**, **Word-HTML opruimen**). Bekijk het resultaat maar eens in de Codeweergave.

2.4 Gemak dient de mens

Het is de hoogste tijd voor wat handige hulpjes. Je hebt Dreamweaver immers niet gekozen om code te blijven tikken. We gaan wat panelen en andere visuele onderdelen onder de loep nemen.

2.4.1 Het menu en paneel Invoegen

Gelukkig hoeft je niet alles wat je in een pagina wilt hebben met tags in te tikken. Vrijwel alle objecten/elementen kunnen via het paneel (**Ctrl+F2**) of menu **Invoegen** worden opgeroepen. Ze worden dan ingevoegd op de plaats waar de aanwijzer staat. Zo kun je een lijn krijgen via **Invoegen**, **HTML** of in het paneel **Invoegen**, **Algemeen**, **Horizontale lijn**. Heb je een fraaie constructie voor tekst in rijen en kolommen nodig, kies dan **Invoegen**, **Tabel**. (De tabel gaan we in paragraaf 3.3 uitgebreid behandelen.)

Let er wel op dat de aanwijzer in de Ontwerpweergave op een correcte cursorpositie staat, dus niet halverwege een tag of in de code. De HTML-tag zal automatisch worden ingevoegd op de plek van de aanwijzer. Kortom: gebruik **Invoegen** veilig vanuit de Ontwerpweergave.

De indeling van het menu **Invoegen** wijkt iets af van de categorieën in het paneel **Invoegen**. In het paneel vind je bijvoorbeeld de HTML-elementen onder de categorie **Algemeen**. Gebruik dus even je gezonde verstand en schrik niet als je iets niet meteen letterlijk erbij ziet staan.

2.4.2 Eigenschappen paneel

Het volgende handige paneel is **Eigenschappen** (**Ctrl+F3**). Via **Venster** kun je dit paneel oproepen als het nog niet onder in je scherm te zien is. In het paneel **Eigenschappen** zie je de diverse eigenschappen van wat je geselecteerd hebt, zoals kenmerken van een tekstselectie of van een lijn.

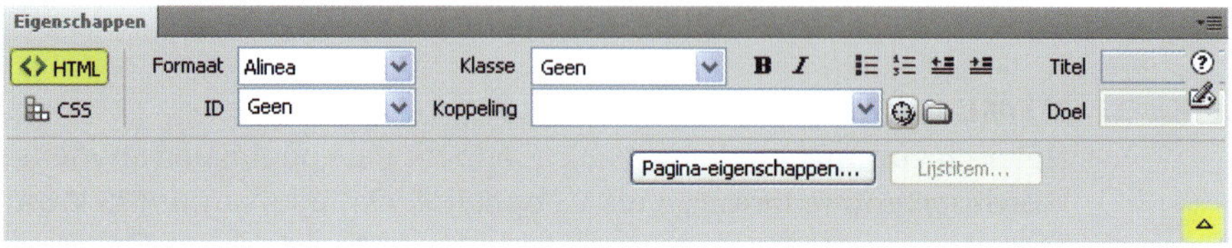

Figuur 2.50: De knop HTML/CSS bepaalt de stand van het paneel. Let ook op het knopje rechtsonder, waarmee je het paneel half kunt sluiten.

Let even op of de knop **HTML** (links in het paneel) ingeschakeld is, want in de **CSS**-stand zul je steeds een dialoogvenster op het scherm zien verschijnen zodra je tekst met B of I vet of cursief wilt maken. In de HTML-stand kun je deze opmaakknoppen wel gebruiken. (Heb je deze knoppen niet, dan werk je met een oudere versie van Dreamweaver of je hebt geen tekst maar iets anders geselecteerd.)

Tot en met Dreamweaver CS3 kon je bij Eigenschappen meer kenmerken instellen. Maar vanaf CS4 is dat anders. Adobe heeft ervoor gekozen om met Dreamweaver de weg van de *Goede praktijken* in te slaan, en je in de CSS-stand niet te laten verleiden tot 'snel klaar'-methoden. Iedere formattering moet een 'semantische' bedoeling hebben, wat je verderop in dit boek zal gaan leren en koesteren.

Het paneel Eigenschappen kan deels ingeklapt worden, waardoor je slechts de (belangrijkste) helft van de eigenschappen ziet. Dit is handig voor op kleinere beeldschermen. Klik op het driehoekje (rechtsonder) om het paneel open of weer dicht te klappen.

2.4.3 Statusbalk

Selecteren is soms lastig. Als je een hele alinea wilt selecteren om bijvoorbeeld te kopiëren, knippen en/of plakken, waar is dan precies het einde? Moet je tot en met de laatste letter selecteren, of de niet zichtbare return mee selecteren? Vanuit de Ontwerpweergave is dat wel eens moeilijk te overzien, maar selecteren in de Codeweergave is ook geen pretje.

De statusbalk biedt dan een handige methode om snel en veilig selecties te maken. Als je deze balk bekijkt, zie je HTML-tags achter elkaar staan. Deze 'geneste' tags geven de hiërarchie van de HTML aan. Waarschijnlijk zie je er meer dan alleen de ons bekende <p>, maar dat komt later aan bod.

Oefening 2.12

1 Kies een tekst met meerdere alinea's en wat vette en/of gekleurde woorden.
2 Maak nu gebruik van de selectiemethode in de statusbalk, door op de **<p>** te klikken. Je ziet dat nu een hele alinea wordt geselecteerd, niet meer en niet minder.

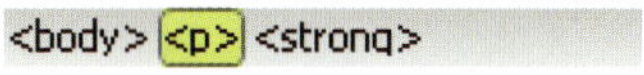

Figuur 2.51: De tag-aanduidingen zijn tevens selecteerknoppen.

3 Klik je op **<body>**, dan wordt alle inhoud van de pagina geselecteerd. Dat komt overeen met **Selecteer alles** (met de aanwijzer in de Ontwerpweergave).

In dit stadium zul je deze selectiemethode misschien wat overdreven vinden. Maar naarmate we meer ingewikkelde pagina's maken, blijkt het klikken op tags in de statusbalk vaak handiger dan selecteren in de Ontwerpweergave.

2.4.4 Herstel en Historie

Natuurlijk beschikt Dreamweaver, zoals alle moderne software, over een herstelcommando, met meervoudige stappen. Deze stappen zijn ook te zien in het paneel **Historie** (**Shift+F10**).

Wat nog mooier is: je kunt stappen ook herhalen voor andere selecties en één stap of reeks van stappen via het uitklapmenu **Opslaan** als een macro-opdracht; deze komen dan in het **Opdrachten**-menu, waar je ze (via **Bewerken**, **Sneltoetsen**) een sneltoets kunt geven.

De historie (en dus de mogelijkheid om stappen terug te gaan) verdwijnt zodra je een bestand sluit. De historie van een document wordt dus niet bewaard.

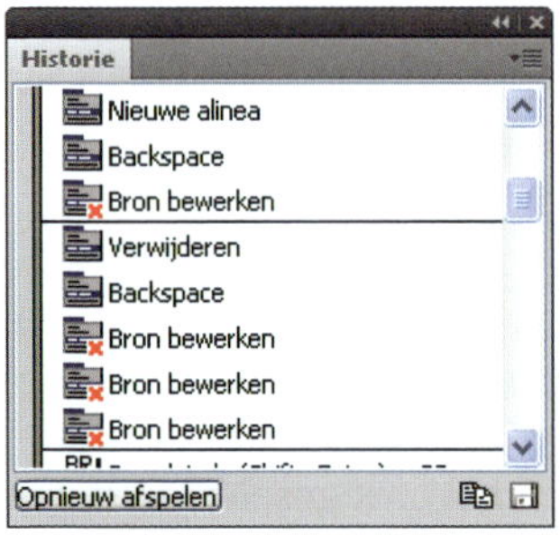

Figuur 2.52: Bewerkingen kunnen ongedaan worden gemaakt en worden herhaald.

2.5 Fysiek vs. semantiek

Dit is volgens mij het meest belangrijke aspect van het maken van een moderne website. Om moderne ontwerptechnieken voor websites (zoals CSS) toe te passen, is het verschil tussen fysieke en semantische formatering belangrijk.

Fysieke vorm

In de vorige paragrafen heb je misschien enkele flarden tekst geformatteerd, de lijn een bepaalde instelling gegeven, et cetera. Maar wat je hebt geleerd is eigenlijk fout! In een moderne aanpak ga je geen teksten selecteren en dan de goede instelling geven (grootte, kleur, uitlijning, et cetera). Dan ben je veel te **fysiek** en **visueel** bezig. Die tags grijpen direct in de visuele weergave in: deze tekst moet vetter en groter, die tekst groen of rood, gecentreerd, enzovoorts. Deze directe, visuele of noem het fysiek aanduidende methode van formatteren is niet verstandig. Leuk, die knopjes in het paneel Eigenschappen (in CS3 of in de stand HTML vanaf CS4), maar de meeste zijn funest voor een structurele aanpak.

Dreamweaver kiest met name sinds versie CS4 voor een professionele aanpak, wat een minder fysieke en meer structurele denk- en werkwijze vereist.

Semantiek

In plaats van je druk te maken over de uiteindelijke vorm van een bepaalde tekst, kun je beter eerst aangeven wat voor een soort tekst het is. Want los van de fysieke vorm heeft alle tekst in je pagina waarschijnlijk ook een bepaalde structuur. Zonder de tekst inhoudelijk te hoeven lezen of weten, kun je een tekst vaak indelen in koppen, inleiding, gewone alinea's, bijschriften, extra aanduidingen, noem maar op. Dit heet de 'semantiek'. Het is dus belangrijk om je tekst (en straks ook andere onderdelen) een structureel kenmerk te geven.

Sir Tim Berners-Lee, de uitvinder van het web, is dol op semantiek. Hij kan er niet genoeg van krijgen. Al in de vroege jaren van het web zei hij dat semantiek belangrijker zou worden om websites te kunnen bouwen, onderhouden maar ook overzien. Semantiek is essentieel, roept hij telkens. En hij heeft gelijk. Naarmate het web groeit, zien we dat het steeds belangrijker is om semantisch te werken. Zonder goede structuur blijft inhoud een brij van tekst en plaatjes.

2.5.1 Semantische koppen maken

Een van de vroegste en nog steeds meest belangrijke categorie HTML-tags voor het aangeven van semantiek, is gelukkig vrij eenvoudig: koppen. Je kunt een regel tekst die een kop moet voorstellen naar hartenlust groter en vetter maken, misschien zelfs een kleur geven. In CS3 kun je in Eigenschappen op de betreffende knoppen en menu's klikken, vanaf CS4 is het lastiger (heb je de oefening met de juiste tags nog, dan kun je die gebruiken of op de website ophalen). Maar als je nou nog een nieuwe kop erbij tikt, dan kun je ook een andere, betere aanpak gebruiken.

Oefening 2.13

1 Tik een extra regel tekst, bijvoorbeeld "Reizen naar Zanzibar (1 week)".
2 Plaats de aanwijzer in deze regel (selecteren hoeft niet eens).
3 Kies bij **Formaat** voor **Kop 1** (**Ctrl+1**).

Je ziet dat de hele alinea gelijk groter en vet wordt. Sterker nog, ook al had je slechts één woord geselecteerd of stond de aanwijzer alleen maar in de alinea te knipperen, de hele alinea wordt als kop geformatteerd.

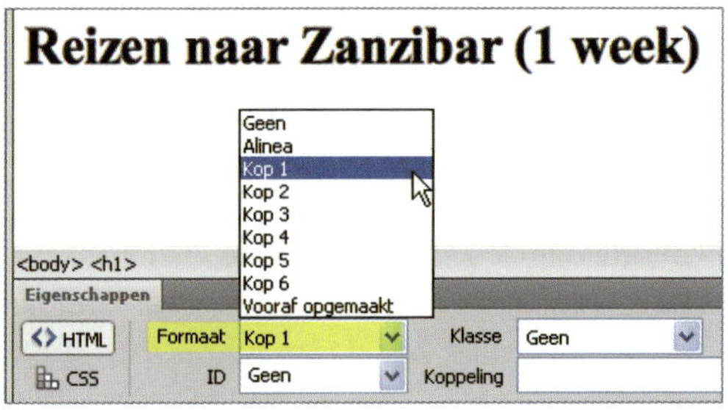

Figuur 2.53: Grote stappen, snel thuis. In één klik een hele kop!

4 Maak wat meer teksten en koppen, en varieer tussen de Formaten Kop 1 tot en met 4 (**Ctrl+1, Ctrl+2, Ctrl+3 en Ctrl+4**).

Je ziet ook dat de gewone tekst **Alinea** heet (**Geen** en **Vooraf opgemaakt** laten we buiten beschouwing). Als je in de Codeweergave kijkt, dan zie je dat de koppen met tags als <h1> en <h4> worden aangegeven. De 'h' staat zoals gezegd voor 'heading', wat 'kop' betekent. Gewone alinea's blijven een <p>.

Koppen met de hogere waarden worden kleiner dan koppen met lagere waarden; de rangorde is dus omgekeerd, van 'hoogste rang' (h1) naar 'laagste rang' (h6). Dat klinkt misschien even raar maar het went snel. De tags <h5> en <h6> leveren zelfs koppen op die kleiner zijn dan gewone tekst (voor in voetnoten bijvoorbeeld).

Voordelen

Misschien denk je: Wat een gedoe, waarom zou ik 't zó doen? Maar het is niet alleen sneller om zo een regel tekst als een kop in te stellen, het biedt ook andere belangrijke voordelen.

Zoek je wel eens iets op Google of andere zoekcomputers? Waarom zou Google sommige gevonden pagina's hoger of lager in een lijst van resultaten plaatsen? Hoe weet Google dat de ene pagina met jouw gevraagde trefwoord belangrijker voor je kan zijn dan een andere? Precies: onder andere door semantiek!

Stel, we zoeken 'reizen Zanzibar'. Er zullen massa's pagina's zijn met de woorden 'reizen' én 'Zanzibar', maar pagina's die deze woorden in een kop hebben staan krijgen voorrang. En hoe hoger de rangorde van de kop, des te beter.

Google 'kijkt' dus niet naar de vorm van een tekst, Google let op de semantiek. Zelfs al maak je de belangrijke woorden knetterend rood en supergroot, zolang het binnen een <p> (Alinea) gebeurt, vindt Google er weinig aan. Semantische formaten zoals koppen worden dus beloond, al lijken ze minder belangrijk.

Mag je dan teksten niet meer zelf groter en mooier maken? Liever niet met tags zoals <font> of <b>, want deze zijn te fysiek. We leren later in het hoofdstuk over CSS hoe je de betere tags zoals <h1> (kop) en <strong> (benadrukken) een eigen 'stijl' kan geven. Maar die aanpak begint met semantiek.

Google wordt wel eens 'de blinde dame' genoemd; mooie kleurtjes en grote, vette letters ziet ze niet. Je kunt haar maar beter helpen met semantiek en structuur in je tekst, want dan begrijpt ze sneller wat de belangrijkste inhoud is.

Google zoekt niet alleen op koppen maar op veel meer factoren, zoals hoe vaak door andere pagina's naar jouw pagina wordt verwezen. Alleen heb je via de pagina-inhoud geen invloed op die externe factoren. Gebruikmaken van semantiek is iets wat we wel zelf kunnen doen. Iedere specialist op het gebied van 'Search Engine Optimalisatie' zal beginnen met dit advies.

2.5.2 Nog meer semantiek: lijsten

Een andere veelgebruikte categorie formaten zijn lijsten. Veel teksten maken gebruik van een lijstje: korte opsommingen, langdradige conclusies op een rij. Maar ook een rijtje van verwijzingen naar andere pagina's zou je als een lijst kunnen opvatten.

Met één klik op een knop tover je een aantal losse alinea's om in een semantisch perfecte lijst, die er automatisch ook veel beter uitziet.

Oefening 2.14

1 Selecteer een aantal alinea's gewone tekst en druk op een van de twee lijstknoppen in het paneel **Eigenschappen**: wil je een lijst met bolletjes of een genummerde lijst? De keuze is simpel.

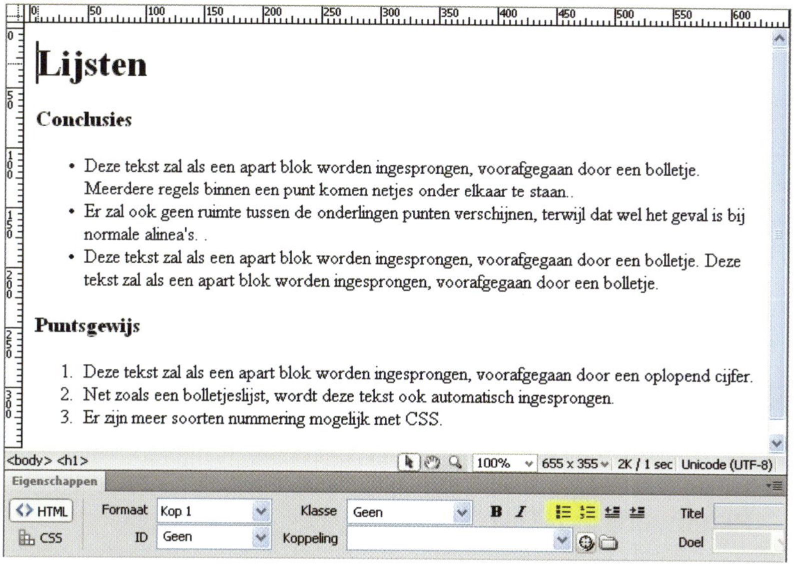

Figuur 2.54: Bolletjes of nummers?

In een oogwenk wordt je lijst op het scherm geformatteerd: met bolletjes of cijfers, keurig ingesprongen en met wat extra ruimte onder en boven de lijst als geheel (dus geen extra ruimte tussen de regels). Precies wat je nodig hebt.

2 Als je de tag van de lijst bekijkt, zie je dat de lijst eigenlijk uit meer dan één HTML-tag bestaat:

```
<ul>
 <li>Jan</li>
 <li>Hanan</li>
 <li>Wesley</li>
 <li>Marije</li>
</ul>
```

De eerste tag markeert het begin van de lijst en het type lijst: <ul> ('unordered list') voor bolletjes of <ol> ('ordered list') voor cijfers. Vervolgens krijgt ieder element in de lijst zijn aparte tag <li> ('list item'). Uiteraard worden alle elementen ook weer afgesloten met een </li> en wordt de hele lijst ten slotte afgesloten met een </ul> of </ol>.

Binnen de HTML-taal zijn er weinig extra mogelijkheden voor het vormgeven van een lijst. De exacte afstand tussen lijstteken en -tekst wordt grotendeels bepaald door de browser en de vorm van het teken staat ook niet altijd vast (al kun je daar wel wat attributen voor geven). Met CSS kun je daarentegen qua vormgeving alles bepalen, wat we ook zeker gaan doen in hoofdstuk 5 en 7.

Tot zover de semantiek voor nu. Maar je zult zien, het houdt hier niet op. Dit is slechts het begin en in feite zul je gaandeweg dit boek steeds meer beseffen hoe belangrijk deze aanpak is. Inhoud met structuur en semantiek is de beste 'kapstok' voor het bouwen van webpagina's. Maar het biedt ook een goede basis voor andere fenomenen, zoals zoekfuncties en databases.

2.6 Raamwerk pagina

Het is je waarschijnlijk opgevallen dat een ogenschijnlijk lege pagina al een heleboel tags bevat, waar we nog geen aandacht aan hebben geschonken. Het is wel goed om daar even bij stil te blijven staan.

2.6.1 Raamwerk in HTML

Iedere pagina bestaat uit een raamwerk van enkele omhullende tags. Er is dus meer dan wat wij uiteindelijk als de inhoud van onze pagina in de browser zien verschijnen. Officieel moet een pagina een fatsoenlijke 'neus en staart' hebben, met daartussen ergens een 'kop en lijf'. Laten we dit maar even stapsgewijs in de code nalopen.

Open een eerdere pagina of maak een nieuwe pagina aan (**Ctrl+N**) en bekijk deze in de Codeweergave.

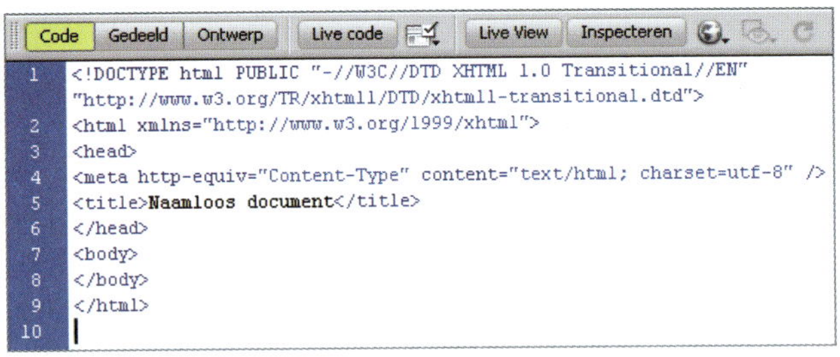

Figuur 2.55: Een volstrekt lege webpagina blijkt niet zo heel leeg. De Codeweergave onthult al een heel raamwerk van HTML-tags.

'Neus'

Een webpagina moet zichzelf eerst formeel introduceren bij de browser. Moderne pagina's hebben heel wat noten op hun zang, met een <!DOCTYPE> met allerlei lange attributen, en een ingewikkelde html-tag. Oudere pagina's doen dat niet zo uitgebreid en volstaan met één simpele tag: <html>.

```
<!DOCTYPE html PUBLIC "-//W3C//DTD XHTML 1.0 Transitional//EN"
"http://www.w3.org/TR/xhtml1/DTD/xhtml1-transitional.dtd">
<html xmlns="http://www.w3.org/1999/xhtml">
```

Figuur 2.56: Een moderne pagina introduceert zichzelf met veel meer bombarie.

De browser leest deze introducerende (technische) kenmerken en weet dan of hij met een ouderwetse of modernere pagina te maken heeft. Zo ontstaat er geen verwarring vanwege de ouderwetse werking van bepaalde tags.

Als een pagina niks vertelt bij binnenkomst, dan veronderstelt de browser dat hij te maken heeft met een ouderwetse HTML-pagina en zal de tags navenant interpreteren.

Dit fenomeen is nogal technisch van aard, en we gaan er hier niet dieper op in. Het is echter wel van belang voor het 'valideren' van pagina's, wat steeds vaker door terecht kritische opdrachtgevers (overheid, instanties, grote ondernemingen) wordt gedaan. In paragraaf 11.3 komen we hier nog even op terug.

'Kop'

De kop-tag heet ook zo: <head>. Deze tag geeft aan dat er wat extra hulpmiddelen voor of kenmerken over de inhoud van de webpagina beschikbaar zijn. Dit zijn meestal wat <meta>-gegevens en een <title>, maar het kan nog veel meer worden. (Zo dadelijk volgen enkele voorbeelden.)

```
<head>
<meta http-equiv="Content-Type" content="text/html; charset=utf-8" />
<title>Naamloos document</title>
</head>
```

Figuur 2.57: Het gedeelte van de <head>, als voorbereiding.

Het <head>-gedeelte wordt ook weer afgesloten met een tag: </head>.

Verwar de tag <head> niet met de term 'headings' (koppen) van de tags <h1> t/m <h6>. Die laatste zijn de inhoudelijke koppen, en deze zul je niet als zodanig in de <head> tegenkomen.

'Lijf'

Dit <body>-gedeelte is voor ons het meest interessant. Het is de daadwerkelijk leesbare, zichtbare en misschien zelfs hoorbare inhoud van de pagina. Tot nu toe hebben we al onze oefeningen in dit gedeelte uitgevoerd.

```
<body>
</body>
```

Figuur 2.58: Deze <body> bevat nog niets inhoudelijks.

Het <body>-gedeelte wordt weer afgesloten met een </body>.

'Staart'

Missen we nog iets? Als je goed hebt opgelet, dan is het je opgevallen dat we de <html> nog niet hebben afgesloten met een </html>. Dat gebeurt dus in de staart van de pagina.

```
</html>
```

Figuur 2.59: Alle tags moeten ook weer netjes worden afgesloten.

2.6.2 Kop, Meta en Titel

Terug naar het <head>-gedeelte, waar allerlei extra's in staan die voor de inhoud van de pagina van belang kunnen zijn. Twee tags kom je daarin vrijwel altijd tegen: <meta> en <title>.

META

De term 'meta' geeft iets algemeens aan. Een 'metadiscussie' betekent bijvoorbeeld 'discussiëren over de discussie'. Metagegevens in een webpagina geven extra informatie over de inhoud van de pagina die niet voor gewoon gebruik zichtbaar hoeft te zijn. Bijvoorbeeld: door wie of welke software is de pagina aangemaakt, om welke taal gaat het, welke methode voor het aangeven van speciale tekens wordt er gebruikt (er zijn helaas meerdere). Kortom, wetenswaardigheden die voor de maker van belang kunnen zijn en waar een browser ook iets aan heeft.

```
<head>
<meta http-equiv="Content-Type" content="text/html; charset=utf-8" />
<title>Naamloos document</title>
</head>
```

Figuur 2.60: Diverse voorbereidende en informatieve instellingen, te vinden in de <head>.

Er zijn vele talen die totaal andere lettertekens en zelfs andere lettertypen vereisen dan onze vertrouwde westerse tekenset. Zonder een duidelijke vermelding gaat een browser uit van de taal van het systeem, en dat is niet altijd correct. Het attribuut <meta charset> geeft aan wat de browser moet doen.

```
<meta http-equiv="Content-Type" content="text/html; charset=utf-8" />
```

Figuur 2.61: Chinees, Japans, Slavisch? Je browser weet het al voordat de inhoud van de pagina in het venster binnenkomt.

Een andere grappige metatechniek is er een die de browser opdracht geeft de pagina regelmatig automatisch te laten verversen. Selecteer maar eens **Invoegen, HTML, Koptags, Vernieuwen** en kies voor 5 seconden en **Dit document vernieuwen** (of tik de volgende regel HTML even over).

```
<meta http-equiv="Refresh" content="5" />
```

Als je de pagina in een browser laat tonen, zal om de 5 seconden de pagina even knipperen omdat deze opnieuw wordt geladen. Dit wordt wel eens gebruikt voor nieuwspagina's die zich om de paar minuten vanzelf moeten verversen.

In Dreamweaver heb je geen omkijken naar deze meta's. Je krijgt er de nodige (en meest voor de hand liggende) cadeau zodra je een nieuwe pagina aanmaakt. Maak je er dus niet te veel zorgen om, en laat ze met rust.

TITLE

De <title> is een belangrijk head-element dat vaak gebruikt wordt en dat we ook zeker zullen gaan instellen.

In vrijwel alle programma's die we op een computer gebruiken zien we bovenaan de naam van het bestand staan. Daar zijn we aan gewend en dat is ook handig. De naam van een bestand is goed om te weten, zelfs essentieel als het je eigen bestand is. Zo logisch als dit klinkt, zo onlogisch is dat eigenlijk voor het web. Waarom moet de bestandsnaam van een webpagina prominent in beeld staan? Wat heb je eraan om te weten dat iemand op Bali de vernieuwde pagina over de bruidssuite van hun hotel 'BrSuite_rev2.html' of '511.html' genoemd heeft?

Figuur 2.62: De adresbalk geeft eigenlijk zelden nuttige informatie.

Daarom koos men liever voor een inhoudelijk waardevollere aanduiding, een meer beschrijvende titel voor de pagina: *Villa Diana, Bali Bridal Room.* Omdat je deze lange tekst niet kunt gebruiken als bestandsnaam, moeten die twee zaken dus een eigen leven gaan leiden. De titel krijgt zodoende een eigen plaatsje in de pagina (als <title>in het head-gedeelte).

Oefening 2.15

1 Je kunt de titel makkelijk zien en wijzigen in het **Titel-veld** in de **Document-werkbalk**.
2 Maak een **Voorvertoning** om het effect ervan te zien.

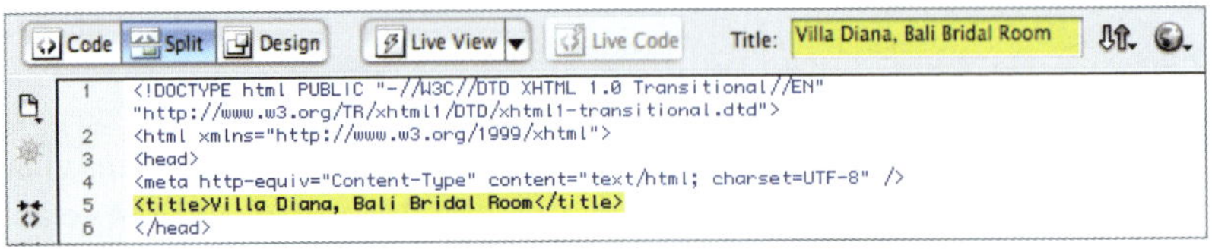

Figuur 2.63: De titel in Dreamweaver, in het Titel-veld en in de code.

De bestandsnaam blijft natuurlijk gehandhaafd en zichtbaar in Dreamweaver, want voor jou is het qua beheer wél belangrijk dat je kunt zien hoe je bestand heet. Ook in de browser zie je de 'URL' (met de bestandsnaam) nog steeds, al kan een gebruiker dit veld verbergen.

Er zijn echter meer redenen om een goede titel aan je pagina te geven. Niet alleen oogt het vriendelijker in de browser, de titeltekst wordt ook door de browser gebruikt voor het maken van een Favoriet. En misschien heb je de belangrijkste reden voor een goede titel al kunnen gissen: Google!

Koppen (<h1> et cetera) worden door zoekcomputers hoger gewaardeerd dan 'gewone' tekst met exact dezelfde trefwoorden. Je kunt je wel voorstellen dat Google helemaal in zijn nopjes is als een pagina bepaalde trefwoorden in de titel heeft staan – dan gaat de hele pagina over dat onderwerp! Trefwoorden in titels scoren dus hoog in de ranking van zoekcomputers als Google.

Ga nu geen ellenlange titels gebruiken omdat je Google graag wil 'voeden'. Dus geen 'Welcome in our Romantic Bridal Suite, Bali Style, Room 511 at Villa Diana, to celebrate your marriage and go to the beach, disco and touristic venues in Bali (ask for our special discount price)'.

Mocht je echt meer trefwoorden nodig hebben, dan is de metabeschrijving een betere keuze (**Invoegen**, **HTML**, **Koptags**, **Beschrijving**). Deze tag kan alle informatie aangeven die men niet in de pagina (of titel) ziet maar die bij zoekcomputers wel een net zo hoge waardering krijgt als een titel.

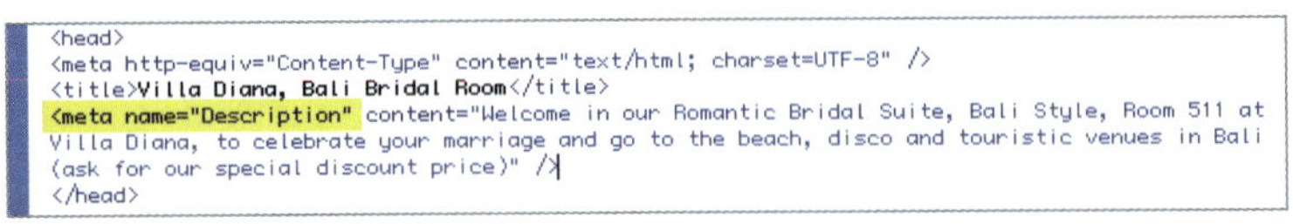

Figuur 2.64: Beschrijvingen bieden extra informatie met dezelfde semantische status als een titel, zonder zichtbaar te zijn.

Als extra informatie voor de metabeschrijving gebruikt men ook vaak verkeerde spelwijzen van namen of termen. Maar vermeld geen merknamen waar je geen recht op hebt met de bedoeling om zoekende klanten van de concurrentie te lokken. Dit is al door rechters in veel landen terechtgewezen als 'schadelijk voor de rechtmatige eigenaar' van het merk. Tenzij je iets recenseert, bespreekt of wilt vergelijken met een ander merk en je die claim ook 'hard' kunt maken.

2.7 Koppelingen maken

De essentie van het web is het publiceren en koppelen van informatie. Zonder geassocieerde informatie zou het web slechts één lange pagina per website blijven. Daarom leggen we koppelingen ('links') tussen eigen pagina's en die van anderen.

Je gaat in totaal vijf soorten koppelingen maken:

- relatieve koppeling;
- absolute koppeling;
- koppeling in nieuw venster;
- koppeling naar een e-mailadres;
- koppeling binnen een pagina.

2.7.1 Restricties en regels

Je gaat dadelijk wat nieuwe pagina's maken en bewaren, en daarom is het nu de gelegenheid om afspraken te maken over de vereiste en geoorloofde spelwijzen van bestandsnamen.

Bestandsnamen zijn kritiek. Ze luisteren net zo nauwkeurig als een telefoonnummer: één verkeerde letter en het werkt niet meer. Er gelden enkele regels en restricties waar je aan moet denken als je pagina's (of andere soorten bestanden voor je website) een naam geeft. Daarnaast geef ik je tips om veelgemaakte vergissingen te voorkomen.

Rare tekens en volgorde

Hier volgen enkele tips over punten, komma's en streepjes:

- Gebruik liever geen andere karakters dan cijfers en letters. Zelfs een punt of spatie is verdacht en als je zo nodig een streepje wil, kies dan voor de zogenaamde 'underscore' en niet voor een koppelteken.
- Begin een bestandsnaam liever niet met een cijfer, want in sommige Unix-systemen geeft dat de versie van een backupbestand aan.
- Gebruik de punt ook liever uitsluitend voor de scheiding tussen naam en extensie. Dat is niet alleen technisch duidelijker (dus veiliger) maar voorkomt ook verwarring.

Riskant:
01. foto van hut .jpeg

Beter:
foto_van_hut_01.jpg

Namen zijn hoofdlettergevoelig

Unix is een hoofdlettergevoelig systeem en aangezien veel servers werken op of via Unix-systemen, is het verstandig om te letten op de juiste schrijfwijze.

Je veroorzaakt al een fout door bijvoorbeeld een koppeling snel even zonder hoofdletter in te tikken, terwijl de bestandsnaam wel een hoofdletter gebruikt. Windows- en Mac-systemen hebben er geen moeite mee en snappen wel welk bestand je bedoelt, maar Unix-systemen en veel browsers zijn daar pietluttiger in.

Kies daarom voor gemakzucht en maak met jezelf de afspraak dat je voor je eigen bestandsnamen altijd kleine letters aanhoudt. Niet dat deze technisch beter zijn, maar ik weet uit ervaring dat je die hoofdletter vergeet.

Goed:
Foto_van_Jaap.JPEG

Verstandiger:
foto_van_jaap.jpeg

Extensies zijn verplicht

Zowel op Mac- als op Windows-systemen is het mogelijk om de weergave van bestandsextensies uit te schakelen. Doe dat niet, laat ze liever ingeschakeld, dan zie je tenminste óf en zo ja welke extensie bij een bestandsnaam gebruikt is. Je kunt bijvoorbeeld uren zoeken naar de reden waarom de website geen pagina laat zien, om uiteindelijk tot de ontdekking te komen dat je een .doc-bestand (van Word) probeert te koppelen.

Mac-gebruikers kunnen bestanden gebruiken of aanleveren die echt geen extensie hebben. Hun systeem 'onthoudt' dat wel. Maar het is natuurlijk zonneklaar dat dit voor gebruik op het web niet geoorloofd is. Extensies zijn verplicht, ook voor de Mac.

Houd namen kort en duidelijk

Gebruik korte en duidelijke namen voor je bestanden. Geen vage namen of mysterieuze afkortingen, maar iets waar je zelf (of iemand anders) ook twee jaar later nog van kunt begrijpen wat het voorstelt.

Gebruik voor bestanden met een datumaanduiding een goed sorteerbare en onmiskenbare notatie van bijvoorbeeld drie maal twee cijfers in de volgorde jaar, maand en dag (en eventueel tijd).

Vaag:
pagina1.html
plaatje_DSC6707_klein.jpg
logo_hpg_jan_2009_def2.gif

Beter:
welkom.html
foto_hut_200x300.jpg
logo_homepage_090124.gif

Gebruik eventueel technisch betere methoden om meer informatie in een plaatje te proppen, zoals het verwerken van metagegevens in de data van het bestand via Adobe Bridge.

Provider bepaalt naamgevingen

Is het nu .htm of .html, .jpg of .jpeg? En moet een homepage niet index.html heten? Of toch index.htm? Antwoorden daarop kun je krijgen door even na te gaan wat de beheerder van je server bedacht heeft. Iedere webserver waar de website uiteindelijk op komt te staan, heeft zo zijn eigen instellingen.

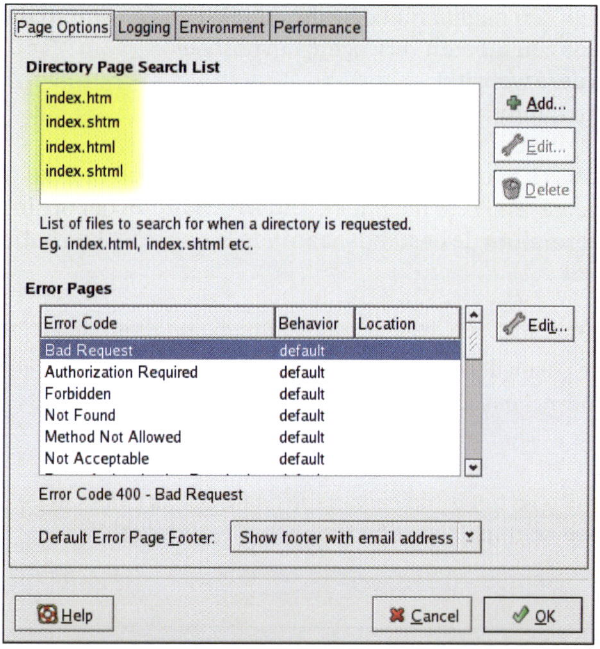

Figuur 2.65: Het instelscherm van een webserver: je ziet dat de homepage-naam door een beheerder ingesteld kan worden. (Dit kan dus niet vanuit Dreamweaver geregeld worden.)

Het getuigt van een gebruiksvriendelijke houding als je serverbeheerder (of provider) zich aan de gebruikelijke instellingen houdt. Sommige providers hebben zelfs technieken op hun servers geïnstalleerd die jou laten kiezen of meerdere namen mogelijk maken. Maar er zullen altijd beheerders zijn die er strikte eigen ideeën op nahouden. Schrik daar niet van, en houd je aan hun aanwijzingen. En als je het niet zeker weet, probeer dan wat varianten uit – in Dreamweaver kun je makkelijk bestandsnamen wijzigen en zo uitproberen.

2.7.2 Relatieve koppeling

Relatieve koppelingen worden zo genoemd omdat de koppeling aangeduid wordt vanuit een (eigen) pagina waarvan je vertrekt, in relatie tot de andere (eigen) pagina waar je heen gaat.

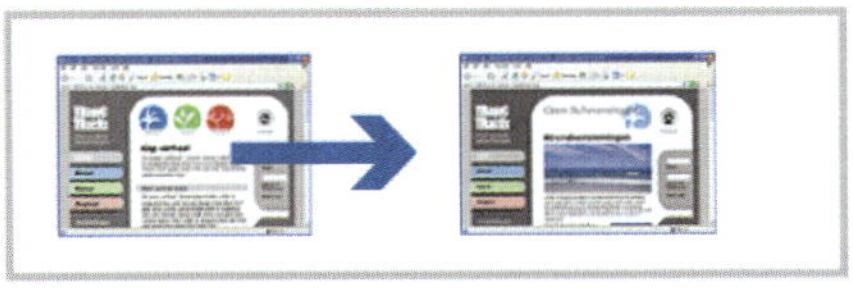

Figuur 2.66: Van pagina A naar pagina B.

Je gaat zo meteen de eerste koppeling maken. Een belangrijk moment, maar het is gebeurd voordat je er erg in hebt. Laten we er ook de meest oubollige pagina's ooit van maken. Waarom niet?

Oefening 2.16

1 Open of maak een pagina met daarin wat tekst en een woord dat naar een andere pagina zou moeten verwijzen, bijvoorbeeld:
Welkom op deze website!
Ga naar mijn hobby's.
2 Bewaar je pagina onder de naam 'begin.html' of zoiets.
3 De tekst 'hobby's' moet een koppeling worden. Selecteer deze tekst (in de Ontwerpweergave). Tik in het paneel **Eigenschappen** (let op: in de HTML-stand) bij **Koppeling** de bestandsnaam van je nog te maken hobbypagina: **hobbies.html**

> Misschien was je geneigd 'hobby's.html' ervan te maken, maar die apostrof is te riskant in bestandsnamen. Daarom 'hobbies.html'.

4 Geef een return na het intikken van die naam of klik elders in de pagina. Als het goed is, verschijnt er een blauwe lijn onder de tekst.

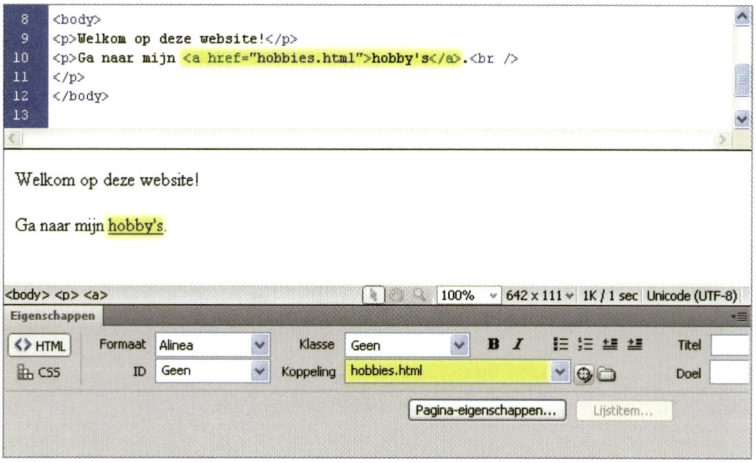

Figuur 2.67: De koppeling in Code- en Ontwerpweergave en het paneel Eigenschappen.

5 Je kunt de pagina nu in **Voorvertoning** opvragen en de koppeling aanklikken. Alleen zal deze niet werken en een fout melden, om de simpele reden dat de pagina 'hobbies.html' nog niet bestaat. De koppeling is er dus wel al en zou kunnen werken als er ook een pagina was die zo heet.
6 Maak nu de hobbypagina; verzin wat koddige tekst.
7 Bewaar de pagina met de naam 'hobbies.html' op dezelfde plaats of in dezelfde map waar ook de vertrekkende pagina ('begin.html') staat.
8 Als je de koppeling in de eerste pagina nu weer gaat testen, zal deze wel werken en warempel naar de hobbypagina gaan. Het wonder is geschied!

Gefeliciteerd, dat was alles!

Het kan ook andersom. Stel dat we een koppeling naar een pagina willen maken die al bestaat, dan kan dat net zo goed. In ons geval kunnen we dat scenario uitproberen door vanuit de hobbypagina weer terug te keren naar de beginpagina.

9 Tik de tekst **Terug naar begin** in de hobbypagina.
10 Selecteer deze tekst. In plaats van de naam van de gekoppelde pagina in te tikken, kun je nu op het map-icoon ernaast klikken en dan via het dialoogscherm 'begin.html' kiezen.
11 De koppeling is (vanuit Voorvertoning) meteen te gebruiken, want de pagina waar je heen gaat bestaat immers al.

Die tweede koppeling ging ook vrij moeiteloos, toch?

Deze koppelingen zijn 'relatief' omdat de pagina van waaruit je vertrekt en waar je heen gaat allebei onder jouw hoede zijn en op je eigen harde schijf staan. Men noemt dit ook wel 'binnen je eigen bereik' of 'binnen je eigen domein'.

2.7.3 Absolute koppeling

Bij absolute koppelingen verwijst de koppeling naar een pagina 'buiten ons bereik', bijvoorbeeld de homepage of specifieke pagina van andermans website. Deze staat níet op je eigen harde schijf, en daarom zal de koppeling ook een uitgebreidere adressering moeten hebben.

Figuur 2.68: Van een eigen pagina naar andermans pagina.

Oefening 2.17

1 Open de beginpagina weer en schrijf een stukje tekst dat bedoeld is om aan een andere website te koppelen, bijvoorbeeld:
Lees het laatste nieuws op NU.nl

De stappen komen overeen met het intikken van een relatieve koppeling.

2 Selecteer eerst weer het woord dat je wil koppelen. Maar nu zul je een hele URL in het veld **Koppeling** moeten typen. Deze URL kun je ook kopiëren uit de adresregel van je browser en vervolgens in Dreamweaver plakken. Dus voluit:
http://www.nu.nl/

3 Geef ook nu weer een return of tab (of klik elders in de pagina) na het invoeren van de koppeling.

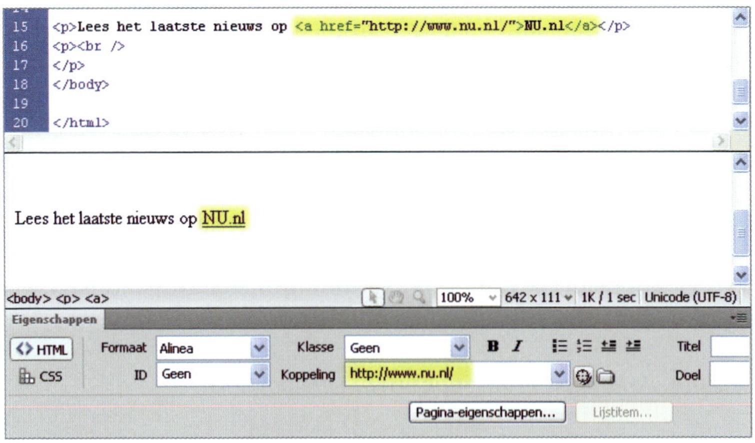

Figuur 2.69: Absolute koppelingen gaan het wereldwijde web op.

4 Bij het testen van deze koppeling (in **Voorvertoning**) zie je dat de pagina van NU.nl in je browservenster verschijnt.

2.7.4 Koppeling in nieuw venster

Laten we nog een finishing touch aan deze absolute koppeling geven. Het is namelijk niet handig dat deze pagina van NU.nl in de plaats komt van onze prachtige webpagina. Het zou beter zijn als de pagina van NU.nl in een nieuw browservenster verscheen, zodat de bezoeker daar rustig naar kan kijken en verder browsen. Maar als men dit venster na verloop van tijd sluit, ligt het vorige venster (met onze pagina) er nog steeds achter. Hopelijk wijdt de snel afgeleide lezer dan toch nog wat aandacht aan ons kunstwerk.

Figuur 2.70: De eigen pagina blijft in een browservenster erachter staan.

Er is slechts één extra klik nodig.

Oefening 2.18

1 Open je beginpagina en plaats de aanwijzer weer in de tekst die aan NU.nl was gekoppeld.
2 Het veld **Koppeling** in **Eigenschappen** toont weer het uitgebreide (absolute) adres naar NU.nl, daar is niks mis mee.
3 Onder het veld **Koppelingen** staat nog een ander veld: **Doel**. Kies daar voor **_blank** (de andere opties worden vrijwel nooit gebruikt).
4 Test de pagina weer in **Voorvertoning** en bekijk hoe de koppeling naar NU.nl zich opent in een nieuw venster, over onze eigen beginpagina heen.
5 Sluit of minimaliseer het venster van NU.nl en zie: daar is onze beginpagina weer.

Figuur 2.71: Met Doel '_blank' verschijnt de koppeling in een nieuw browservenster.

> Deze methode zorgt ervoor dat je eigen pagina zich als het ware ook inhoudelijk distantieert van 'andermans' informatie. De associatie tussen de aanbieders lijkt wat onafhankelijker.
>
> Veel mensen kennen deze methode niet en gebruiken soms de meest ingenieuze JavaScripts. Dat is niet nodig, deze aanpak is voor dit doel vaak goed genoeg.

2.7.5 Koppeling naar e-mailadres

Voor de volgende soort koppeling hebben we weer een ander stukje tekst nodig, dat uitnodigt om een e-mail te verzenden.

Figuur 2.72: Een koppeling start een e-mail met het juiste adres.

Bijvoorbeeld:
Stuur mij een e-mail.

Oefening 2.19

1 Selecteer de tekst 'e-mail' en tik in het veld **Koppeling mailto:** plus het beoogde e-mailadres.

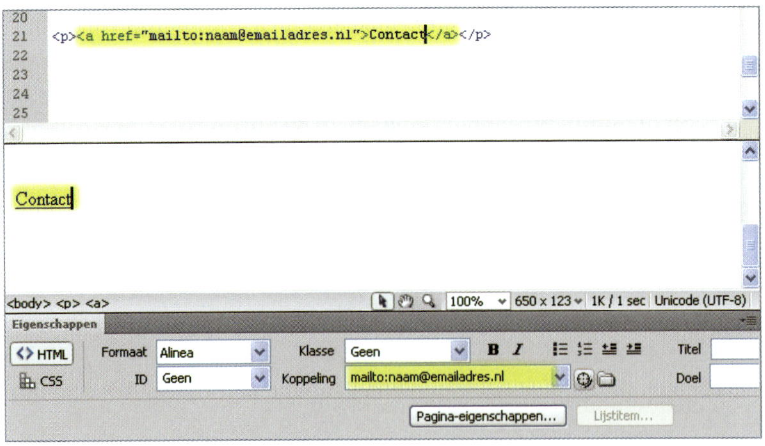

Figuur 2.73: Deze koppeling activeert het verzenden van een e-mail.

2 Doe een test in **Voorvertoning.** Er wordt ditmaal geen browservenster opgeroepen, en ook geen webpagina.

Als het goed is, zal je vertrouwde e-mailprogramma opstarten en een nieuw e-mailvenster voor je openen, met het e-mailadres op de juiste plek.

Let op, gebruik in deze koppeling geen spaties of andere tekens dan 'mailto' en het e-mailadres. Die dubbele punt is geen leesteken maar (net zoals in 'http:') een belangrijk commando voor de browser. Dat 'mailto:' betekent in feite 'start het e-mailprogramma met het hierna volgende adres'.

Hier volgt de precieze spelwijze van de koppeling nog eens, met mijn e-mailadres als voorbeeld:
mailto:peter@studea.nl

Je kunt een e-mailkoppeling ook maken via **Invoegen, E-mail-koppeling**. Je hoeft dan vooraf geen tekst in te tikken en te selecteren, maar krijgt een dialoogscherm dat om deze tekst en het e-mailadres vraagt. Voor de rest resulteert het in dezelfde ingrediënten: een met 'mailto:' aan een e-mailadres gekoppelde tekst.

Figuur 2.74: Hetzelfde resultaat, maar nu met een venster Invoegen.

2.7.6 Koppeling binnen een pagina

De laatste soort koppeling is een bijzondere. Deze komt niet zo vaak voor, maar kan wel eens handig zijn. Vooral wanneer men lange lappen tekst in een pagina moet verwerken, kan het helpen om de lezer makkelijker door deze tekst te laten navigeren door middel van 'ankers'.

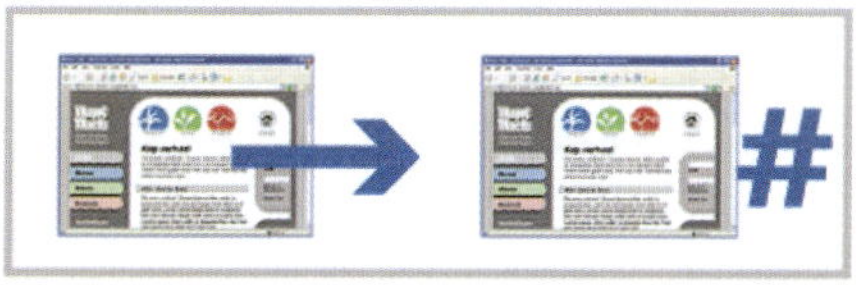

Figuur 2.75: De koppeling verwijst naar een plek in een pagina.

Van A naar 'Anker'

In plaats van een koppeling naar het begin van een pagina te laten verwijzen, kun je een koppeling ook naar een specifieke plek binnen een pagina laten verwijzen. Maar dan moet die plek eerst aangegeven worden.

Oefening 2.20

1 Zet met **Invoegen**, **Benoemd anker** (**Ctrl+Alt+A**) in een pagina vol lange tekst eerst een (of meer) 'ankers', die je elk een (unieke) naam geeft.

Figuur 2.76: Ankers plaats je ergens in een webpagina. Browsers scrollen daar dan vanzelf heen als men de koppeling aanklikt.

Het anker markeert de plek waar de browser heen zal springen. Op de plaats van de aanwijzer verschijnt een anker-icoon (de bezoeker van je pagina ziet dit niet). Dit icoon kun je eventueel met de aanwijzer verplaatsen. Bij **Eigenschappen** kun je de naam van het anker desgewenst wijzigen.

2 Vervolgens selecteer je weer – zoals met gewone koppelingen – de te koppelen tekst, maar in het veld **Koppeling** voer je een #-teken in met de naam van het anker.

Als je een koppeling naar een anker in een andere pagina wilt maken, laat je de bestandsnaam aan het #-teken voorafgaan.

3 Test de pagina('s) met **Voorvertoning** en zie hoe de pagina naar de plek van het anker schuift.

Het #-teken heeft niets te maken met het #-teken dat we eerder zagen bij het instellen van een kleur voor een tekst. Typisch zo'n geval van technische willekeur bij de bedenkers van de HTML-taal.

Als aanvulling op dit hoofdstuk ga je in de Tropic Travel-oefening een lange pagina met ankers en navigatie uitvoeren.

2.7.7 De A achter de HTML-schermen

Voor de liefhebbers van HTML-code behandelen we ook de tag die een koppeling zijn werk laat doen. Bekijk daarvoor de zojuist gemaakte pagina in de Gedeeld-weergave en probeer de tag van de koppeling maar eens te ontdekken.

Als je in je tekst een woord zoals 'hobby's' hebt gekoppeld, weet je de tag er wel uit te pikken: <a> ('anchor') en natuurlijk ook de afsluitende </a>. Deze tags zorgen ervoor dat wat er tussen zit, klikbaar wordt. Als dit een tekst is, wordt deze blauw en komt die kenmerkende lijn eronder. (Een afbeelding kan ook klikbaar worden.) De koppeling begint dus met <a> en eindigt met </a>:

```
Ga naar mijn <a>hobby's</a>.
```

Alleen heeft de <a> op zich nog geen nut; een klikbare tekst is nodig, maar waarheen verwijst deze koppeling dan? En dat is waar het href-attribuut (hyper reference) voor zorgt. Deze geeft het adres van de relatieve, absolute of e-mailkoppeling aan. Dus:

```
Ga naar mijn <a href="hobbies.html>hobby's</a>.
```

Zoals je ziet, is de HTML-techniek achter de koppeling niet bijster moeilijk. Let op de <a> en de href's, dan zie je ze snel genoeg zitten.

Nog een staartje: die absolute koppeling naar die andere website, die in een nieuw venster verscheen, kun je die ook vinden?

```
<a href="http://www.nu.nl/" target="_blank">
```

In de koppeling zie je niet alleen de <a> en het href-attribuut, maar ook het target-attribuut, dat op _blank werd ingesteld. En zo hebben we de hele koppeling in HTML ontrafeld.

2.8 Afronding

Onderschat niet hoe belangrijk dit hoofdstuk is geweest. Als we prachtige voorbeelden online bekijken en alle 'mooimakerij' door CSS zouden uitschakelen, zie je dat we net zover zijn als andere websites: een saaie inhoud met semantische structuur, en hier en daar wat lijsten en koppelingen als strooigoed. Dat is een van de pijlers waarop een goede website gebouwd is. Andere pijlers volgen.

2.8.1 Tropic Tracks

Tropic Tracks is een fictief reisbureau, waarvan we de website als een doorlopende oefening in vrijwel alle hoofdstukken gaan opbouwen. De website maken we niet af, maar alle belangrijke onderwerpen uit dit boek komen aan bod.

Per hoofdstuk kun je de benodigde begin- en eindbestanden ophalen, zodat je altijd kunt 'instappen', ook al heb je niet alle hoofdstukken gevolgd en uitgevoerd. Naarmate je met de materie vertrouwd raakt, kun je natuurlijk alle stappen op een andere (eigen)wijze invulling geven. Je kunt de aanwijzingen online lezen, maar ook de PDF-versie ervan downloaden en eventueel zelf afdrukken.

In dit eerste Tropic Tracks-onderdeel ga je een aantal pagina's tekst voorzien van structurele formattering (koppen, lijsten) en enkele koppelingen leggen tussen de pagina's maar ook naar andere websites en e-mailadressen. Tevens maak je een extra oefening: pagina met ankers, om snel in een lange tekst te kunnen navigeren.

3 Meer inhoud

We vorderen, de kop is eraf en je hebt al wat oefening achter de rug. In dit hoofdstuk ga je andere soorten inhoud in je pagina leren gebruiken, die verdergaan dan een tekst met een koppeling. Afbeeldingen, fraaie animaties en levendige video's verrijken een pagina. Zelfs een eenvoudige tabel 'breekt' een langdradige tekst.

3

3.1 In dit hoofdstuk

- Een site definiëren
- Tabellen
- Afbeeldingen
- Flash, audio en video
- Overige media

Hier gaan we nog steeds niet het grotere verhaal over de vormgeving aansnijden, maar de onderdelen uit dit hoofdstuk spelen al zeker een rol qua aankleding en visualisering. Het zijn de visuele krenten in de pap:

- *Tabellen*
  Een overzichtelijke weergave van informatie in rijen en kolommen.
- *Afbeeldingen*
  Grote en kleine, informatieve en decoratieve.
- *Flash, audio en video*
  Flash is het toverwoord voor animaties, maar ook voor audio en video.

Opgeruimd staat netjes

Maar je gaat eerst leren een 'project' te definiëren, zodat je de bestanden netjes in een speciale map bij elkaar houdt.

3.2 Een site definiëren

In de Inleiding heb je kunnen lezen dat een website in feite bestaat uit een verzameling losse bestanden, meestal voor elke pagina één HTML-bestand. Tel daar nog de nodige afbeeldingen en allerlei andere hulpbestanden bij op, en het wordt algauw een chaos.

Dreamweaver houdt er bovendien niet van om in 'losse' bestanden te werken. Het kan wel (en we hebben dat in het vorige hoofdstuk ook gedaan), maar Dreamweaver wil liever een hoofdmap als centrale plek voor de website.

3.2.1 Lokale map (offline)

Vanaf nu gaan we alle pagina's en andere bijbehorende bestanden van de website in één map bewaren. Welke verdere onderverdeling je in die map maakt, doet er nu nog niet toe en kan later ook altijd gewijzigd worden. We noemen deze map en bestanden 'lokaal' of 'offline' omdat deze gewoon op onze eigen computer staan en nog niet publiekelijk bekeken kunnen worden (dat zou dan 'online' heten).

Het lokaal of offline werken met een eigen map is ook een veilige methode, omdat je dan rustig aan diverse bestanden kunt werken. Online werken lijkt handig, maar is dat juist niet. Veel wijzigingen kunnen immers samenhangen en leveren tussentijds nog geen complete of intacte website. Daarom voer je eerst alle wijzigingen in je lokale map door (offline) en zet je alle nieuwe en gewijzigde bestanden daarna pas over naar je externe map (online).

Oefening 3.1

1 Maak een lokale hoofdmap.

Je kunt zelf een nieuwe map creëren of door Dreamweaver een map laten aanmaken (daar is verder niets bijzonders aan). Voor de duidelijkheid is het misschien beter als je de map gewoon vanuit je systeem aanmaakt, bijvoorbeeld op je Bureaublad of in de map Mijn Documenten.

Heb je al een map met bestanden (omdat je een 'vliegende start' moet maken met bestaand materiaal) op een memorystick of ergens op een harde schijf of server staan, zet die map dan eerst op een voor jou goed bereikbare plek neer, bijvoorbeeld op het Bureaublad of in de map Mijn Documenten.

2 Stel de site in.

Nu moet je in Dreamweaver gaan instellen dat deze map de zogenaamde hoofdmap ('root') is voor alle bestanden die we tot een bepaalde website willen laten behoren.

Wizards zijn voor watjes?

Heb je een oudere versie van Dreamweaver (CS3 of CS4), kies dan Site, Nieuwe site. Er verschijnt een dialoogvenster dat je gaat helpen bij deze taak. Als je het tabblad Basis kiest, mag je een tiental schermen doorworstelen met vragen die veel te voorbarig zijn. Ik raad je aan om met het andere tabblad Geavanceerd te werken, wat veel eenvoudiger is en lijkt op versie CS5.

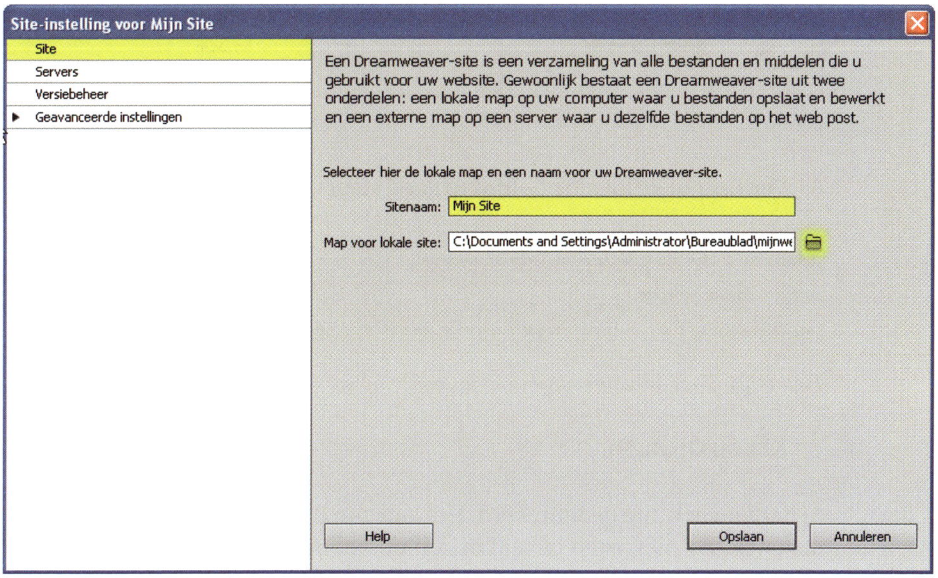

Figuur 3.1: Direct de twee noodzakelijke gegevens instellen, werkt snel en makkelijk.

3 Kies **Site**, **Nieuwe site**. Er verschijnt een dialoogvenster; stel bij **Site** de volgende twee gegevens in. Hoe ga je je website als project noemen? (**Sitenaam**) Ten tweede:waar staat die nieuwe map ook alweer? (**Lokale hoofdmap**)

4 Kies een duidelijke naam. Deze naam is uitsluitend voor jezelf; de websitebezoeker heeft er geen weet van. Overigens mag je in deze naam gerust spaties gebruiken.

5 Klik op het map-icoon, zoek de nieuwe map (of maak nu alsnog een nieuwe map aan) en open deze. Als je in de map staat, klik je op de knop rechtsonder, dus als deze **Opslaan** aangeeft.

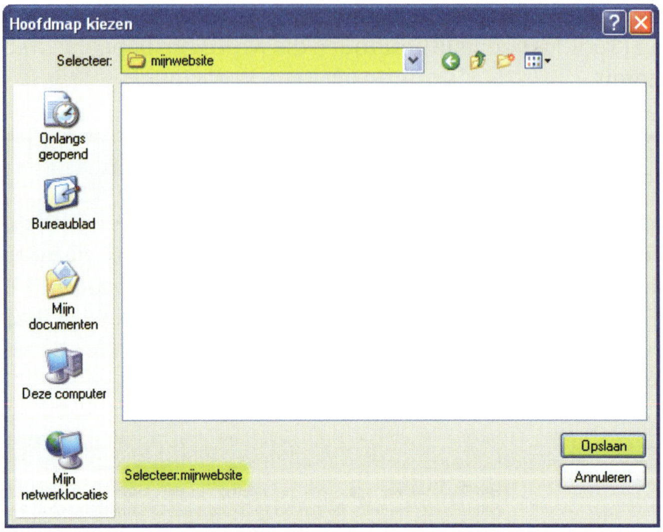

Figuur 3.2: Deze map wordt de 'hoofdmap van de website', zoals Dreamweaver het noemt.

6 Verifieer of de lokale hoofdmap goed staat vermeld.

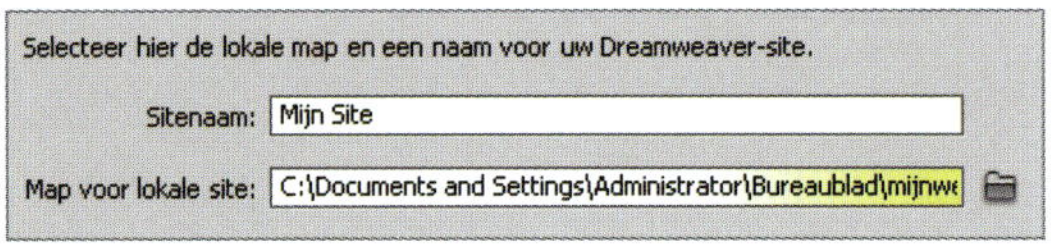

Figuur 3.3: Staat de naam van de lokale hoofdmap goed vermeld?

7 Klik op **Opslaan**.

Je hebt nu een site gedefinieerd. Het kan zijn dat het paneel **Bestanden** is verschenen. Zo niet, roep deze dan zelf op via **Venster**. Dit paneel toont straks alle bestanden die met de website te maken hebben en in de lokale hoofdmap terechtkomen. Er zit nu nog niets in, maar dat zal spoedig veranderen.

Als je voor je website bent uitgegaan van een map met al bestaand materiaal (of voor bestanden die je online moet gaan downloaden), dan kun je nu je eigen weg door alle hoofdstukken en bestanden gaan bewandelen. Deze basiscursus is gebaseerd op het opbouwen van nieuwe pagina's, en leert je al doende met Dreamweaver omgaan.

Ga naar hoofdstuk 11 om je website verder te beheren en/of online bestanden te gaan downloaden, of lees deze paragraaf nog verder door voor meer aanwijzingen en informatie.

Figuur 3.4: Bestanden-paneel toont de hoofdmap van de website.

In dit paneel ga je later ook bestanden beheren, hernoemen, verder onderverdelen in mappen, kortom: dit wordt je centrum voor het overzien van je website als 'project'.

Een andere handigheid is dat onder andere alle Opslaan- en Open-dialoogschermen deze map als startpunt gebruiken voor het bewaren en terugvinden van bestanden. Met één druk op een knop beland je dan in deze hoofdmap; dat scheelt navigeren door de hiërarchie van je harddisk en andere mappen.

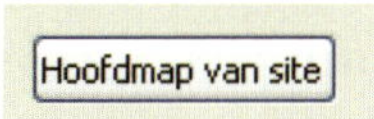

Figuur 3.5: Deze knop in veel Open- en Opslaan-dialoogschermen brengt je meteen naar de hoofdmap van de website.

Als je de instelling later wilt veranderen, kan dat via Site, Sites beheren. Daar zie je dat je ook meerdere websites tegelijk onder beheer kunt hebben (er staat nu wellicht pas één websitenaam, die van zonet) en de instellingen ervan kunt Bewerken. Vanuit dit dialoogscherm kun je ook een Nieuwe website aanmaken.

Figuur 3.6: Vanuit dit scherm stel je sitedefinities van de websites in waar je aan wilt werken.

NB: er kan slechts één website actief zijn. Als je de Tropic Tracks-oefeningen doet, zul je nog een andere website aanmaken (met **Site**, **Nieuwe site** of via **Site**, **Sites beheren**), maar je werkt in de ene óf in een andere website – nooit in twee tegelijk. Begrijp dit niet verkeerd: je kunt wel degelijk meerdere documenten tegelijk open hebben staan en erin werken.

Als je aan meer websites werkt, kun je wellicht aan de bestandsnamen in het paneel **Bestanden** al zien met welke website je op dat moment bezig bent. Maar je kunt ook de naam van je websiteproject in het keuzemenu zien.

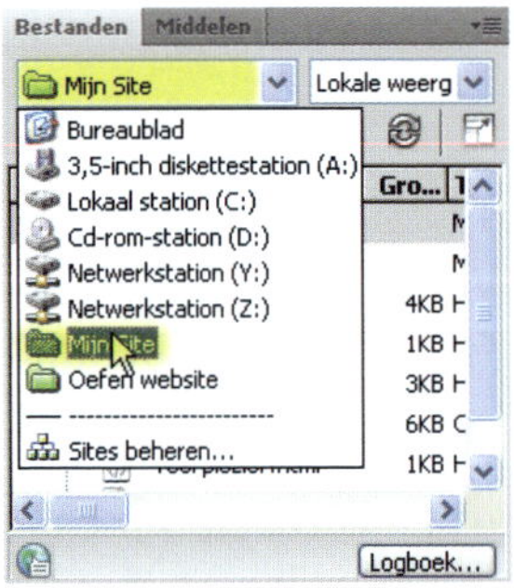

Figuur 3.7: Het keuzemenu in het paneel Bestanden, om snel te wisselen tussen verschillende websites en hun hoofdmappen.

De sitedefinitie wordt onthouden door Dreamweaver, niet door de website zelf. Houd er dus rekening mee dat een sitedefinitie alleen aanwezig is op de computer waarop je die site definieert. Ga je met de map met alle bestanden op een andere computer verder werken, dan moet je de sitedefinitie voor die computer opnieuw aanmaken.

Een vergelijkbaar probleem doet zich voor als je de map op de harde schijf verplaatst. Dreamweaver kan de map dan niet meer direct terugvinden en vraagt vervolgens de instelling te herstellen.

Tot zover de huishoudelijke orde. Nu kunnen we verder met meer inhoud.

3.3 Tabellen

De eerste krent in de pap is nog wat droogjes: een tabel. Tabellen worden gebruikt voor diverse soorten informatie (soms vergezeld van kleine afbeeldingen), die je in een overzichtelijke structuur van rijen en kolommen toont. Denk aan prijslijsten, productspecificaties, temperatuurstaten, adressen, maar ook formulieren, enzovoort.

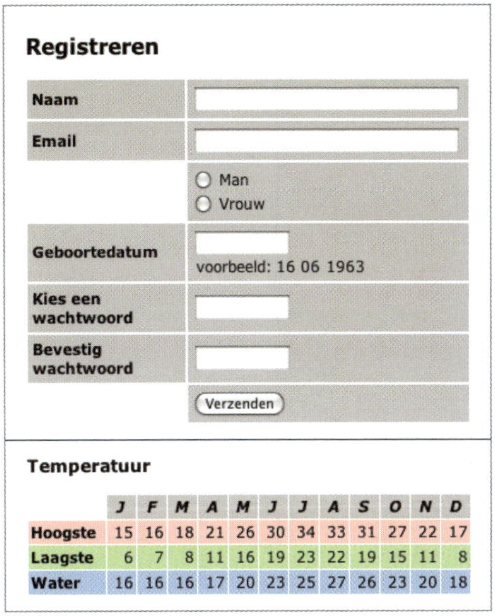

Figuur 3.8: Voorbeelden van tabellen.

3.3.1 Inhoud

Je bouwt de tabel in fasen op: eerst de inhoud, dan de vorm.

Oefening 3.2

1 Maak op de vertrouwde wijze een nieuwe, lege pagina aan en schrijf (in de Ontwerpweergave) wat inleidende tekst, zodat de tabel niet in z'n eentje komt te staan. Bijvoorbeeld:
Tabellen
De omzetcijfers van dit kwartaal:
Maak eventueel van de eerste regel een kop, dat ziet er structureler uit.

2 Kies bij **Invoegen** voor **Tabel** (**Ctrl+Alt+T**).

3 Het dialoogscherm biedt vele opties, die later nog kunnen worden gewijzigd. Stel niettemin in dat je met vier rijen en vier kolommen wilt beginnen.

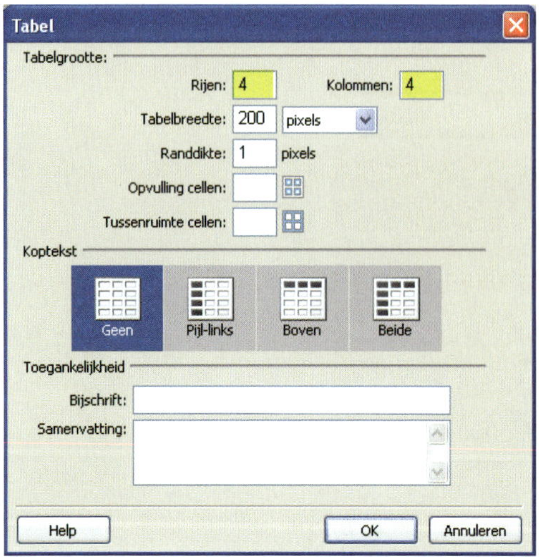

Figuur 3.9: Alle instellingen zijn later nog te wijzigen.

In de pagina verschijnt een stelsel van cellen, in rijen en kolommen – de tabel.

4 Plaats de aanwijzer in de eerste cel en tik de eerste tekst in **maand**. Met de **Tab**-toets spring je naar de volgende cel (en met **Shift-Tab** ook terug). Geef zo alle volgende teksten in:

De omzetcijfers van dit kwartaal:

maanden	omzet	winst	opmerking
januari	450	37	magere maand; begin van het jaar.
februari			nog in berekening
maart	844	126	weer op peil

Figuur 3.10: Een opzetje voor de inhoud van de tabel.

Merk op dat als je vanuit de laatste rij doorgaat met de Tab-toets, er vanzelf een rij aan de tabel wordt toegevoegd. Dat kan ook met het menu **Wijzigen**, **Tabel**, **Rijen/Kolommen invoegen**. Met dit menu kun je ook rijen en kolommen verwijderen.

Tekstomloop

Als je meer tekst in een cel tikt dan er op één regel past, gaat de tekst binnen deze cel vanzelf naar de volgende regel. Je hoeft dus geen return te typen, laat staan in een nieuwe rij verder te gaan. Dit verschijnsel kennen we ook van tekstverwerking. Het is dus geen tabel volgens de ouderwetse methode van tabs (per regel), maar een geheel van tekstjes, 'vloeiend' per cel.

De breedte van de cellen (en dus ook de hele kolommen en tabel) past zich vanzelf aan de breedste woorden aan.

Cellen samenvoegen

Een tweetal cellen is opzettelijk leeg gelaten, want de bedoeling is dat je deze cellen (plus een derde, rechts ernaast) samen gaat voegen tot één brede horizontale cel, die zich uitspant over meerdere kolommen.

5 Sleep over de twee cellen, beweeg daarbij gerust over de randen van de cel heen. Je ziet dat de randen van deze twee cellen tegelijk geselecteerd worden.
6 Met het menu **Wijzigen**, **Tabel**, **Cellen samenvoegen** (**Ctrl+Alt+M**) worden deze cellen (en de tekst) tot één bredere cel samengevoegd.

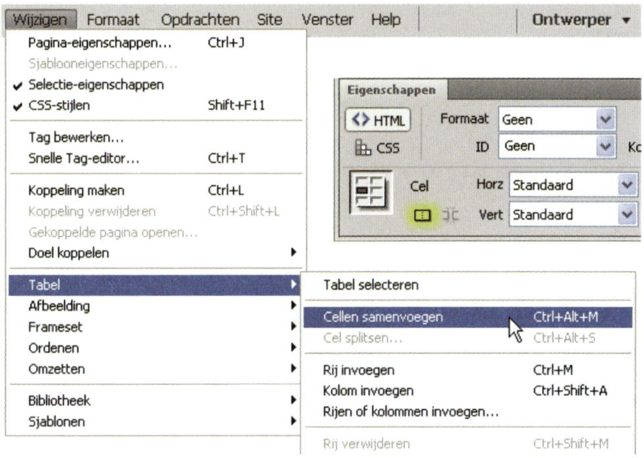

Figuur 3.11: Cellen samenvoegen, via het menu of een knopje in Eigenschappen.

> **Dit kun je ook bereiken via de knop in het paneel Eigenschappen.**

7 De tekst kun je per cel maar ook per hele of meerdere rijen en kolommen opmaken met vet en cursief (de eerder behandelde HTML-koppen zijn wat groot voor in een tabel).
8 Bewaar de tabel met **Opslaan** en gebruik de knop **Hoofdmap van site** om direct naar die juiste map te gaan. Noem het bestand **tabel.html** of iets dergelijks. In het paneel **Bestanden** zul je deze tabelpagina nu ook vermeld zien staan.

3.3.2 Tabel in HTML

Durf je een kijkje te nemen in de Codeweergave? Kijk maar eens naar de bonte constructie van HTML-tags die allemaal nodig zijn voor een tabelletje. Je kunt de volgende tags (en hun afsluiters) erin ontdekken:

```
<table> <tr> <td>
```

Net zoals bij HTML-lijsten zien we hier ook een alomvattende tag <tabel>, met daarbinnen een opvolging van rijen <tr> en daarin weer een opvolging van cellen <td>, van links naar rechts en dan van boven naar beneden. Die ene samengevoegde cel doorbreekt het patroon (zie colspan-attribuut), maar voor rest is het geheel te volgen als een spelletje Hints: 'Een tabel, eerste rij, eerste cel...' en zo wandel je cel na cel, rij na rij de hele tabel door.

```
<table width="200" border="1">
  <tr>
    <td>maanden</td>
    <td>omzet</td>
    <td>winst</td>
    <td>opmerking</td>
  </tr>
  <tr>
    <td>januari</td>
    <td>450</td>
    <td>37</td>
    <td>magere maand, begin van het jaar</td>
  </tr>
  <tr>
    <td>februari</td>
    <td colspan="3">nog in berekening</td>
  </tr>
  <tr>
    <td>maart</td>
    <td>844</td>
    <td>126</td>
    <td>weer op peil</td>
  </tr>
</table>
```

Figuur 3.12: De geordende structuur van een tabel in HTML.

3.3.3 Maten en kleuren

Hoewel het eigenlijk nog taboe is, gaan we de tabel nu toch wat meer vorm geven. Daarvoor is het wel belangrijk dat je de tabel in zijn geheel selecteert.

Oefening 3.3

1 Beweeg over de randen van de hele tabel en let op de typische cursor die verschijnt.
2 Klik op de randen en je ziet dat je deze handmatig kunt verschuiven. Er verschijnen ook enkele hoek- en zijpunten, die je ook beet kunt pakken.
Terwijl je dat allemaal doet, zie je dat het paneel **Eigenschappen** verandert en de kenmerken van de hele tabel toont, in plaats van kenmerken van losse cellen.

Figuur 3.13: Verschuif de horizontale en verticale tabelranden, of vergroot en verklein de tabel in zijn geheel.

Ook nu kun je weer gebruikmaken van de selectiemethode via de statusbalk. Klik op de tabel-tag (als de aanwijzer ergens in de tabel staat) en zie hoe de hele tabel wordt geselecteerd en het paneel Eigenschappen navenant verandert.

Figuur 3.14: Verschillende selecties maken via de statusbalk.

Oude maten

Een oude maar nog steeds doeltreffende manier om cellen, rijen en kolommen een bepaalde vaste of procentuele breedte en/of hoogte te geven, is door de rij of kolom te selecteren.

3 Beweeg over de boven- of linkerrand van de tabel.
4 Let op de zij- of neerwaartse pijl en klik.
5 Stel een breedte en/of hoogte in in het paneel **Eigenschappen**. Gebruik pixelwaarden (px) of procenten (%).

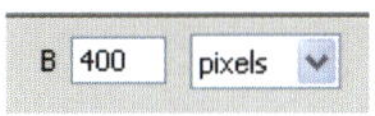

Figuur 3.15: Een exacte waarde biedt zekerheid qua afmeting.

6 In het paneel **Eigenschappen** kun je (als je de tabel selecteert) kenmerken zoals **Celopvulling**, **Celruimte** en **Rand** instellen.

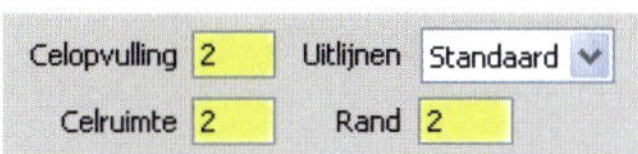

Figuur 3.16: Drie instellingen voor de tabel als geheel.

Celopvulling

Tekst staat tamelijk krap in de cellen. Als je niets invult, zal een browser een eigen waarde kiezen.

7 Kies voor alle duidelijkheid zelf een waarde voor **Celopvulling** zoals **4** of **8**, voor meer ruimte aan de binnenkant van de cellen.

In de Codeweergave zie je dat deze instelling een attribuut (cellpadding) voor de hele tabel is, en niet per cel mogelijk is.

Celruimte

Dit is de ruimte tussen de cellen onderling, de 'tralies' zou je kunnen zeggen. Ook hiervoor geldt: stel je niets in, dan is het geen '0' maar een standaardwaarde van de browsers, en die kunnen zelfs onderling verschillen.

8 Stel voor deze **Celruimte 4** in.
Ook dit attribuut (cellspacing) geldt voor de hele tabel.

Rand

Als je de tabel goed bekijkt, zie je een soort reliëfrandje rondom iedere cel. De tralies lijken een diepte-effect te hebben. Als je helemaal geen rand wilt, kun je ook **0** invullen.

Celachtergrond

Tijd voor wat kleuren!

9 Als je een of meer cellen selecteert, kun je cellen een achtergrond(kleur) geven. Klik op het (grijze) vakje en kies een van de 216 'veilige' webkleuren uit dit palet. Probeer je in te houden...

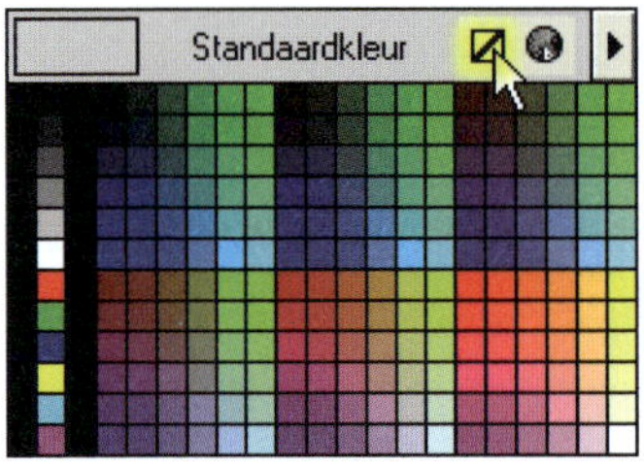

Figuur 3.17: Het kleurenpalet dat overal in Dreamweaver opduikt. Geen kleur stel je in met de zwarte diagonaal.

In de HTML verschijnen vele attributen voor de maten en kleuren bij alle tabeltags. Toch blijft de structuur gelijk en wordt de tabel nog steeds van links naar rechts (cellen) en van boven naar beneden (rijen) opgesomd.

Al deze instellingen (inclusief het vet en cursief maken) kunnen ook met CSS worden gedaan, wat zelfs de voorkeur verdient. Maar om aan deze tabel te wennen, mag je het nog even 'ouderwets' doen.

Figuur 3.18: Het begint ergens op te lijken.

3.3.4 Tabel importeren

Het is mogelijk om tabelgegevens vanuit andere software (zoals Microsoft Excel) in een Dreamweaver-tabel te importeren. Kies daarvoor eerst exporteeropties in het andere programma, zoals welke scheidingstekens je wilt gebruiken. In Dreamweaver stel je vervolgens bij **Invoegen**, **Tabelobjecten**, **Tabelgegevens importeren** dezelfde kenmerken in.

Figuur 3.19: Indien bewaard als tekst met de juiste scheidingstekens, kun je tabelgegevens ook importeren.

Je kunt dus niet direct een onaangepast Excel-bestand importeren.

3.3.5 Tabelopmaak

Tabellen werden (en worden helaas nog wel eens) misbruikt voor het forceren van lay-out. Tegenwoordig zijn er zijn veel betere methoden voor lay-out. Maar voor het geval je een oude website onder ogen krijgt, is het goed te weten wat er zoal met tabellen werd gedaan.

Zie ook paragraaf 6.2.

3.4 Afbeeldingen

Afbeeldingen kunnen informatief zijn (routekaartjes, grafieken, technische tekeningen, persfoto's, symbolen, noem maar op), decoratief (illustraties, boekomslagen, grafische ornamenten, behangmotieven) of een gemengde functie hebben (logo's, productfoto's, affiches, tijdschriftcovers).

Het web begon als een medium zonder afbeeldingen. Afbeeldingen moest men apart bekijken door op een link te klikken. De afbeelding werd dan in een los browservenster geopend. Een typische wetenschappelijke benadering; iedereen die ooit een wetenschappelijke scriptie of andere officiële papieren publicatie in handen heeft gehad, herkent de opzet: tekst en uitleg en dan een bijlage met alle bijbehorende (genummerde) afbeeldingen. Dit was nodig vanwege de oudere druk- en printtechnieken. Men hoefde dan geen hele uitgave in kleur te printen of drukken, maar slechts enkele kleurenafbeeldingen op losse pagina's in te binden of bij te voegen. Gelukkig zagen de pioniers van het web al snel in dat dit nieuwe medium geen enkele moeite heeft met afbeeldingen en kleurweergave in het algemeen, dus werd de HTML spoedig uitgebreid met tags en technieken die afbeeldingen binnen de pagina mogelijk maakten.

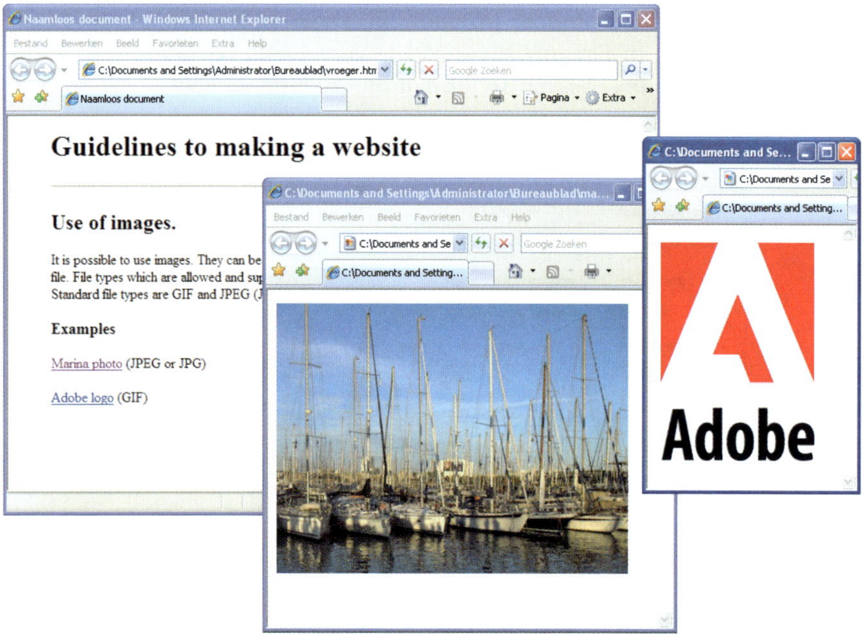

Figuur 3.20: In vroege websites werden tekst en beeld apart getoond.

Er is nog een ander technisch aspect. Papier heeft een enorm hoog oplossend vermogen (scherpte), dus zijn er ook véél beeldgegevens voor nodig om die scherpte te bereiken. Een beetje fatsoenlijke foto op een A4-formaat in tijdschrift of folder vergt algauw 30 à 40 MB aan ongecomprimeerde data. Je kunt je voorstellen dat dergelijke aantallen (toen zeker en nu nog steeds) niet echt prettig zijn om in een webpagina te tonen. Om die reden mogen we voor het web afbeeldingen comprimeren. Een beeldscherm is namelijk snel tevreden.

Een goede combinatie van snel en zuinig enerzijds en zwaar doch scherp anderzijds bestaat uit een kleine afbeelding waar je op kunt klikken voor een grotere versie. Deze aanpak is uiterst vriendelijk en dekt toch ieders behoeften.

Figuur 3.21: Wat er op een beeldscherm al snel goed uitziet, kan hooguit op postzegelformaat worden gebruikt in drukwerk.

In Dreamweaver kun je automatisch een galerij van meerdere foto's laten aanmaken. Als je in een pagina werkt, kies dan Opdrachten, Webfotoalbum maken. Vanuit Adobe Bridge (CS4) heb je meer keuze in stijlen en technieken.

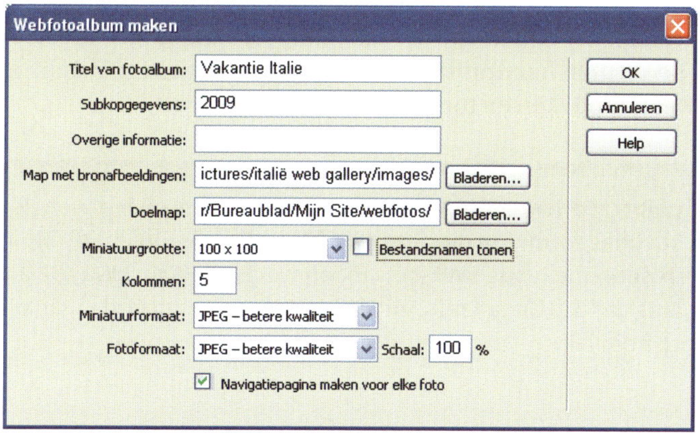

Figuur 3.22: Automatisch in Dreamweaver: een galerij van foto's, met kleine iconen die gekoppeld zijn aan de grotere versies.

3.4.1 Bestandsformaten

Er zijn – schrik niet – wel meer dan honderd verschillende bestandsformaten voor pixelafbeeldingen, maar gelukkig zijn er slechts een stuk of tien die we regelmatig in grafische software gebruiken, en daarvan zijn slechts weer enkele van belang voor het web.

Op een rijtje, van 'rijk' (met scala aan extra gegevens, zoals lagen, voorkeuren, hulplijnen) naar 'zuiver' (slechts de strikt noodzakelijke beeldgegevens), 'zuinig' (voor webtoepassingen) en 'simpel' (voor niet-grafische toepassingen):

- PSD (rijk)
- TIFF (zuiver)
- PNG (zuiniger)
- JPEG (zuiniger voor foto's)
- GIF (zuiniger voor o.a. logo's)
- BMP (simpel, voor o.a. Office)

Verderop zullen we deze formaten nader bekijken.

Compressie

Er zijn veel technieken om afbeeldingen (of bestanden in het algemeen) te comprimeren. Je hebt daarbij de keuze uit een aantal aspecten: aantal pixels (groter of kleiner formaat), pixelkwaliteit (meer of minder ware details) en een puur getalsmatige vergelijking van naast elkaar staande pixels (in egale delen van een beeld). Bestandsformaten gebruiken meestal een of meer van deze compressietechnieken. Het is aan jou te bepalen welke en in welke mate je compressie op een afbeelding toepast.

De technische term 'codec' die je vaak in dit verband hoort, is een samentrekking van de termen 'compressie' (afbeelding zuiniger inpakken) en 'decompressie' (weer uitpakken en tonen).

Vector- of objectgeoriënteerde afbeeldingen zijn schaars op het web. Eigenlijk zijn er slechts twee formaten die daar mee bezig zijn: de SVG (Scalable Vector Graphic)- en de welbekende SWF-bestanden van Flash (ShockWave Flash). Flash wordt in paragraaf 3.5 behandeld, en SVG is wel een standaard maar helaas (nog) niet zo populair.

PSD

Dit is het 'native' (eigen) bestandsformaat van Adobe Photoshop. Dit bestand bevat niet alleen de originele beeldgegevens maar ook alle extra's zoals lagen, maskers, paden, hulplijnen en voorkeuren.

Dergelijke 'rijke' bestanden zijn echter niet geschikt voor gebruik in een website. Ten eerste bieden webbrowsers geen directe ondersteuning voor PSD-bestanden en ten tweede zijn PSD-bestanden vaak veel te zwaar.

Vanaf Dreamweaver versie CS4 kunnen deze PSD-bestanden wel worden geïmporteerd en binnen Dreamweaver geconverteerd of gecomprimeerd (zie ook paragraaf 3.4.3).

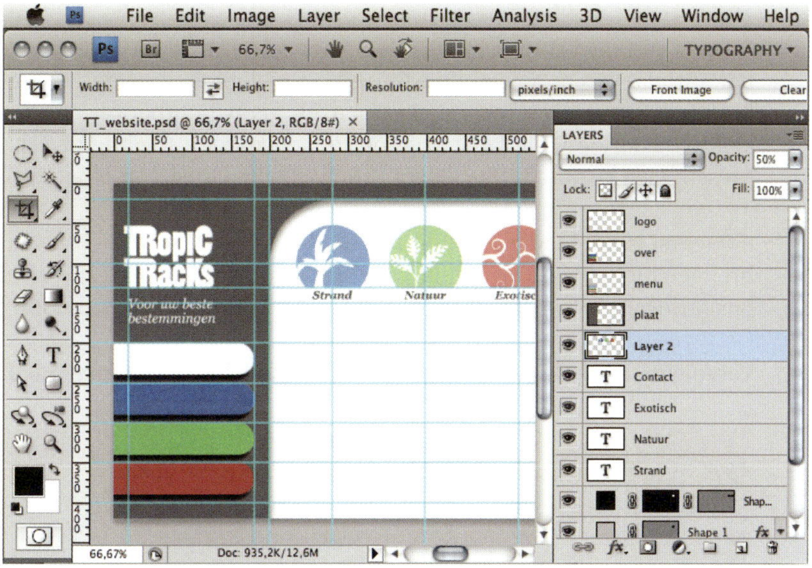

Figuur 3.23: Een Photoshop-bestand met vele lagen en maskers.

TIFF

TIFF (Tagged Image File Format) is oorspronkelijk bedoeld om afbeeldingen tussen software uit te kunnen wisselen. Iedereen kan en mag weten hoe een TIFF werkt, dus zijn er talloze programma's in omloop die TIFF-afbeeldingen aan elkaar kunnen overdragen.

Figuur 3.24: Niets meer dan een massa pixels, in zuivere kwaliteit.

TIFF-bestanden bevatten niets meer dan pixels. Ze bieden van oudsher geen ondersteuning voor lagen, paden, maskers of transparantie (er zijn TIFF-varianten die sommige van deze aspecten wel ondersteunen, maar vertrouw daar niet op). De TIFF-afbeelding heeft daarentegen ruime mogelijkheden voor diverse bitdiepten, dus de erin opgeslagen beeldkwaliteit kan reiken van zeer hoog tot zwart/wit.

In programma's als Adobe Photoshop kun je deze instellingen bij afbeelding Modus nakijken en desgewenst wijzigen.

JPEG

JPEG is een heel slim bestand. Het is bedacht rond 1990, oorspronkelijk voor het opslaan van hoogwaardige fotografie op digitale dragers, zoals cd-roms en Kodak PhotoCD. Het levert veel nuances, geen zichtbaar kwaliteitsverlies en kleine bestanden. De lagere uitvoermogelijkheden (weinig pixels, veel compressie, lage kwaliteit, zeer klein bestand) bleken ideaal voor het web.

Allereerst is het raadzaam om het aantal pixels van een JPEG-bestand terug te brengen tot het vereiste aantal (breedte en hoogte). Dat levert vaak al een forse besparing op. (Straks zul je dit ook in Dreamweaver instellen en zien.)

Vervolgens haalt de JPEG alle voor het oog onzichtbare nuances uit de pixels.

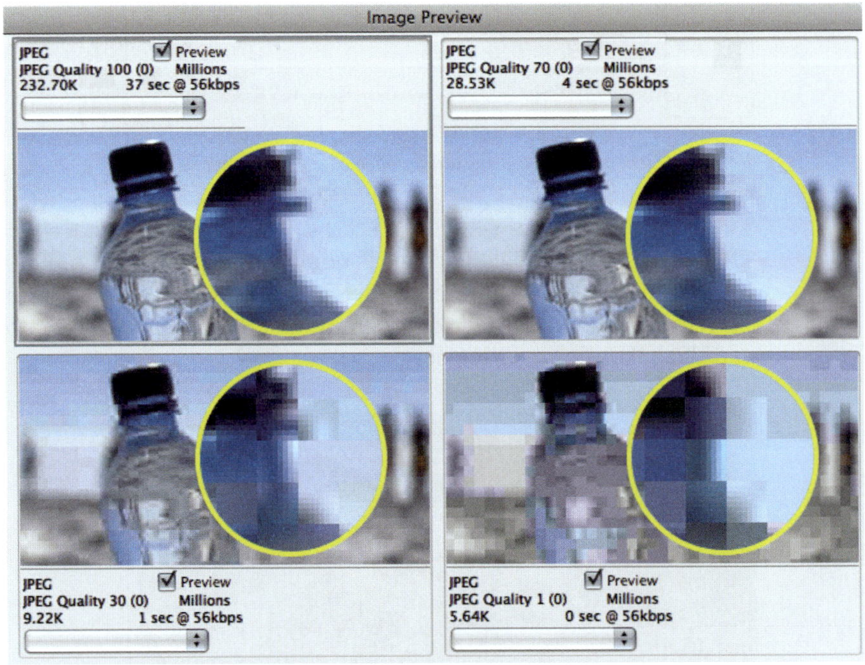

Figuur 3.25: Enkele JPEG-compressies tijdens het invoegen van beeld in Dreamweaver.

Dit soort aspecten zijn eenvoudig instelbaar tijdens het exporteren van een JPEG vanuit software als Adobe Photoshop maar ook bij het importeren van een PSD-afbeelding in Dreamweaver (zie paragraaf 3.4.3). Je kiest met behulp van een schuifregelaar of percentage de mate van JPEG-compressie en ziet dan snel genoeg wanneer de compressie te veel gaat opvallen.

GIF

GIF is een raar geval. Dit bestandsformaat dateert van 1987 en is bedacht door de internetfirma Compuserve, nog voordat ook maar iemand de term 'www' kende. Met een GIF kon men beelden superzuinig opslaan, wat toentertijd ook hard nodig was.

De GIF-compressie is nogal simpel van aard. Het werkt in twee fasen: het nivelleert onderlinge (kleur)verschillen tussen pixels door de aanwezige pixelkleuren of -tinten naar een tabel van (maximaal) 256 waarden terug te brengen.

De tweede compressiefase kijkt naar het resultaat van de eerste compressie en zoekt dan nog naar naast elkaar staande pixels met exact dezelfde waarden.

De compressiemethoden van GIF hebben als kenmerk dat ze meer geschikt zijn voor vectorafbeeldingen, zoals logo's, typografische afbeeldingen, grafieken en kaarten. Eigenlijk is dit pixelbestand dus de beste keuze voor vectorafbeeldingen voor het web.

GIF kent nog meer opties die ook voor het web handig zijn – of moet ik zeggen 'waren', want er bestaan inmiddels nieuwere technieken. Maar voor het geval je zo'n oudje tegenkomt, vermeld ik de extra mogelijkheden toch even:

- *Transparantie*
  De transparantie is vrij grof: een pixel zie je wel of niet. Dat levert niet altijd de fraaie (zachte) randen die je zou willen voor bijvoorbeeld haren en schaduwen. (Betere keuze: PNG.)
- *Animatie*
  De animatie is ook basaal: het is niets meer of minder dan een reeks afbeeldingen (in één GIF), met een bepaalde afspeelsnelheid. (Betere keuze: Flash of video.)

Het maken van een GIF (en wat speciale opties) stel je in bij het exporteren vanuit software als Adobe Photoshop maar ook bij het importeren van een afbeelding in Dreamweaver (zie paragraaf 3.4.3).

PNG

Tijd voor wat nieuws en moois, want we zakken via 'zuiniger' wel steeds verder af naar 'slechter'. Even aandacht voor het wonderlijke PNG.

PNG is bedacht als alternatief voor het oude, gebrekkige GIF, en dan met name vanwege de veel betere transparantiemogelijkheid. Het begon met PNG8, maar dat is nauwelijks beter dan GIF. En PNG24 is een soort kruising tussen GIF en JPEG (3-kanaals kleur). Een PNG24 kan die unieke extra transparantie bevatten. Men noemt dit dan ook wel de '24-bits PNG met 8-bits alpha-kanaal' of '32-bits PNG'.

Laat je niet afleiden door die cijfers – let op wat je ermee kunt. Hiermee zijn zeer fraaie ontwerptechnieken mogelijk, zoals schaduwranden, doorzichtige vlakken, zachte randen in foto's, kortom: allerlei fraais wat we tegenwoordig graag willen zien. (PNG-bestanden zijn wel wat zwaarder dan JPEG en GIF.)

Figuur 3.26: De 'zachte' transparanties van een PNG- bieden veel nieuwe mogelijkheden.

Dit klinkt veelbelovend, maar er kleeft één 'maar' aan: het is nog wat vroeg voor PNG. Die transparantie werkt vervelend genoeg niet in de oudere browsers. PNG is een standaard en wordt ieder jaar populairder, en de moderne browsers (Explorer 7, FireFox, Chrome, Safari, et cetera) weten er ook wel raad mee. Explorer 6 (en ouder) doet echter moeilijk. (Er zijn wat trucjes, maar daar moet je niet aan beginnen.) Dus het wachten is op de laatste Explorer 6-gebruiker.

Het maken van een PNG stel je in bij het exporteren vanuit software als Adobe Photoshop, maar ook bij het importeren van een afbeelding in Dreamweaver (zie paragraaf 3.4.3).

BMP

Hekkensluiter is het BMP-formaat. En daar kunnen we kort over zijn. BMP is een geïndexeerd pixelbestand (net als GIF), zuinig en wel, maar het is hopeloos ouderwets. Het is een bestand dat door Windows wordt gebruikt, maar dat je niet kunt verwerken in je websites. Dus: omzetten naar JPEG, GIF of PNG.

3.4.2 Afbeeldingen invoegen

Nu gaan we kijken hoe al dit moois terechtkomt in een pagina in Dreamweaver.

Afbeeldingen invoegen kan op twee manieren:

1 Invoegen met het paneel **Invoegen**, categorie **Algemeen**, of via de menuopties **Invoegen Afbeeldingen**, **Afbeelding** (**Ctrl+Alt+I**).

Let op waar je aanwijzer in de pagina staat, want op die plek zal de afbeelding in eerste instantie terechtkomen.

2 Slepen vanuit de map of Bureaublad of het paneel **Bestanden.**

Om te slepen moet je uiteraard wel de vensters goed opstellen, wat op kleinere beeldschermen soms onoverzichtelijk wordt. Voor het slepen vanuit het paneel

Bestanden moet het bestand ook al in de hoofdmap van je website staan, wat misschien niet het geval is.

We gaan er in de onderstaande handelingen van uit dat de afbeelding nog niet in de hoofdmap staat, maar elders op je harde schijf. Kopieer eventueel wat afbeeldingen die bij dit boek horen (zie website). Tijdens het invoegen verschijnen meestal wat dialoogschermen.

Met **Invoegen**, **afbeelding** gaat Dreamweaver natuurlijk vragen om een afbeelding. Blader naar een bestand (liefst eerst een GIF of JPEG) en klik op **OK**. En daar begint het vragenvuur:

Pad naar pagina

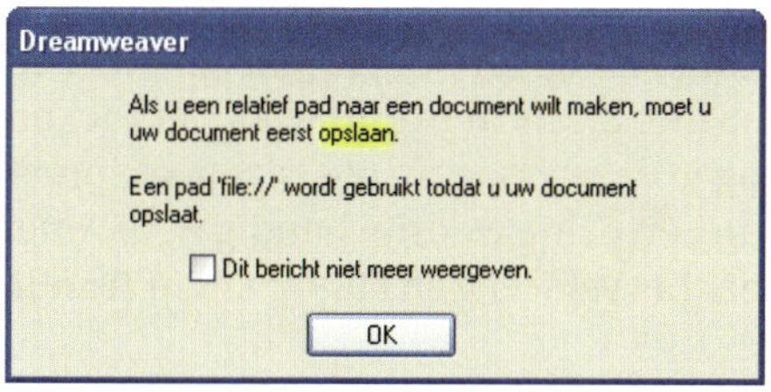

Figuur 3.27: Pagina nog niet bewaard? Doe dat dan eerst.

Als je pagina nieuw is aangemaakt, zal Dreamweaver je waarschuwen dat er nog geen relatief pad kan worden gemaakt van de herkomst van deze afbeelding naar de pagina. De afbeelding wordt namelijk niet fysiek in de pagina meebewaard, maar wordt daar met HTML naar verwezen. En zolang de pagina zelf nog niet (op de schijf) bestaat, blijft Dreamweaver waarschuwen dat je deze pagina toch echt eerst een plekje moet geven.

Kopie in hoofdmap

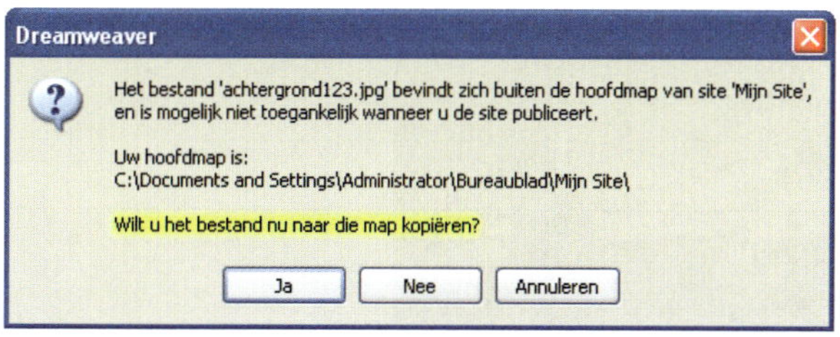

Figuur 3.28: Plaatje niet uit hoofdmap? Klik dan op Ja.

Als je de afbeelding niet uit de hoofdmap hebt gehaald, maakt Dreamweaver zich terecht zorgen dat je deze afbeelding waarschijnlijk zult vergeten als je de website naar een server gaat uploaden. Daarom vraagt het programma of je in plaats van het origineel (ergens op je schijf) wellicht een kopie van het bestand naar je hoofdmap wilt kopiëren en deze wilt invoegen. Kies maar **Ja** en geef eventueel een andere naam aan het gekopieerde bestand op. Zie je trouwens dat Dreamweaver je meteen naar de hoofdmap dirigeert?

Toegankelijkheid

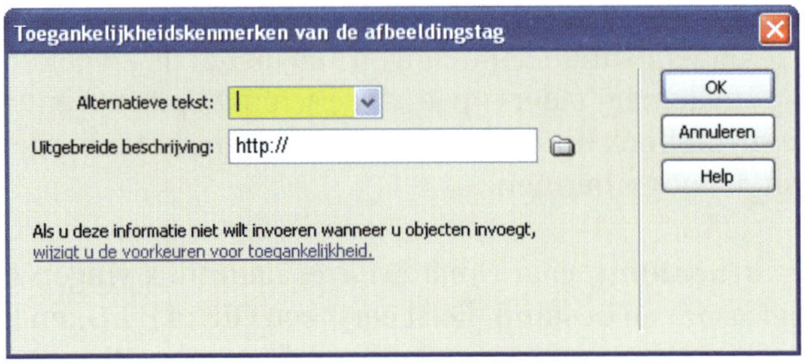

Figuur 3.29: Tekst voor blinden en slechtzienden toegankelijk maken.

Ten slotte vraagt Dreamweaver of je nog een alternatieve tekst als toegankelijkheidskenmerk wilt aangeven. Daardoor krijgen blinden en slechtzienden ook een (tekstuele) indruk van de afbeelding. En Google pikt ook weer een graantje mee, want deze tekst kan prima dienen als trefwoord voor het zoeken naar deze afbeelding. Voor mijn part mag je deze vraag nu overslaan, al spreekt het voor zich dat dit voor het maken van een echte website handig is. In Amerika zijn er zelfs al strenge wetten voor. Laat het veld leeg en klik op **OK** of **Annuleren**.

Eindelijk, de afbeelding staat in de pagina.

Figuur 3.30: De afbeelding staat in de pagina.

In het paneel **Eigenschappen** zie je de naam van het bestand, de afmetingen en de eventueel aangegeven alternatieve tekst. Verder zijn er nog vele andere opties, maar die komen dadelijk aan bod.

HTML-tag

Heel even naar de HTML van een afbeelding kijken? Er is niet veel te zien, hoor. De tag is vrij simpel: <img />. En zoals je ziet komen er ook al enkele attributen automatisch bij, waarvan de src-attribuut onontbeerlijk is: die geeft de bron (source) van de geplaatste afbeelding aan. Verder krijg je nog de attributen voor de afmetingen: breedte (width) en hoogte (height) in pixels:

```
<img src="logo.jpg" width="150" height="150" />
```

Gaandeweg kunnen er nog meer attributen bij verschijnen, maar de basis is en blijft <img>.

Rollover-afbeeldingen

Deze zijn lang niet meer zo vaak nodig als vroeger. In hoofdstuk 7 leer je hoe je ze tegenwoordig vaak sneller en 'zuiverder' kunt maken met CSS.

3.4.3 Invoegen Photoshop

Als je een Photoshop-afbeelding (met extensie .psd) invoegt, gebeurt er nog iets extra's: de originele Photoshop-afbeelding wordt niet direct geplaatst (dat zou ook geen zin hebben, want een browser begrijpt geen PSD-bestand), maar er wordt een nieuw bestand van afgeleid. Je krijgt dus de gelegenheid om het gekozen bestand gaandeweg te converteren naar een JPEG, GIF of PNG en zelfs het bestand te schalen of een uitsnede ervan te kiezen.

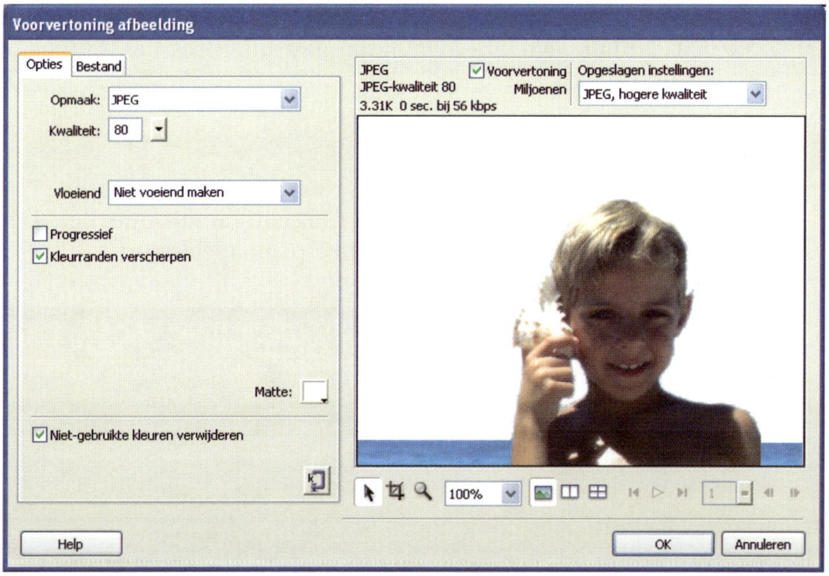

Figuur 3.31: Opties kiezen voor Photoshop-bestanden.

Dit nieuwe bestand wordt natuurlijk ook weer in de hoofdmap geplaatst, en tot slot mag je ook weer een alternatieve tekst verzinnen (wat voor deze oefening niet per se hoeft).

Bijwerken en bewerken

Eenmaal ingevoegd, blijft dit ingevoegde bestand het originele Photoshop-bestand in de gaten houden. Zodra je dit in Photoshop wijzigt, zal er in Dreamweaver een waarschuwingssymbool verschijnen. Omgekeerd geldt dat als je in de webpagina de ingevoegde afbeelding groter of kleiner hebt gemaakt, er automatisch een bijgewerkte versie met de nieuwe afmetingen kan worden aangemaakt.

Figuur 3.32: De Photoshop-knopjes in het paneel Eigenschappen.

Wil je alle instellingen van deze afgeleide afbeelding bekijken of bewerken, dan kan dat. En wil je vanuit Dreamweaver naar Photoshop overschakelen om het origineel te bewerken, dan is daar ook een knopje voor. Je vindt de menu's allemaal bij **Wijzigen**, **Afbeelding** en onder de rechtermuisknop.

Deze integratie is nieuw (vanaf versie CS4) en is uiterst handig als je nog over het definitieve ontwerp van de pagina twijfelt of als de originele PSD-afbeeldingen nog in bewerking zijn.

Wil je andere bestanden die geen PSD zijn (bijvoorbeeld JPEG's of TIFF's) ook op deze wijze gebruiken, open ze dan eenmalig in Photoshop en bewaar er alsnog een PSD-bestand van.

3.4.4 Extra eigenschappen

In het paneel **Eigenschappen** kun je nog een aantal opties bekijken en instellen als je een ingevoegde afbeelding in je pagina selecteert.

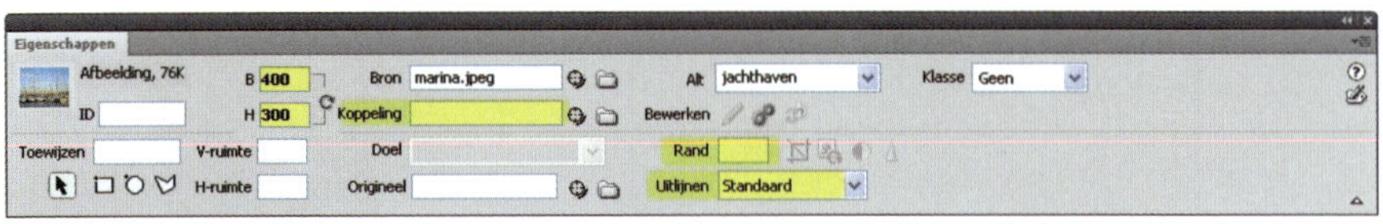

Figuur 3.33: Nog meer opties voor afbeeldingen.

Pixelformaat

Uiterst links zie je de **Breedte** en **Hoogte** van de ingevoegde afbeelding, in pixels. Deze maten kun je getalsmatig of op het oog (slepend in de Ontwerpweergave) wijzigen. Zodra het formaat niet meer overeenkomt met de originele afmetingen, worden de maten vet en verschijnt er een ronde pijl. Als je daarop klikt, krijgt de afbeelding weer de oorspronkelijke afmetingen.

Als je een Photoshop-afbeelding hebt geplaatst, kun je er ook voor kiezen om het ervan afgeleide bestand opnieuw te laten genereren. Natuurlijk wordt dit niet groter/scherper dan de originele Photoshop-afbeelding, eerder vager.

Koppeling

Een afbeelding kan natuurlijk een knop worden; dit doe je door er een andere pagina aan te koppelen. Tik de naam van het bestand in of klik op het mapicoon om naar een te koppelen pagina te bladeren. Je kunt zelfs het **Doel** '_blank' kiezen om de gekoppelde pagina in een nieuw browservenster te laten openen.

Rand

Een makkelijke: wil je een rand om je ingevoegde afbeelding, tik dan de lijndikte (in pixels) bij **Rand**. Als je de afbeelding een koppeling hebt gegeven, zal de rand blauw zijn; gewone randen zijn zwart.

Uitlijning

Dit is het meest spannende lay-outcommando in de HTML-taal. Het best kun je de volgende oefening eerst even uitvoeren en gewoon zien wat er gebeurt.

Schrijf een wat langere tekst, met meerdere regels en misschien een kopje hier en daar. Voeg een niet al te grote afbeelding in en zie hoe de afbeelding eigenlijk als een grote letter tussen de tekst staat. Als je nu de afbeelding selecteert en de **Uitlijning** op **Links** instelt, zie je dat de tekst die erna komt om de afbeelding loopt. Daarbij wordt ook rekening gehouden met de eventuele V- en H-ruimte (zie volgende optie). Uitlijning rechts geeft een vergelijkbaar effect, met de afbeelding aan de rechterzijde en de tekst links erlangs lopend.

Op zich is het een handige optie; in een **Voorvertoning** zie je dat de tekst keurig om de afbeelding heen 'vloeit' als het venster kleiner of groter wordt. Maar in moderne websites is deze optie eigenlijk niet meer van belang, al blijft ze leuk. Voor het moderne lay-outwerk hebben we nu de 'float' opties in CSS.

V- en H-ruimte

Een extra optie om tekst om een afbeelding te laten lopen wanneer je in de layout een uitlijning gebruikt.

Let op: de pixelwaarde geldt in twee richtingen tegelijk: links én rechts (Horizontaal), en onder én boven (Verticaal). En in CSS mag je elke zijde apart instellen veel beter, maar nog even geduld.

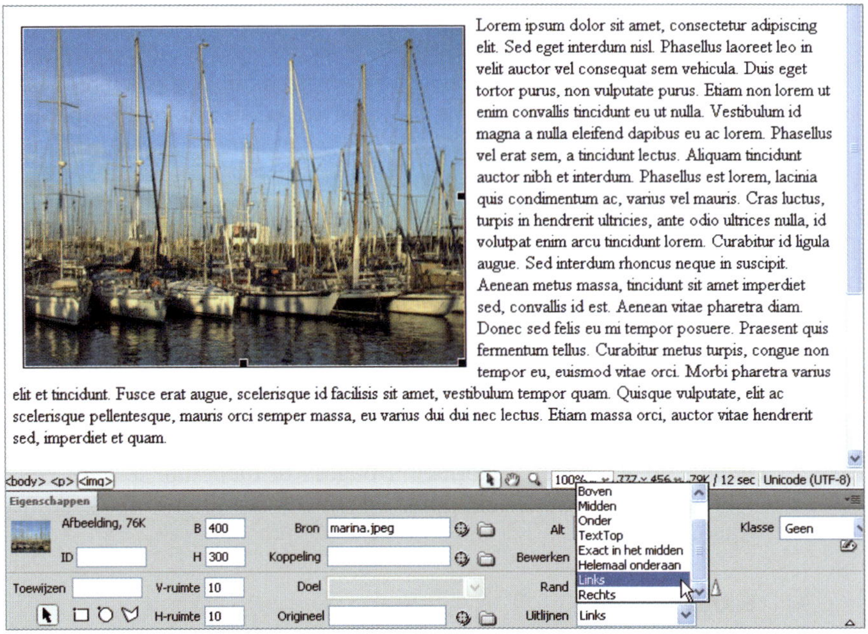

Figuur 3.34: De uitlijning levert een tekstomloop bij afbeeldingen.

3.4.5 Beeldinhoud aanpassen

Je hebt Dreamweaver tot je beschikking. Een prachtig programma voor het maken van websites. Maar het is geen programma dat alles kan. Beelden creëren of teksten verwerken zijn functies die er niet of nauwelijks in zitten. 'Dat is een ander vakgebied,' zeggen professionals dan. Dat is natuurlijk zo, maar soms is het wat overdreven om voor ieder grafisch wissewasje Photoshop (of een ander beeldbewerkingsprogramma) te moeten wakker schudden.

Daarom biedt Dreamweaver een paar veelgevraagde functies. Het zijn geen creatieve functies; daarvoor moet je echt Photoshop hebben en gebruiken. Maar een kleine correctie in contrast of scherpte, een uitsnede maken of het schalen van een afbeelding, dat kan ook in Dreamweaver.

Let op: al deze handelingen zijn definitief; ze wijzigen het beeldbestand en kunnen niet altijd worden hersteld.

Figuur 3.35: Afbeeldingen aanpassen met wat knopjes in het paneel Eigenschappen.

Uitsnede

Te veel familieleden op de foto? Het huis van de buren van je bedrijfspand afsnijden? Spannende uitsnede gewenst? Even op het snijmesje klikken en je snijdt de afbeelding bij, ehh... af.

Voor het maken van miniaturen (kleine versies van foto's) heeft het vaak geen zin om de foto in zijn geheel te verkleinen. De voorwerpen worden dan meestal te klein om te herkennen. Vaak is een uitsnede van het kenmerkende deel van de foto dan een betere keuze. Dit kost een paar tellen, maar levert een icoon met meer zeggingskracht! Beoordeel het maar met volgend voorbeeld.

Figuur 3.36: Afbeelding bijsnijden naar een beter icoon-formaat.

Aantal pixels

Bij het importeren van Photoshop-bestanden krijg je de optie om de (ervan afgeleide) afbeelding een andere pixelafmeting te geven. Maar wat moet je doen met andere beeldbestanden dan Photoshop-bestanden als je geen Photoshop hebt of wilt gebruiken? Dan kun je de afbeelding gewoon kleiner maken door deze te slepen of door maten in te tikken, en op de knop **Aantal bits** te klikken. De afbeelding wordt dan aangepast aan het nieuwe aantal pixels.

In de Engelstalige versie wordt deze functie aangeduid met 'resample', wat een veel betere term is. In het Nederlands wordt het 'aantal bits' genoemd, wat verwarrend en misleidend is. Vandaar dat ik het liever over 'aantal pixels' heb.

Helderheid en contrast

Een tikje meer contrast nodig, of juist behoefte aan een heel mistige variant van de afbeelding (om er een tekst overheen te zetten)? Een kleine moeite met deze functie. Toch hebben veel mensen altijd moeite met het verschil tussen de twee termen: contrast is het verschil tussen de lichtste en donkerste partijen in een foto; helderheid is hoe licht of donker een foto in het geheel oogt.

Denk erom dat je een foto niet oneindig kunt corrigeren. Het lijkt misschien mogelijk om van een foto met weinig contrast het volle contrast weer te herstellen, maar bij elke correctie gaat nuancering verloren. Klik dus niet te snel op OK.

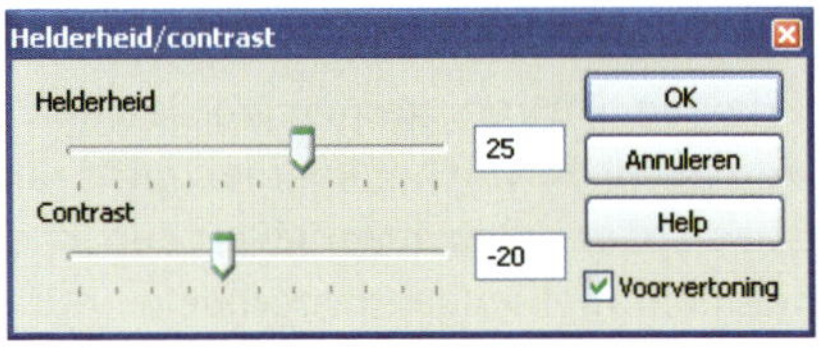

Figuur 3.37: Helderheid en contrast aanpassen kan ook in Dreamweaver.

Scherpte

Foto's die op zich goed zijn (voor een mooie afdruk of een grootse weergave op het scherm) zijn vaak wat te zacht voor verwerking in een website. Daarom mogen ze iets meer 'pit' krijgen, wat je kunt bereiken met de **Scherpte-instelling**. Doseer het met mate en laat je afbeelding naar het juiste **Aantal pixels** bijwerken voordat je deze functie erop loslaat.

3.5 Flash

Flash! Het is beeld, geluid, video, 3D, animatie, interactie, dynamisch, schaalbaar, flexibel, alles. Ontwerpers wentelen zich erin alsof het een bubbelbad is, bezoekers spenderen vele uren aan Flash-spelletjes, YouTube ontketende er de videogeneratie pas echt mee en Adobe fuseerde met Macromedia, onder andere omdat Adobe jaloers op Flash was. Flash, Flash en nog eens Flash.

Figuur 3.38: Flash, bijna een verslaving, zowel om er iets mee te maken als om het te gebruiken.

Zonder Flash zou het web beslist veel saaier zijn. Als 'gewone' afbeeldingen de krenten in de webpap zijn, dan zijn Flash-elementen de sappige zoete druiven, bosbessen, frambozen en bramen. Flash is multimedia in webverpakking.

Keerzijde van de medaille

Waarom maken we dan niet alles in Flash, als dat zoveel mooier en makkelijker is? Flash heeft helaas enkele nadelen ten opzichte van de HTML-taal. Nadelen die zwaar kunnen wegen. Begrijp me goed, ik heb niks tegen Flash, maar wel tegen websites die Flash verkeerd inzetten. Zet de voordelen af tegen de nadelen en besluit dan waar je Flash wel en niet voor gaat gebruiken. (En neem er een goed boek over Flash bij...)

- *Hele website?*
  Je zult zelden een hele website in Flash maken. Hooguit een spel of de website over een kunstproject kan zich dat permitteren. Iemand die veel inhoud te bieden heeft, doet dat liever met behulp van een gewone webpagina.
- *Ontwerp en onderhoud*
  Het is nog steeds best lastig om Flash-elementen zodanig te maken dat ze makkelijk te onderhouden zijn. Veranderingen moeten dus meestal door Flash-kundigen doorgevoerd worden, terwijl iedereen wel een tekstje in een HTML-pagina aandurft.
- *Niet standaard*
  Ondanks de enorme populariteit is Flash geen 'standaard' volgens webnormen. Er is dus nog altijd een plug-in nodig om Flash te laten werken in de browser en een beheerder van een kantoornetwerk kan het gebruik van Flash dus uitschakelen.
- *Gesloten*
  Flash staat niet direct open voor interactie met andere talen of technieken in de webpagina of -browser. Dankzij zorgvuldige scripting en Flash Builder (voorheen Flex) kan er wel wat meer 'open' gewerkt worden, maar dat is niet echt makkelijk. De meeste Flash-makers hebben er al moeite mee om een simpele tekst selecteerbaar te houden (zodat de webbezoeker ten minste een adres, telefoonnummer of e-mail kan kopiëren).
- *Google*
  Om diezelfde reden kan Google ook meestal niet veel met Flash-elementen. Tenzij ze goed ontworpen zijn of de belangrijkste inhoud in een databasegedeelte (Flex) wordt ondergebracht, kan Google de inhoud van een Flashbestand niet lezen. Met als gevolg dat Flash-inhoud niet gezocht of gevonden kan worden. (Google is overigens bezig om dat wel te gaan doen, maar dan nog zal veel Flash-content slecht leesbaar blijven).
- *iPhone en iPad*
  En als laatste en meest recente nadeel: Flash werkt (nog) niet op onder andere iPhones en iPads. Wél op veel andere merken en typen smartphones en tablets, maar wie wil nou op een iPhone of iPad gemist worden?

3.5.1 Flash-elementen invoegen

Als je een Flash-bestand krijgt of zelf hebt gemaakt, is dat een FLA- of XFL-bestand. Maar dat kun je dan nog niet in een webpagina plaatsen. Het moet vanuit Flash eerst als SWF gepubliceerd worden (met of zonder HTML). Dit

SWF-bestand kun je dan plaatsen via **Invoegen**, **Media** (**Ctrl+Alt+F**) (of de HTML openen).

> Je zou verwachten dat het mogelijk is om de oorspronkelijke FLA-bestanden (Flash) direct te importeren. Net zoals bij het importeren van PSD-bestanden (Photoshop), zou er dan een 'Exporteer'- of 'Publiceer'-dialoogscherm kunnen verschijnen, waarin je de instellingen kunt aangeven. Adobe heeft er echter niet voor gekozen om dit in te bouwen, omdat er dan veel software-intelligentie aan de kant van Dreamweaver nodig zou zijn om een FLA-bestand te openen en als SWF te exporteren. (PSD-bestanden hebben een eenvoudiger structuur.)

In het paneel **Eigenschappen** kun je alle opties nakijken en wijzigen:

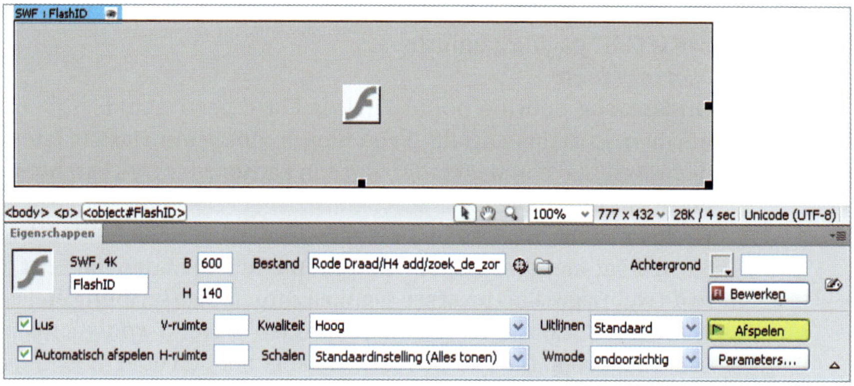

Figuur 3.39: De Flash-opties en afspeelknop in het paneel Eigenschappen.

Bestand en Src

Bij **Bestand** staat de naam van het SWF-bestand (essentieel) en **Src** verwijst naar de originele bron, het FLA-bestand (optioneel).

Bewerken

Als de **Src** is aangegeven en je hebt Flash ook op je computer, kun je met deze knop direct naar je FLA-bestand. De ervan afgeleide SWF zal dan automatisch bijgewerkt worden.

Breedte en Hoogte

Hier verschijnt (net als bij afbeeldingen) een ronde pijl als de afmeting niet meer exact die van het oorspronkelijke bestand was. Als de Flash-animatie de hele pagina moet bestrijken en ook moet meeschalen als de pagina vergroot of verkleind wordt, is een percentage (100%) voor de breedte een veelgebruikte methode. De hoogte blijft dan onvermeld.

V-ruimte, H-ruimte en Uitlijnen

Net als bij afbeeldingen kun je tekst om je Flash-animatie laten lopen (met extra ruimte), maar deze opties worden zelden gebruikt in combinatie met Flash.

Schalen

Dit attribuut is het experimenteren waard als je niet de originele afmetingen wilt aanhouden. Standaard wordt de Flash-animatie in een automatisch bemeten kader getoond, maar als je een andere afmeting instelt, wat moet er dan gebeuren? Wil je de animatie meeschalen, al dan niet proportioneel, met of zonder ruimere of afgesneden randen? En wat als je een breedte als percentage aangeeft (bijvoorbeeld 100%) en het browservenster groter of kleiner wordt?

Kwaliteit

Flash-animaties laten afspelen kost computerkracht, zeker als de animatie veel visueel complexe onderdelen bevat, of als er meer Flash-animaties tegelijk afgespeeld worden. Het kan dan beter zijn om bepaalde animaties meer of minder voorrang in afspeelsnelheid en beeldresolutie te geven. Zowel bij **Hoog** als bij **Laag** worden beide aspecten beïnvloed; bij **Automatisch hoog** krijgt afspeelsnelheid meer voorrang (meer beelden per seconde maar wel grover qua pixels) en bij **Automatisch laag** gebeurt het omgekeerde (minder beelden per seconde, maar wel scherper).

Achtergrond en WMode

De kleur van de achtergrond (zoals deze in de FLA werd aangegeven) kan gewijzigd worden. Als je de SWF wilt gebruiken met een transparante achtergrond, zul je ook een geschikte WMode-instelling moeten gebruiken en daar rekening mee moeten houden bij het maken van je Flash-bestand.

Automatisch afspelen en Lus

Moet de Flash-animatie meteen gaan spelen of wachten totdat de webpagina gereed is en geactiveerd wordt? Met de **Lus-optie** zal de animatie aan het eind van een cyclus terugkeren naar het begin en opnieuw beginnen.

Afspelen

Je kunt een eenvoudige voorvertoning van de Flash-animatie afspelen terwijl je nog aan de inhoud van de pagina werkt.

3.5.2 Flash-video

In het verlengde van de Flash-bestanden vinden we Flash-video (en audio). Technisch gesproken zijn dit videobestanden met een flinterdun Flash-schilletje eromheen.

In de beginjaren van het web waren er allerlei technieken en merken software om audio en video voor het web geschikt te maken en af te spelen. Grote namen (Windows MediaPlayer, RealPlayer, Apple QuickTime) beconcurreerden elkaar, in de hoop er wat geld aan over te houden.

Het probleem met al die andere bestandsformaten was (en is nog steeds) dat je er als webmaker nooit zeker van kon zijn hoe de audio/video-informatie door de browser getoond werd. Op veel computers werd het bestand eerst in zijn totaliteit gedownload en dan eventueel geopend door een vaag programma. En op andere computers kreeg je een foutmelding of waarschuwingen over risico's ten aanzien van de beveiliging.

Flash brak een lans voor makers én gebruikers van audio en video. De Flash plug-in zorgt ervoor dat de media direct in de pagina hoorbaar of zichtbaar wordt. Flash verpakt audio en video moeiteloos en speelt het ook weer af, gratis en voor niks, zonder reclame, zonder gedoe. De meeste andere audio- en videobestanden legden het dan ook snel af tegen deze eenvoud van audio en video in Flash-verpakking.

Figuur 3.40: RealPlayer, Windows Mediaplayer en Apple QuickTime hebben het allemaal afgelegd tegen de eenvoud van Flash-video.

Het maken van Flash-video's gebeurt met Flash-software of met de Adobe Media Encoder, voor het coderen en converteren van audio- en videobestanden.

Flash-videobestanden (FLV) kun je via Invoegen, Media, FLV in je pagina plaatsen. Vervolgens geeft het paneel Eigenschappen vele opties om het afspelen ervan te regelen en te perfectioneren. Je kunt in Dreamweaver zelfs nog voor een andere stijl ('skin') kiezen.

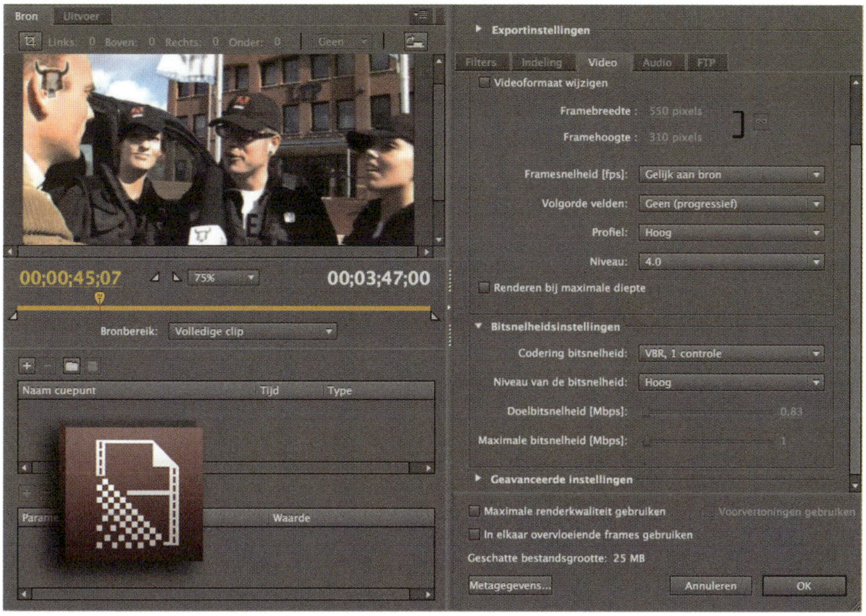

Figuur 3.41: Flash brak de lans voor probleemloze audio en video door deze te importeren of met Adobe Media Encoder te coderen.

3.6 Overige media

Enkele andere populaire en exotische elementen die je in je website kunt verwerken, zijn de volgende.

3.6.1 Mash-up media

Een aparte categorie vormen de 'sociale media', of wel 'Web 2.0 mash-ups' (mash-up betekent stamppot). Een moderne website bedient haar bezoekers namelijk niet alleen met eigen inhoud, maar haakt ook aan bij allerlei sociale websites. Diverse digitale diensten worden verweven in de eigen virtuele omgeving. Denk hier maar eens over na; het zijn onderdelen die een website doen leven en er een 'community' van maken.

Figuur 3.42: Sociale media in binnen- en buitenland

Bekende online diensten als YouTube, Google Maps en Twitter maken het ons wel heel makkelijk om hun media in onze eigen pagina's te integreren. Op hun webpagina tonen ze een knop of paneel met de HTML-code die je zo kunt kopiëren en in de code van je eigen pagina kunt plakken. Dit zijn vaak Flash-(video)toepassingen. Je ziet dus wellicht bekende codes en eigenschappen verschijnen.

Figuur 3.43: Dutchcowboys.nl biedt naast eigen inhoud (blauw) vele brokken rich media (rood) en sociale media (groen).

3.6.2 Audio en video

Zoals eerder beschreven, hebben de meeste andere audio- en videobestanden het afgelegd tegen de eenvoud van audio en video in Flash-verpakking. Toch wordt het binnenkort mogelijk om audio en video op een vriendelijke en betrouwbare wijze in een website te verwerken, zonder Flash of andere extra software. HTML versie 5 zal daarvoor zorg gaan dragen en wordt nu al ingezet op veel mobiele apparatuur (vooruitlopend op wat HTML 5 officieel gaat ondersteunen). Verdiep je eventueel in de Dreamweaver HTML5 Pack die via Adobe Labs beschikbaar is.

Een beginnende website-maker zou ik echter willen aanraden om voorlopig nog gebruik te maken van Flash-video.

3.6.3 En hoe zit het met PDF?

Over PDF bestaat gelukkig aanzienlijk minder onduidelijkheid. Beschouw de PDF als een pagina op zich, niet als een deel van een webpagina. Dus maak liever een koppeling naar een PDF dan dat je de PDF als onderdeel van de pagina plaatst. En je kunt natuurlijk (met Photoshop) een icoon van de inhoud van de PDF maken en deze er als knop aan koppelen.

Vermeld bij een dergelijke koppeling ook altijd dat het om een apart PDF-bestand gaat en om hoeveel KB/MB het gaat. Dan weet de bezoeker tenminste wat voor vlees hij in de kuip heeft en of het de moeite van downloaden waard is.

3.7 Afronding

Als informatief medium maakt een website vaak en veel gebruik van tekst in allerlei soorten. Maar het zou wel heel karig zijn als dat ook het enige was. Tabellen, afbeeldingen, Flash en video's zijn componenten die een website aankleden. Af en toe zijn ze slechts decoratief maar heel vaak net zo informatief en essentieel als teksten. In dit hoofdstuk heb je geleerd hoe je deze elementen invoegt en instelt.

Zorg verder voor een goede balans in je website. Eén beeld zegt meer dan duizend woorden, maar één woord zegt soms meer dan een reeks fraai ogende maar onbegrijpelijke iconen...

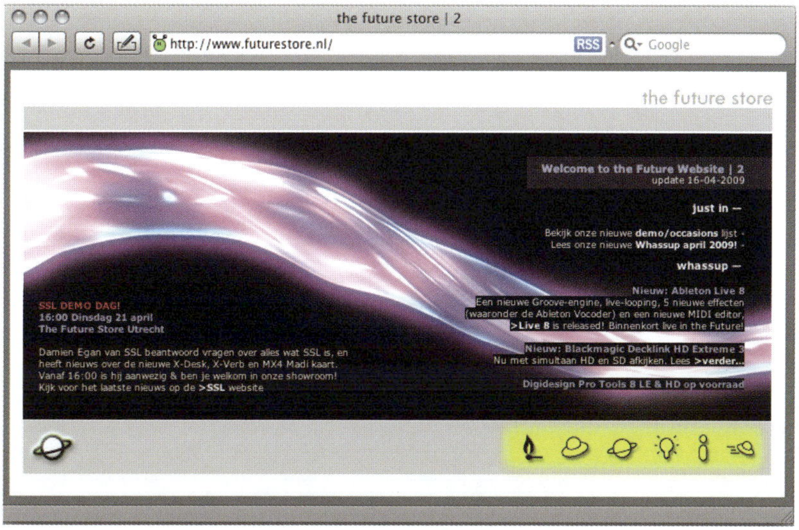

Figuur 3.44: Wat zou deze goedbedoelde navigatiebalk betekenen?

3.7.1 Tropic Tracks

In het Tropic Tracks-onderdeel ga je ook diverse tabellen, afbeeldingen en andere elementen in pagina's invoegen. Er valt nog niet veel lay-out te bespeuren, maar er komen al wat meer krenten in de pap, zoals al in dit hoofdstuk werd gezegd.

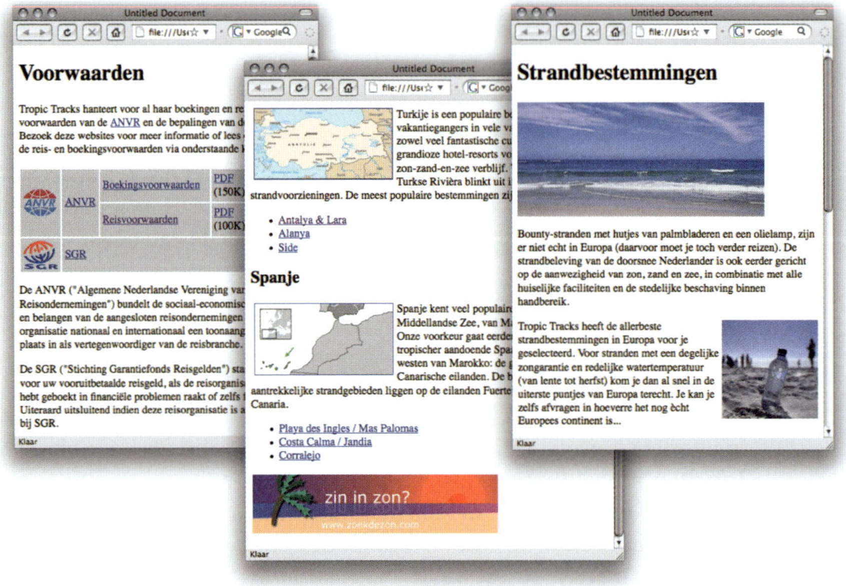

4 Inhoud en vorm

Om een website te ontwerpen moet je goed weten wat de mogelijkheden zijn. Zomaar wat verzinnen is geen verstandige aanpak. Creatief gezien is er veel mogelijk, maar het zal aan de principes, technieken en conventies van het web moeten voldoen. Daarom beginnen we in dit hoofdstuk met de verschillende technieken te bespreken waarmee we een pagina indelen en vormgeven.

4.1 In dit hoofdstuk

- HTML
- DIV
- CSS

Er zijn grofweg drie methoden te onderscheiden, of beter: drie fasen, want ze gaan van de vroegste generatie HTML via ouderwetse (en foute) methoden naar een moderne aanpak.

1 **Vroege HTML**
   - lay-out-mogelijkheden zeer beperkt
   - typografische mogelijkheden beperkt

2 **Oud en fout**
   - lay-out met frames en tabellen
   - typografie door middel van afbeeldingen

3 **Moderne HTML**
   - inhoud en structuur met DIV
   - typografie en lay-out met CSS

De vroege HTML en de moderne XHTML zijn belangrijke fases. Deze gaan we in dit hoofdstuk uitgebreid bespreken. CSS komt in het volgende hoofdstuk aan bod. En de fase 'Oud en fout' zullen we in hoofdstuk 6 bekijken.

4.2 HTML

Hier kunnen we kort over zijn: zoals we in de eerdere hoofdstukken al zagen, kent HTML niet veel (typo)grafische mogelijkheden. Wat koppen, lijsten, een lijntje, tabellen en tekst rond een afbeelding, dat is zo'n beetje het meest spannende waartoe de HTML-taal in staat is. Feitelijk is HTML alleen maar bezig met de formattering van een lap tekst en waait er af en toe een plaatje tussendoor.

Het is je wellicht ook opgevallen dat een afbeelding niet zomaar ergens met de aanwijzer kan worden neergezet. Probeer een afbeelding maar eens te verslepen in de Ontwerpweergave; deze springt telkens terug naar een plek tussen de letters, alsof de afbeelding zelf een (grote) letter is. Sterker nog: maak de afbeelding maar eens klein en zet haar midden in een regel tekst. Als je tekst ervoor tikt, schuift de afbeelding als een gewone letter mee.

Figuur 4.1: Nukkige afbeeldingen die niet blijven staan waar je wilt en zich als letters gedragen. HTML is geen opmaakomgeving.

4.2.1 Principes van HTML

De principes van HTML lijken meer op de strikt tekstuele benadering van een tekstverwerker dan het resultaat van enkele decennia evolutie in digitale media. Van de vele mogelijkheden van dtp en multimedia is nauwelijks iets in de HTML-taal terechtgekomen. Maar dat was ook niet de bedoeling.

In de Inleiding hebben we de herkomst van de HTML-taal behandeld: wetenschappers en ambtenaren die hun publicaties gingen vormgeven. Zij richtten zich daarbij veel meer op de inhoudelijke structuur van een document dan op de concrete vormgeving. Als het er maar netjes uitziet, was het motto. Precieze vormgeving was geen noodzaak en eigenlijk alleen maar een onnodige bezigheid en beleving.

4.2.2 HTML-versies

De hogepriesters van de HTML hebben in 1991 om eerder vermelde reden slechts beperkte (typo)grafische mogelijkheden voor de eerste versie van de HTML-taal gedefinieerd. De lijst van HTML-tags bleef kort (22 tags) en browsers waren nog simpel. Deze HTML-versie werd niet eens officieel tot een 'DOM' verklaard (zie volgende opmerking), het was meer 'n ideetje.

Zo'n lijst van afspraken over tags (welke tags zijn er en hoe zijn ze technisch gedefinieerd) noemt men in SGML-kringen een DOM (Document Object Model). De werking van de HTML-taal is dus vastgelegd in een DOM, die voor eenieder toegankelijk is. Webbrowsers worden dus ook volgens die DOM ontwikkeld, zodat HTML-pagina's volgens verwachting werken.

HTML 2

Met wat correcties en voor de hand liggende aanvullingen als afbeeldingen en tabellen, werd in 1995 de HTML-taal (versie 2.0) tot aanbevolen standaard verheven. Niet dat iedere browser zich er ook meteen aan hield, maar dat was een ander verhaal.

HTML 3

In korte tijd beleefde het web een enorme opgang. Iedereen zag de potentie ervan en ging zich ermee bemoeien, waardoor de wetenschappelijke commissies die de HTML-taal onder hun hoede hadden, flink onder druk kwamen te staan. Men wenste meer mogelijkheden voor grafische vormgeving, zoals maten, lettertypen en kleuren, audio/video en 3D, en iedereen verzon programmeertalen (scripts) voor extra functies zoals formulieren en beveiligingsmethoden. Grootmachten zoals Microsoft en Netscape maakten zich sterk voor hun belangen, wat niet altijd goed uitpakte. In 1997 kon men het (pas na twee mislukte voorstellen) eens worden over vernieuwingen en uitbreidingen in de HTML-taal (versie 3.2).

HTML 4

Al vrij snel ging men weer ruziën over wat de volgende HTML-versie moest gaan doen, maar de hogepriesters vonden het mooi geweest. In plaats van weer te gaan praten over meer functies en technieken die steeds verder af kwamen te staan van de HTML-principes, werd de HTML 4 als een basis voor andere talen gepresenteerd. Deze versie werd in 1997 officieel tot de standaard verklaard.

In Dreamweaver kun je de volledige lijst HTML-tags (en -definities) bekijken via **Venster, Resultaten, Referentie** of **Help, Referentie**. De hele serie O'Reilly-zakboekjes voor alle webtalen vind je hier in een paneel, voor de liefhebber. Kies een Boek, vervolgens een Tag en dan de eventuele attributen. O'Reilly beschrijft niet alleen de tag, maar geeft ook aan of het wel officiële HTML is of dat een merk browser er een eigen draai aan heeft gegeven (wat in het verleden vaak gebeurde).

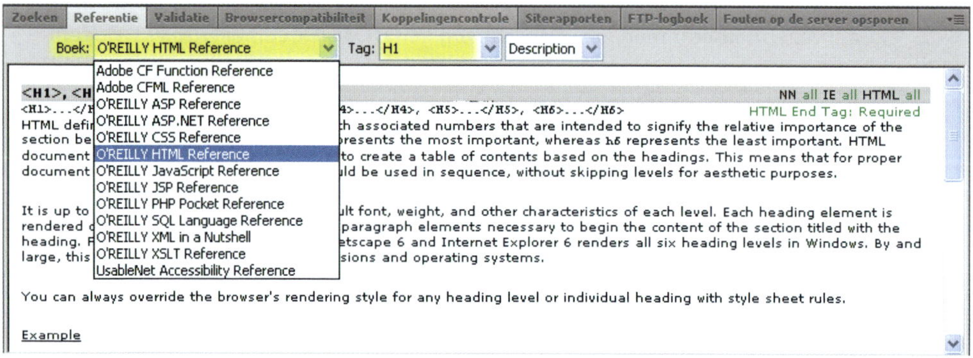

Figuur 4.2: Alle afkortingen, beschrijvingen en toepassingen van HTML maar ook JavaScript, CSS en andere talen in één paneel.

In 1998 werden nog wat correcties doorgevoerd, maar sindsdien gingen de commissies zich toeleggen op de nieuwere technieken. Ze bleven daarbij voortborduren op de oude principes van HTML (inhoud en structuur bleef bovenaan staan, de vormgeving was secundair), maar gingen uit van een totaal nieuwe technische aanpak (XML) in combinatie met andere technieken voor vorm en functies. HTML 4.1 maakte zo de weg vrij voor XHTML, CSS en Scripts.

XHTML

Zonder te hoeven weten hoe XHTML precies werkt, mag je stellen dat XHTML lijkt op HTML, maar veel strenger in elkaar zit. Mag men bij HTML hier of daar een code vergeten of een tag verzinnen, bij XHTML is dat taboe.

HTML is niet verdwenen, integendeel: de W3C-commissies hebben de taal nieuw leven ingeblazen en met XHTML verenigd tot de nieuwe HTML versie 5.0. Deze staat officieel gepland voor 2012, maar de verwachting is dat het langer zal duren eer alle gebruikes van nieuwe browsers voorzien zullen zijn.

4.3 Inhoud en structuur

Terug naar Dreamweaver. Laten we een nieuwe pagina aanmaken, met daarin wat tekst in een eenvoudige structuur, zoals in onderstaand voorbeeld. Een hoofdkop (h1) en onderkop (h3), navigatiemenu (met h2-kopje), welkomstwoord (met h2-kopje en h3-tussenkopjes), wat Extra functies (met kopje) en een copyrightregel. Tot dusver niks nieuws, allemaal simpele inhoud en structuur met oude en vertrouwde HTML-tags. Dit voorbeeldbestand kun je ook van de website downloaden.

Mijn Wondere Web Wereld

Een heerlijk oefenproject

Menu

- Mijn homepage
- Mijn hobbies
- Mijn familie
- Mijn werk
- Contact

Maak een keuze uit een van bovenstaande onderwerpen.

Welkom op mijn website

Vanuit deze homepage kan je Mijn Wondere Web Wereld verkennen. Ik heb wat leuke wetenswaardigheden over mezelf (hobbies en familie) en nuttige informatie (werk en contact) verzameld in een aantal pagina's.

Verder verwijs ik je graag naar enkele andere websites, zoals een blog (die ik voor mijn werk bijhoud) en het forum waar ik regelmatig kom kleppen over de Culturele Zondagen.

En natuurlijk verwijs ik graag naar mijn muzikale ambities.

Attentie

Sinds vorige maand heb ik een nieuw email-adres: bio@studea.nl

Extra

- Biologen aan de Blog
- De Culturele Coffee Corner
- mijn gitaarles website

Disclaimer

© 2009 – Alles wat ik hier vertel kan tegen mij gebruikt worden.

Waarschijnlijk zullen veel pagina's van deze website (in wording) een vergelijkbare structuur hebben. Sommige van de onderdelen komen op iedere pagina van de website terug en andere onderdelen verschillen juist per pagina. En om de boel herkenbaar te houden, zal de inhoud en structuur van deze pagina's op dezelfde wijze vorm worden gegeven. Dit biedt de websitebezoeker enige visuele houvast in deze toch al nauwelijks tastbare virtuele wereld.

De inhoud is slechts een voorbeeld; maak er gerust iets totaal anders van. Om deze oefening goed te kunnen volgen is een vergelijkbare structuur (met koppen en lijsten) echter wel belangrijk.

4.3.1 Inhoud los van vorm

XHTML en moderne HTML bieden in tegenstelling tot de vroegere HTML veel betere voorzieningen voor andere technieken en talen om op de inhoud in te haken. Zo worden zo veel mogelijk vormaspecten van de inhoud gescheiden gehouden en met behulp van CSS gedefinieerd. Daarnaast worden scripts (voor extra functies) veel makkelijker toegevoegd. Grootste voordeel: voor het aanpassen van het (visuele) ontwerp of scripts kan men aparte bestanden gebruiken en blijft de inhoud schoon en onaangetast. Omgekeerd kan men aan de inhoud en structuur werken zonder zich zorgen te hoeven maken over de uiteindelijke vorm.

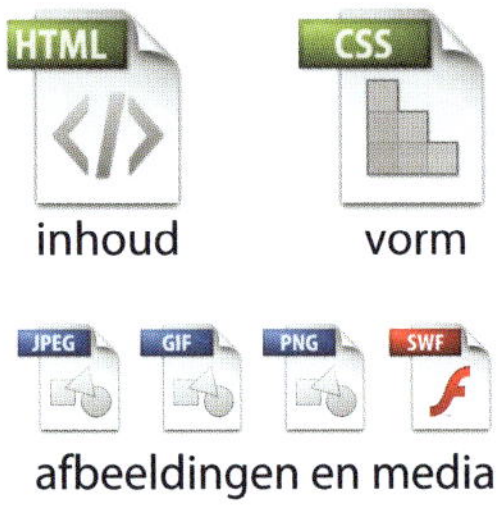

Figuur 4.3: Een structureel correcte website: de inhoud is streng gescheiden van alle vormgeving. Hoe strikter, hoe beter.

Bij het maken van een nieuwe pagina kun je in het dialoogscherm aangeven welke documenttype je voor je pagina wilt aanhouden. Controleer of die optie bij jou ook op 'XHTML 1.0 Transitional' staat. In een pagina zie je bovenaan in de code de vermelding van de DTD (en dus de DOM).

4.3.2 DIV voor indeling

Een van de nieuwe regels die men al in HTML 4 introduceerde, was een standaardaanpak voor het werken met een betere indeling van de inhoud. Deze inhoudelijke structuur van de pagina kan dan ook leidraad zijn voor de visuele plaatsing van alle onderdelen.

Je bent bij het samenstellen van een website volgens moderne aanpak dus eigenlijk bezig om broksgewijs alle structuur te benoemen. Ieder brokje dat enigszins een aparte rol (en plek) in een pagina verdient, is het waard om een aparte DIV te zijn. Iedere <div>-tag markeert een division, een apart gedeelte. Door de DIV ook een eigen naam als attribuut mee te geven, kun je later aan al die DIV-gedeelten een uiterlijk toekennen.

Dreamweaver kan op een heel vlotte manier een DIV aanmaken, maar dat gaat zo snel dat je niet goed begrijpt wat er gebeurt. We kiezen daarom nu nog even voor een wat langzamere, stapsgewijze methode.

Laten we eens kijken in welke opzichten een moderne pagina gaat verschillen van de pagina die we al gemaakt hebben. Eigenlijk valt het wel mee, omdat we ons in de eerdere versie niet te zeer te buiten zijn gegaan aan allerlei vormaspecten. We gaan er hooguit een indeling aan toevoegen. Die indeling zou als volgt kunnen zijn:

Oefening 4.1 DIV invoegen

1 **Stap 1:** Selecteer in je pagina telkens de bij elkaar horende alinea's (koppen en bijbehorende, erop volgende tekst) en kies **Invoegen**, **Lay-outobjecten**, **DIV-tag**. In het dialoogscherm geef je aan dat je de DIV **rondom de selectie** wilt plaatsen.

Figuur 4.4: Selecteer een brokje inhoud en maak er een DIV van.

In de Ontwerpweergave zie je nu een stippelrand het gebied van de DIV aangeven en in de Codeweergave zie je een <div>- en </div>-tag boven en onder de geselecteerde regels. In de statusbalk zie je de <div> ook als tag verschijnen.

Herhaal deze stap voor alle besproken onderdelen (brokken, gebieden, hoe je de DIV maar wil noemen) in het voorbeeld.

Figuur 4.5: De hele pagina-inhoud, nu verdeeld in vijf DIV's.

Je hebt nu een pagina vol DIV's. Hopelijk is het allemaal goed gelukt. Controleer desnoods even in de Codeweergave of alle <div>-tags goed geordend staan, zodat ieder begin ook netjes eindigt en niet 'genest' is geraakt (een <div> binnen een andere <div>). Je hebt inmiddels vast genoeg kennis opgedaan om zoiets in de code te corrigeren, mocht dat nodig zijn.

Sommige webmakers hebben last van 'divitis': de bijna ziekelijke neiging om iedere alinea, elke tag, ieder afwijkend stukje typografie tot aparte DIV te bombarderen. De indeling wordt dan te fijnmazig, wat het beheer en onderhoud van de CSS-stijlen die daarop van toepassing moeten zijn bemoeilijkt. De al aanwezige structuur en semantiek zijn vaak al voldoende om de kleinste onderdelen aan te spreken.

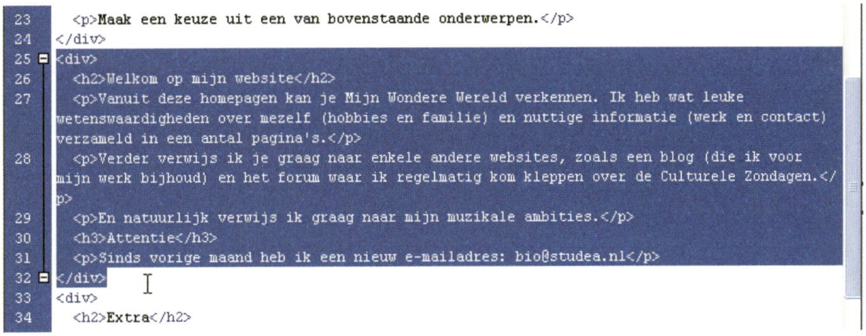

Figuur 4.6: Iedere DIV is in de Codeweergave net zo overzichtelijk.

DIV een ID geven

2 **Stap 2:** Iedere DIV moet een naam krijgen. Selecteer een DIV (dat gaat het makkelijkst in de statusbalk) en voer in het paneel **Eigenschappen** bij **Div-id** een naam in. Hier gelden vergelijkbare regels als voor de namen van bestanden – weet je ze nog? Geen rare tekens (hooguit de zogenaamde underscore), niet lang en liever alles in kleine letters (hoofdletters mogen, maar dat ga je vergeten als je de naam later weer ergens moet invullen).

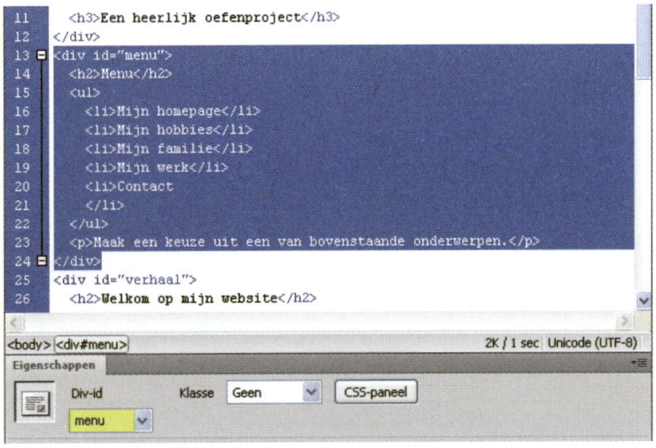

Figuur 4.7: In het Eigenschappen-paneel geef je de naam op.

Het id is een attribuut van de <div>-tag.

```
<div id="naam">tekst</div>
```

In de statusbalk zie je een #-teken tussen div en de naam staan.

```
<div#naam>
```

Het #-teken zien we nu voor de derde keer; eerst bij de code voor een kleur (bijvoorbeeld #66CC33), toen bij de koppelingen naar ankers in een lange pagina (<a href="#ankernaam"> en nu weer bij de <div>. Alle drie deze functies zijn verschillend en hebben weinig tot niets met elkaar te maken.

Slimme ID-namen
Gebruik als naam voor ieder groepje bij elkaar horende onderdelen (of ieder ander belangrijk losstaand onderdeel) zo veel mogelijk beschrijvende termen en liever geen fysieke omschrijving als 'linkerpaneel' of 'groen kader'; dat is misschien wat lastiger maar houdt het langst stand. Dat 'boven' en 'onder' in ons voorbeeld is dus eigenlijk al te fysiek, maar vooruit.

4.3.3 CSS voor de vorm

Hoever zijn we nu? Op het oog niet veel verder, behalve dat onze pagina voorzien is van structuur en stippellijnen. Maar om nou te zeggen dat het er zoveel beter uitziet?

Toch is de pagina nu klaar voor de volgende stap: CSS instellen. De uiteindelijke (typo)grafische vorm wordt door CSS geregeld. Maar CSS kan niet aanhaken op onderdelen in een pagina als die geen structuur of naam hebben. Daarom zijn aanduidingen als koppen, lijsten en DIV's (met namen) zo belangrijk.

4.4 CSS

De afkorting CSS staat voor Cascading Style Sheets. Je zou het kunnen vertalen als 'een lijst van stijlinstellingen met rangorde'.

De W3C heeft al in 1996 (voor gebruik bij HTML 4.01) een groot aantal visuele eigenschappen voor webinhoud vastgelegd in de eerste versie, CSS 1. In 1998 werd CSS 2 uitgebreid met veel meer mogelijkheden (geheel gericht op XHTML). Een revisie (CSS 2.1) werd in 2007 tot 'officiële aanbeveling' verklaard.

CSS 3 is in de maak en sommige browsers implementeren de nieuwe technieken ook al. Maar concrete 'standaarden' worden nog niet snel verwacht.

De CSS-technologie is gebaseerd op de volgende aspecten:

- *Eigenschappen*
  voor zowel typografie als lay-out
- *Toepassing*
  direct inline of liever semantisch
- *Rangorde*
  van browservoorkeur tot inline

We beginnen met het laatste aspect.

4.4.1 Rangorde

Het icoon voor de CSS-techniek geeft al aan waar het om gaat: een cascade is een trapsgewijs iets, zoals een waterval die langs vele stenen omlaag klatert. CSS (voor zover wij het gaan toepassen) volgt ook een trap. Hoe een webpagina eruitziet, wordt namelijk bepaald door zowel de browser en de gebruiker, als door CSS en HTML, en wel volgens een rangorde. Wandel mee de trap op...

Onder aan de trap, de browser

Een webbrowser krijgt te maken met een (X)HTML-pagina met inhoud. De pagina bevat wat tekst en hier en daar een kopje, om het simpel te houden. Hoe deze pagina op het beeldscherm oogt, wordt bepaald door de browser. Die heeft een standaardinstelling voor het lettertype en de grootte van 'gewone' tekst. De grootte van koppen wordt daar weer aan gerelateerd.

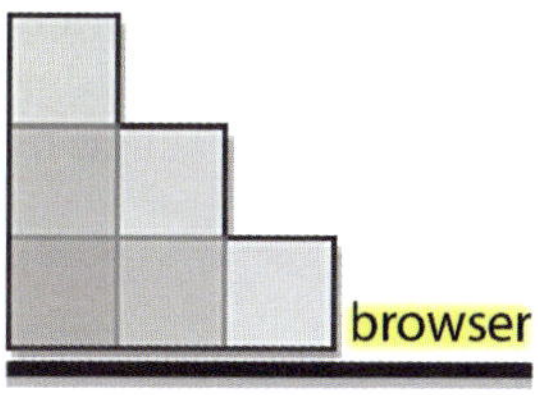

Figuur 4.8: Schematische indeling van de CSS-trap, van onder naar boven. We beginnen onderaan bij de browser.

De browser kan veel bepalen, maar is wel de laagste in het trapmodel; als er geen andere instellingen opdoemen, mag de browser zijn gang blijven gaan. Want uiteindelijk moet er toch íets op het scherm komen.

Een trede hoger, de gebruiker

Eén stapje hoger op de trap staat de gebruiker die de pagina bekijkt. Die heeft ook wat zeggenschap. Zo kan deze andere lettergrootten of -typen instellen als de tekst daardoor beter leesbaar wordt. De gebruiker bepaalt tevens het formaat van het browservenster, dus indirect ook de breedte van tekstkolommen (voor zover die niet zijn vastgezet). De gebruiker is dus laag in rangorde en kan (en zal) niet zo heel veel anders instellen, maar heeft wel voorrang op wat de browser zou willen.

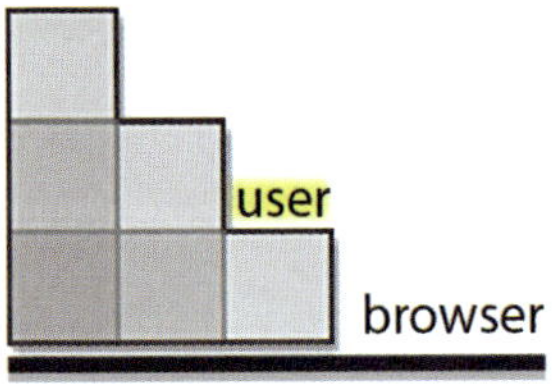

Figuur 4.9: Beetje hoger, iets meer zeggenschap, de gebruiker.

De meeste gebruikers hebben al goed door dat ze met een simpel commando (**Ctrl**+ of **Ctrl**-) in veel browsers de lettergrootte kunnen aanpassen. Slechtzienden maken daarnaast ook graag gebruik van de mogelijkheid om een eigen lettertype te kiezen. Vaak hebben ze liever een duidelijke, vette (en ook weer grote) letter dan de priegellettertjes waar de browser standaard mee opstart. Sommigen kiezen ook liever voor grote witte tekst op een zwarte achtergrond. We vervallen nu in uitzonderingen, maar de HTML-taal en browsers houden daar al sinds het prille begin van het web rekening mee.

Boven aan de trap, specifieke HTML

Bovenaan bevinden zich de oude en vertrouwde specifieke HTML-instellingen. Als een kopje rood, groot of vet moet zijn, dan moet dat toch ergens ingesteld kunnen worden. Deze instellingen overtroeven hetgeen gebruiker en browser ervan zouden maken, maar kunnen onderling ook 'strijden' om zeggenschap. Een stijl die bij één woord hoort (bijvoorbeeld om dat ene woord een kleur te geven) heeft voorrang boven een stijl die een alinea kleur geeft; deze laatste is op zijn beurt weer belangrijker dan de stijl die de hele paginakleur instelt.

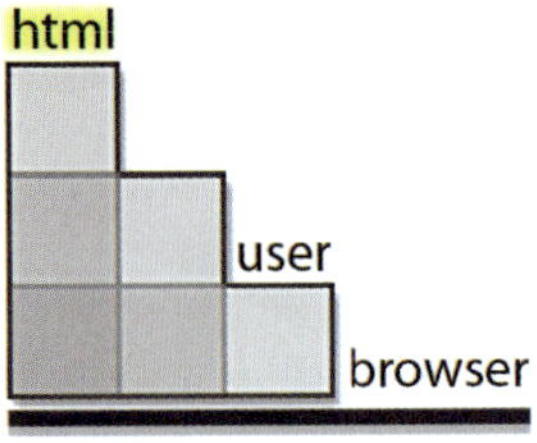

Figuur 4.10: Bovenaan staan de uitzonderlijke en unieke gevallen.

In het midden, stylesheets
En daar, precies tussen de ouderwetse HTML-mogelijkheden en de niet altijd te vertrouwen kuren en voorkeuren van de browser en de gebruiker, bevinden zich de CSS-technieken.

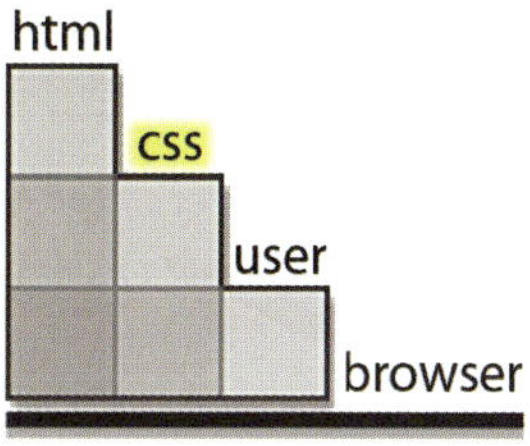

Figuur 4.11: CSS-technieken nestelen zich tussen de andere (oudere) technieken om de vorm van een pagina te bepalen.

4.4.2 Toepassing

Niet alleen zijn de mogelijkheden qua vormgeving via CSS veel breder en nauwkeuriger dan die in de (vroege) HTML, de wijze waarop CSS-stijlen en -eigenschappen worden aangegeven en verwerkt is ook beter.

Het toekennen van CSS-eigenschappen aan een tekst, afbeelding, DIV of ander onderdeel van de inhoud (of alle inhoud), kan op twee manieren:

1. *via stijlregels*
   Deze methode sluit aan bij de semantische structuur van HTML en verdient de voorkeur voor het grootste deel van een website.
2. *via inlinestijlen*
   Een (te) directe methode die je alleen voor uitzonderingen moet gebruiken. Niet moeilijk, maar onhandig als je later iets wilt wijzigen.

Stijlregels
CSS-eigenschappen pas je dus het beste toe door stijlregels te benoemen. Een aanwezige structuur (koppen, lijsten, et cetera) kan ook dienen als een regel. De oude vertrouwde HTML-tags zoals <h2> of <UL> zijn natuurlijk al een semantisch 'etiket'. Met deze categorie stijlregels beginnen we dadelijk.

Je pagina moet wel een lijstje van al die namen en stijlinstellingen bijhouden. Die lijst kan in het HTML-raamwerk van de pagina worden meegenomen (intern), maar het is beter om deze lijst als een apart CSS-stijlbestand aan de pagina te koppelen (extern). Dit bestand krijgt dan de extensie .css en staat net als afbeeldingen en andere bestanden ergens in de hoofdmap van je website.

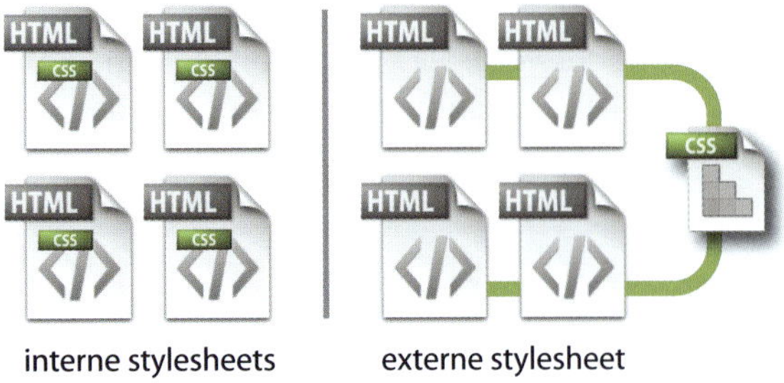

Figuur 4.12: Lijst met stijlregels in de HTML-pagina verwerken of eraan koppelen?

Inlinestijlen

Er is nog een andere manier om CSS-eigenschappen aan inhoud toe te kennen, al meld ik nogmaals dat dit vaak wordt afgeraden. Net als in HTML kun je een woord, kop, hele tekst of DIV selecteren en direct wat eigenschappen (bijvoorbeeld kleur en lettergrootte) meegeven. Dat heet in CSS-jargon 'inline'.

Stel, je wilt een kop (laten we <h2> nemen) lichtblauw maken. Met een inlinestijl kun je dat direct in de inhoud zelf bereiken:

```
<h2 style="color:#33CCFF; font-size: 24px;">
```

De betreffende kop wordt meteen lichtblauw. Maar als je alle koppen lichtblauw wilt gaan maken, zou je overal deze inlinestijl erbij moeten vermelden. En als je de kleur later toch wil wijzigen, zou je de stijl weer overal moeten aanpassen. Dat is niet handig.

In dit boek concentreren we ons op het werken met stijlregels. Dreamweaver probeert je zelfs bij het maken van een (eenmalige) inlinestijl te verleiden tot het aanmaken van een handige stijlregel.

4.4.3 Eigenschappen

Met CSS-stijlen kun je alles instellen wat met het uiterlijk van de inhoud te maken heeft, van lettertype tot stippellijnen, van kleur tot transparantie, van maten en coördinaten tot de algehele zichtbaarheid. En dat gaan we doen in hoofdstuk 5.

Figuur 4.13: HTML (met DIV's) + CSS-stijlen = mooie webpagina.

4.5 Afronding

In dit hoofdstuk kwam de tweede pijler van het maken van een website aan bod. In hoofdstuk 2 waren structuur en semantische kenmerken voor de inhoud de leidraad, nu zijn de algehele indeling en groepering van elementen aan de beurt. Daarmee kan de inhoud vorm krijgen op basis van CSS-technieken, de derde pijler.

De theorie van CSS geeft inzicht in wat er wel en niet kan worden vormgegeven, want de mogelijkheden van CSS bepalen het ontwerp van je website. Hoewel CSS een goed doordacht stelsel van principes en regels bevat, is het niet zo snel en flexibel als een potlood op papier. Maar er is veel mogelijk en als je daarmee leert ontwerpen, valt het misschien wel mee.

4.5.1 Tropic Tracks

Eigenlijk is er slechts één, maar wel heel belangrijke techniek te oefenen: het indelen van de pagina-inhoud aan de hand van DIV's. Dan is de pagina ook klaar om met CSS te worden vormgegeven in het volgende hoofdstuk.

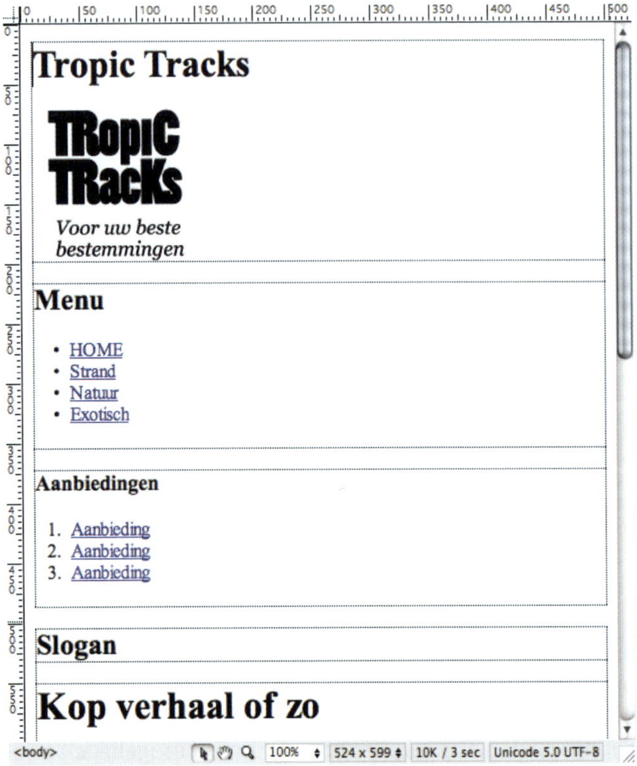
Tropic Tracks
TRopiC TRacKs
Voor uw beste bestemmingen
Menu
HOME
Strand
Natuur
Exotisch
Aanbiedingen
1. Aanbieding
2. Aanbieding
3. Aanbieding
Slogan
Kop verhaal of zo
<body>
100%
524 x 599
10K / 3 sec
Unicode 5.0 UTF-8

5 CSS in de praktijk

De CSS-hulpmiddelen in Dreamweaver CSS zijn de hamer en beitel voor al je vormgeving. Maar het is gereedschap dat wel een gebruiksaanwijzing nodig heeft, want zomaar in het wilde weg wat timmeren en toeslaan is niet verstandig. Wie gevoel heeft voor doordacht werken en goed voorbereid te werk gaan, zal snel de verdiensten van CSS begrijpen en toepassen.

5

5.1 In dit hoofdstuk

- CSS via stijlregels
- CSS-instellingen
- Combinaties

We gaan veel eigenschappen van CSS-stijlen bekijken en aan de hand van het voorbeeld uit het vorige hoofdstuk ontdekken hoe we ze instellen. Zorg ervoor dat die pagina is geopend (of download hem van onze website) en dat hij is opgeslagen in de hoofdmap van je website. Als je al aan meer websites werkt, let dan op de naam van je website in het keuzemenu van het paneel **Bestanden**.

5.2 CSS via stijlregels

Om CSS toe te passen, moet je stijlregels instellen, zoals in het vorige hoofdstuk al beschreven werd. Dat klinkt wetmatig, maar stijlregels zijn niets meer dan een set van instellingen voor CSS-eigenschappen. Iedere stijlregel definieert een bepaalde stijl en verbindt die aan een specifiek gekozen of semantisch toegewezen onderdeel van de inhoud.

5.2.1 Typen kiezers

We onderscheiden in een moderne CSS-aanpak drie soorten 'kiezers' voor het aanmaken en gebruiken van stijlregels.

HTML-tags
Het herdefiniëren van bestaande HTML-tags, zoals de gewone tekst (p-tag), koppen (h-tags) en koppelingen (a-tag).

Klassen
Het definiëren van een stijlregel met een eigen naam, voor vaak terugkerende sets van CSS-eigenschappen, bijvoorbeeld 'inleiding' en 'bijschriften'.

DIV's
Het positioneren en vormgeven van de (unieke) DIV-gedeelten van een pagina, zoals navigatiebalken en informatiepanelen.

5.3 Stijlregels instellen

In de volgende oefeningen ga je meermalen zo'n kiezer bepalen en daar een stijlregel voor instellen. Gebruik daarbij al je kennis en sla je bestand regelmatig op. Zorg er verder voor dat het paneel **CSS-stijlen** goed zichtbaar is en zet het in de stand **Alles**. Als het goed is, staat daar dan: **(geen stijlen gedefinieerd)**.

Figuur 5.1: Het paneel CSS-stijlen en het maken van nieuwe stijlregels vormen de komende hoofdstukken het centrum van je Dreamweaver-wereld.

5.3.1 HTML-tags herdefiniëren

We beginnen met iets wat we al kennen, namelijk de semantische koppen en de gewone tekst. De tags daarvoor bestaan al sinds de vroege HTML en zijn ook aanwezig in XHTML. Je hoeft geen tekst te selecteren. We gaan niet een bepaald stuk tekst een nieuwe stijl geven maar de HTML-tag in het algemeen, zodat alle tekst met die tag (in deze pagina) zal wijzigen.

Oefening 5.1 Gewone tekst (P)

We beginnen met de meest gebruikte tekststijl: de <p> voor alle gewone tekst.

1 Klik op de knop **Nieuwe CSS-regel** of kies in het uitklapmenu **Nieuw**.

Figuur 5.2: Eerste vragen: welk type kiezer en welke naam?

2 In het dialoogscherm krijg je een pop-up voor het **Type kiezer**. We beginnen met een **Tag**, want we gaan de stijl van een bestaande HTML-tag wijzigen.

3 Bij **Naam van kiezer** kun je de tag intikken of kiezen uit de lijst van alle aanpasbare HTML-tags. Ik weet niet wat sneller is: een p intikken of de p-tag uit de pop-up kiezen.

4 Vergeet niet onderaan nog even te kiezen waar de regel gedefinieerd wordt: **Alleen dit document** waarin je bezig bent (intern) of in een **Nieuw stijlpaginabestand** (extern). Kies voor die laatste, want later gaan we dit stijlbestand ook bij andere pagina's aankoppelen.

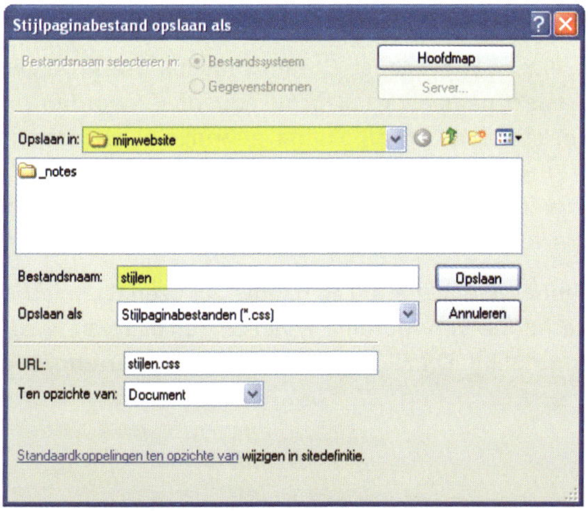

Figuur 5.3: Eenmalige dialoog: waar komt het stijlpaginabestand te staan (en hoe heet het).

5 Klik op **OK** en geef in het volgende (eenmalige) dialoogscherm een naam ('stijlen') en locatie ('Hoofdmap van site') voor je bestand op. Je ziet dat het bestand automatisch een css-extensie zal krijgen.
6 Klik op **Opslaan** en zet je schrap: nu gaat de snoepwinkel open.

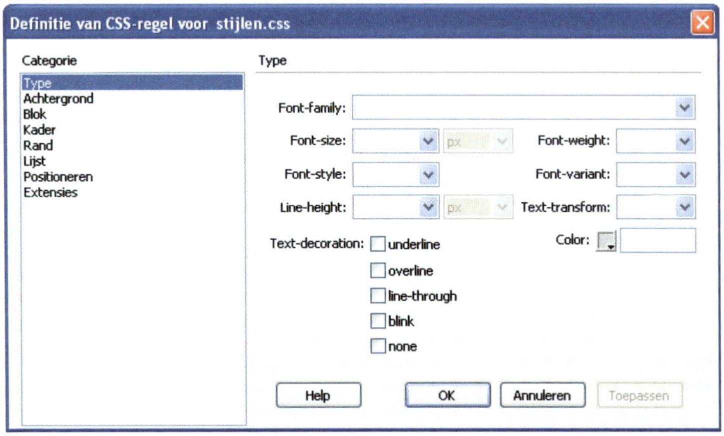

Figuur 5.4: Als een kind in een snoepkraam!

Dit dialoogscherm zul je vaak gebruiken. Je kunt er alles wat met CSS-eigenschappen te maken heeft, instellen. Er is ook een snelle methode, maar we doen eerst de toeristische route.

Boven in het dialoogscherm zie je dat je bezig bent de p-tag te definiëren. Aan de linkerkant zie je de categorieën waaruit je kunt kiezen (klik er maar eens een paar aan). Iedere categorie biedt weer andere opties. Hier vind je dus alles wat HTML niet biedt en iedereen toch zo graag wil: typografische instellingen (uiterst verfijnd), positioneringen, maten en marges, achtergronden en randen – noem maar op!

Persoonlijk werk ik liever met Engelstalige Dreamweaver-versies. De vertaling van de Nederlandse versie is namelijk vaak inconsequent. Zo worden voor de term 'stylesheet' zowel 'stijlblad' als 'stijlpagina' gebruikt, soms met en soms zonder 'css', terwijl het meestal gaat over een CSS-bestand. Dan lees je weer ergens 'stijlregel', dan weer 'CSS-regel' of kortweg 'stijl'. En het dialoogscherm voor CSS-regels is deels 'krom' Nederlands (links) en deels technisch Engels.

Het is dus een mengelmoes van niet altijd zo handig gekozen technische termen, vermengd met Engelse Adobe-verwoording ervan en dan daarvan weer een kromme Nederlandse vertaling. Dit alles werkt tamelijk verwarrend.

7 Kies de categorie **Type** (een betere vertaling zou zijn geweest: Lettertype).
8 Kies een leesbare font-family, bijvoorbeeld Verdana, Geneva, sans-serif, en stel de lettergrootte in op 12 pixels.

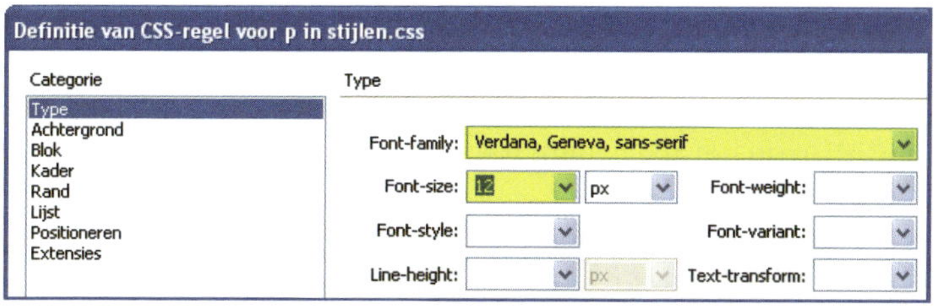

Figuur 5.5: Veel keuzemogelijkheden: typografie.

9 Klik niet op de knop **OK** maar op **Toepassen** om een voorproefje van de nieuwe stijl te bekijken. Zoals je ziet, worden alle p-alinea's aangepast.

De knop Toepassen in het venster CSS-regels is niet vergelijkbaar met de knop Voorvertoning in veel andere Adobe-software. 'Toepassen' voert het commando wel degelijk uit maar laat het dialoogscherm niet verdwijnen, zodat je verder kunt met een volgende instelling. Door te annuleren zal alleen een nog niet toegepaste instelling niet uitgevoerd worden.

10 Klik na deze eerste voorzichtige instellingen van eigenschappen op **OK** en zie hoe in het paneel **CSS-stijlen** ook de aanduiding is verschenen voor het bijbehorende bestand stijlen.css. Je kunt de erin aangemaakte stijlregel p ook zien (klik zo nodig op de **+**) en in het onderste deel van het paneel de nieuwe eigenschappen in één oogopslag overzien, wijzigen en zelfs toevoegen.

Figuur 5.6: Je eerste stijlregel in Dreamweaver.

Oefening 5.2 Koppen (H1, H2, H3)

Nu gaan we de koppen instellen.

1 Klik weer op de knop **Nieuwe CSS-regel** of kies voor het commando om een nieuwe stijlregel te maken. Het eerste dialoogscherm verschijnt.
2 Ga na of **Type kiezer** weer voor een **Tag** ingesteld staat.
3 Tik of selecteer de naam van de kiezer: de h1-tag. Merk op dat de **Regeldefinitie** nu het al bestaande stijlen.css aangeeft.
4 Klik op **OK**.
5 Stel voor deze h1-kop ook de font-family Verdana, Geneva, sans-serif in, en 24 pixels voor de grootte. Geef de kleur #FCC op.
6 Bekijk het effect weer met **Toepassen** en zie hoe de h1-kop (bovenaan) de nieuwe eigenschappen krijgt.

De verandering betreft slechts één kop, want er is maar één h1-kop in deze pagina gebruikt. De andere koppen zijn een h2 of h3. Toch is het beter om voor deze methode een h1-stijlregel te kiezen, omdat het CSS-bestand ook voor meer pagina's (met ieder een h1-kop) gebruikt zal worden.

7 In de categorie **Achtergrond** kies je voor de kleur donkerblauw. Bekijk het effect weer met **Toepassen**.

Door deze vette achtergrondkleur oogt de tekst wat krap in zijn vlak. Je kunt de rand rondom de tekst en binnen de achtergrond wat ruimer maken.

8 Stel in de categorie **Kader** de **Padding** in op 4 (dankzij het vinkje bij **Allemaal hetzelfde** worden alle waarden rondom nu 4). Dat geeft wat 'lucht' rond de koptekst.
9 Het tegenovergestelde doe je voor de **Margin** in deze categorie. Als je hier geen waarde aangeeft, krijgt de browser zijn zin en zal deze standaard een forse rand boven en onder iedere kop geven. Daarom voer je hier een nul in (laat **Allemaal hetzelfde** aanstaan), zodat de kop onder en boven geen extra ruimte opeist.
10 Klik op **OK** als je tevreden bent.

Wil je een bestaande stijl wijzigen, dubbelklik dan op de naam van de stijl in het paneel **CSS-stijlen** bij de bestandsnaam stijlen.css (klik op het **plusje** naast de css-bestandsnaam als er nog geen stijlregels te zien zijn). Maak dus geen nieuwe stijlregel aan als je een bestaande wilt wijzigen.

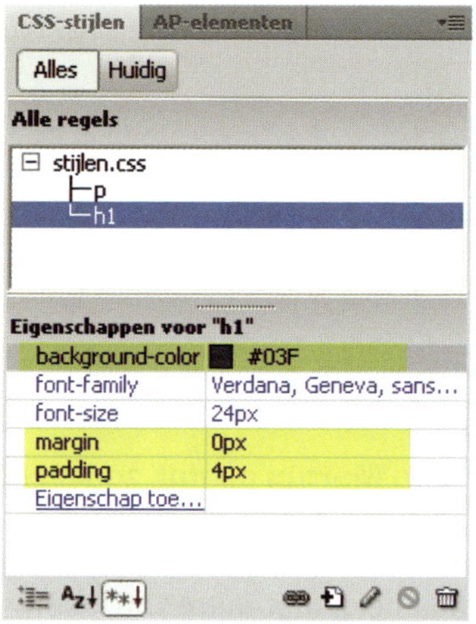

Figuur 5.7: Wat nieuwe instellingen: achtergrondkleur, kaders.

De volgende stijlregel zal meer koppen tegelijk aanpakken: h2.

11 Maak weer een nieuwe stijlregel aan, kies weer voor een **Tag**, tik of selecteer h2 en controleer weer of ook deze stijlregel naar het stijlen.css-bestand gaat.
12 Kies in de categorie **Type** de font-family Verdana, Geneva, sans-serif, font-size 18. Kies als **Color** iets donkerblauws en in de categorie **Achtergrond** voor iets lichtgroens.
13 Pas het effect toe maar klik nog niet op **OK**.

Als je geen kleur wilt, kies je in het kleurpaneel het vakje met de schuine lijn of verwijder je de kleurcode uit het invoerveld.

In de stijl-eigenschappen zie je telkens rare codes als kleur vermeld, codes in de trant van **#0F0**. Deze notatie noemt men hexadecimaal en is zelfs verkort tot 3 tekens in plaats van de oudere notatie van 6 tekens. De tekens staan voor de (licht)kleuren RGB (Rood, Groen en Blauw) en tellen per kleur van 00 (donker) tot FF (licht). 'FF' klinkt raar, maar dat komt doordat de computer liever met 16 vingers telt, dus na de 9 volgen A, B, C, D, E en F en dan pas weer nul. Felrood zou zo bezien FF 00 00 zijn. En oranje iets van FF 66 00. Als de waarde per kleur gelijk oploopt (dus niet 31, B2 of E8) dan is de verkorte notatie makkelijker. Dan betekent 0F0 eigenlijk 00 FF 00. En het #-teken is in de HTML-taal het teken voor kleurwaarde. Gedoe? Gelukkig biedt Dreamweaver een mooi paletje...

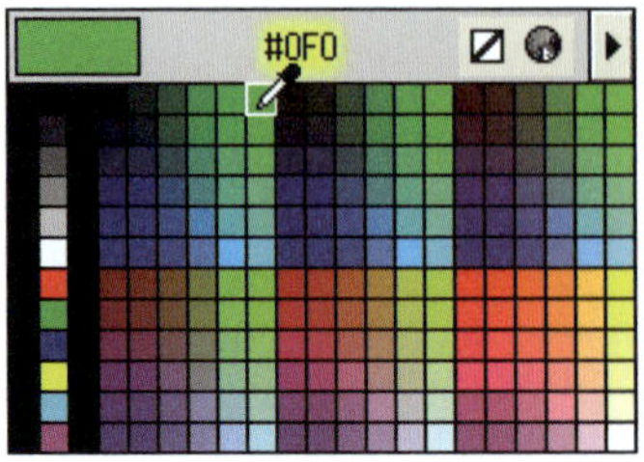

Figuur 5.8: De handige kleurenkiezer waarmee je snel één kleur uit 216 combinaties kunt kiezen.

14 Stel bij **Kader** de **Padding** in op **4** en **Margin** op **nul**, zodat er geen extra ruimte boven en onder komt.

15 Waarom moeten koppen altijd vet? Volgens de HTML-DTD in de browsers is dat misschien wel zo bepaald, maar een niet-vette kop is soms subtieler. Kijk bij de categorie **Type** naar **Font-weight**, die niets, geen waarde toont. Niets wil niet zeggen 'nul' of 'niet'. Niks instellen geeft aan de lagere trede van de CSS-trap gelegenheid om de eigenschappen door te voeren. En in het geval van een h2 (of andere kop) zal de browser de tekst vetter tonen.

16 Kies eens voor normal, en bekijk dit effect weer met **Toepassen**. Je ziet dat de kop dunner (niet vet) wordt.
Ook chic is wat extra spatiëring boven een kopje.

17 Kijk bij **Blok** en geef bij de **Letter-spacing 4 à 5** pixels op. Let op: de waarde staat waarschijnlijk nog op 'em', wat een officiële typografische maat is die 'breedte van de letter m' betekent. Zet deze dus op '**px**' (pixels), anders waaien de letters zowat uiteen.

18 Laatste eigenschap voor h2: de categorie **Rand**. Vink aan dat je de eigenschappen lijntype (Style), lijndikte (Width) en kleur (Color) per zijde wilt instellen, dus niet allemaal hetzelfde (vinkjes uit). Stel nu een lijn in voor de Top, bijvoorbeeld solid, 2 px, en maak hem net zo mooi passend als de kleur van de grote kop h1, een rood lijntje.

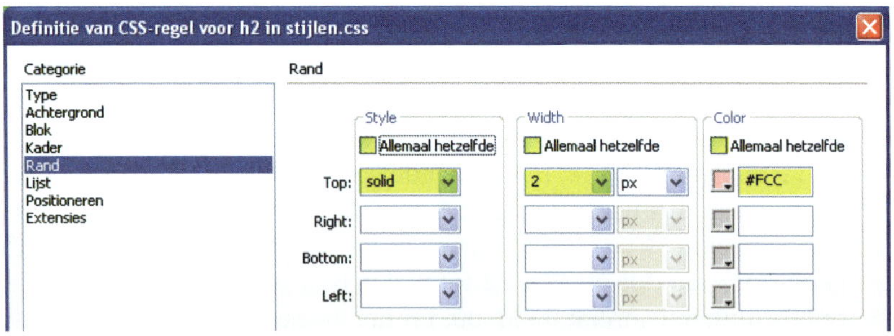

Figuur 5.9: Nieuwe sierlijke mogelijkheden: randinstellingen.

Kies als lijntype (Style) voorlopig liever uit de opties none, dotted, dashed, solid. Andere opties geven in de meeste moderne browsers wel leuke effecten (zoals een gegraveerde richel of een dubbele lijn) maar kunnen in het begin je zicht op wat er gebeurt vertroebelen.

19 Ten slotte de kop h3. Laten we die eenvoudig houden, bijvoorbeeld met een ander lettertype (Verdana) en een kleur (rood). Omdat er geen achtergrondkleur is, behoeft deze stijlregel geen padding, maar vergeet de marge niet op nul te zetten.

Het geheel wordt een kleurig geheel met geformatteerde tekst, waar we niets van hebben geselecteerd.

Oefening 5.3 Koppelingen (A)

Natuurlijk gaat de pagina een aantal koppelingen bevatten naar andere pagina's en websites.

1. Maak eerst een aantal koppelingen, zoals die in het navigatiemenu maar ook in de Welkom-tekst. Verzin wat koppelingen, want het gaat in deze oefening om CSS.
2. De tag naar een koppeling is de <a>, dus definieer een nieuwe stijlregel voor de a-tag. Bijvoorbeeld: tekst vet en donkergroen. Alle gekoppelde woorden zullen nu vet en groen worden.

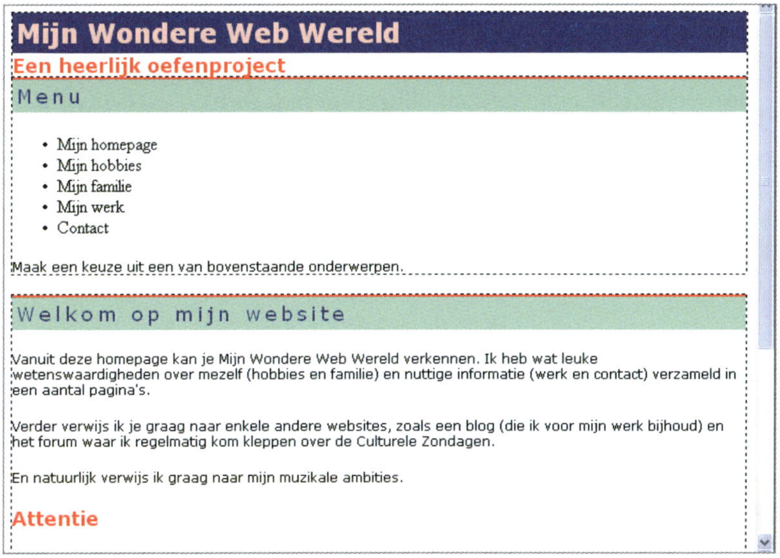

Figuur 5.10: Aardig op weg, qua typografische vormgeving.

Je hoeft niet aan te geven dat deze stijlregel ook een Verdana-familie als lettertype moet krijgen, want iedere koppeling zal het lettertype van de omringende tekst aanhouden. Zo zie je dat de teksten en koppelingen in de lijsten nu nog geen Verdana zijn, omdat de tag van de lijsten nog geen stijlregel heeft gekregen.

Veel beginnende webdesigners maken de fout dat ze tekst een kleur geven zodat deze meer opvalt. Maar iets wat moet opvallen moet het meeste contrast krijgen. En het meeste contrast is zwart op wit of wit (of geel) op zwart. Iedere andere kleurstelling valt in feite minder op wanneer deze moet concurreren met zwart-op-witte tekst. Je compenseert het verlies aan contrast door een tekst die moet opvallen nog een tweede opvallende eigenschap te geven, zoals vet.

Figuur 5.11: Welke tekst trekt aandacht? Kleur is niet altijd beter. Alleen rood oogt zwak (dus: vetter) en wit op blauw is sterker.

Live View en Voorvertoning

Je kunt op veel manieren zicht blijven houden op wat je maakt. Tijdens het instellen van een stijlregel kun je met **Toepassen** al een voorproefje krijgen en in de **Ontwerpweergave** krijg je een vrij goed beeld van het resultaat. Maar je kunt natuurlijk ook de **Live View** inschakelen of een **Voorvertoning** in een browser bekijken (en de koppelingen zien werken).

De nieuwe Live View-weergave van Dreamweaver kan wel eens moeite hebben met het vertonen van gewijzigde stijlregels. Soms stel je een andere stijl in, maar zie je de Live View daar niet op reageren. Klik de weergave dan even uit en weer aan.

Datzelfde kan gebeuren in de Voorvertoning. Na een wijziging in de inhoud van de pagina of een instelling van de stijlregels, zal Dreamweaver netjes vragen om de pagina en/of het stijlbestand op te mogen slaan. Maar soms heeft een browser last van een hardnekkig buffergeheugen (cache) dat de oude versie blijft aanhouden. Klik op Verversen in de browser om de meest recente versie in te laten lezen.

Lettertypen

Eigenlijk kun je geen lettertypen bepalen als eigenschap van een tekst. Je weet namelijk nooit zeker of de bezoeker van je website over hetzelfde lettertype beschikt. Lettertypen meesturen zou technisch wel kunnen maar is in verband met licenties niet toegestaan. Daarom is de keuze van lettertypen beperkt tot een of meer lettertypen die de voorkeur hebben. En dan in de gewenste volgorde.

Figuur 5.12: Lettertypen op een rij. Welk lettertype is het eerst aan de beurt?

Wanneer is gekozen voor de font-family Verdana, Arial, Geneva, sans-serif, maar een computer niet over Verdana beschikt, zal de browser terugvallen op de tweede keus: Arial. Is dat lettertype ook niet aanwezig, dan blijft Geneva over. Mocht die er ook niet zijn, dan wordt een willekeurige schreefloze letter genomen.

Het is dus ondoenlijk te anticiperen op ieder computersysteem. Er is evenmin een standaardset lettertypen die iedereen heeft. Ga daarom uit van enkele veelvoorkomende lettertypen, zoals Verdana of Georgia (prettig leesbaar), of Arial of Times (minder prettig leesbaar maar wel op vrijwel alle systemen present).

Figuur 5.13: Overzicht van enkele populaire lettertypen. Rood: typische Mac-fonts; paars: verboden voor serieuze doeleinden...

Let op: als een naam uit meer woorden bestaat, moet dit exact zo en tussen aanhalingstekens worden opgegeven in de stijlregel. Het is bijvoorbeeld niet Times, maar: "Times New Roman". Waarschijnlijk vermeld je ze zelfs allebei.

Wil je een bepaald lettertype prioriteit geven, geef de naam dan bij het instellen van de stijlregel als eerste op. Test dit maar eens met de stijlregel voor de h1-tag:

"Hobo Std", Verdana, Geneva, Arial

Komt het vaker voor dat je deze voorkeur wilt gebruiken, definieer deze volgorde dan eenmalig als een nieuwe font-family. Kies bij het instellen van de font-family voor **Lettertypenlijst bewerken** en stel je eigen reeks samen.

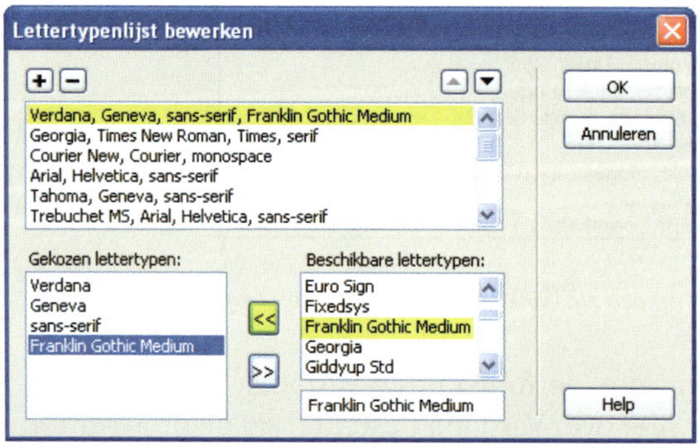

Figuur 5.14: Zolang een nieuwe techniek uitblijft, blijft het kiezen van lettertypen gokwerk.

Het lettertype Geneva is speciaal voor Mac-systemen. Net zoals Verdana is Geneva een goed leesbaar (schreefloos) lettertype, dat elke Mac wel heeft; dit in tegenstelling tot Verdana of Arial. Om te voorkomen dat het (in korte teksten) lastiger leesbare Helvetica het roer overneemt, wordt Geneva vaak als eerdere voorkeur gesteld.

Voor meer typografische schoonheid en zekerheid zijn er sinds kort nieuwe en goed bruikbare initiatieven, gebaseerd op de al langer bestaande @font-face techniek. De voornaamste hobbel die moest worden genomen, betrof een techniek voor het veilig licenseren en verspreiden van lettertypen. Uitgeverijen wilden liever niet hun kostbare koopwaar op straat laten slingeren. Voor een habbekrats kun je je favoriete lettertypen eindelijk weer gebruiken. Meer info vind je onder andere bij Typekit.com en Webfonts.fonts.com.

CSS-bestand in zicht

Heb je de nodige koppen opgemaakt? Niet al te bont gemaakt? Als het goed is staat de naam van je CSS-bestand niet alleen in het paneel **CSS-stijlen**, maar is er intussen ook in het documentvenster (in het tabblad met de bestandsnaam) de werkbalk **Gerelateerde bestanden** verschenen met de naam van het stijlbestand. Als je daarop klikt, zie je de diverse namen van stijlregels die je hebt aangemaakt en de CSS-code voor de gemaakte instelling van eigenschappen:

```
p {
font-family: Verdana, Geneva, sans-serif;
font-size: 12px;
}
h1 {
    font-family: Verdana, Geneva, sans-serif;
    font-size: 24px;
    color: #FCC;
    background-color: #00F;
    padding: 4px;
    margin: 0px;
}
```

Figuur 5.15: Een fragment van de css-codes in het bestand 'stijlen.css'.

Natuurlijk kun je deze CSS-code net zo goed handmatig veranderen als HTML-tags. Verander maar eens iets, bijvoorbeeld de lettergrootte. Als je dit doet in de Gedeeld-weergave moet je ook hier op de knop met het ronde pijltje klikken om de wijziging in de weergegeven pagina door te laten voeren.

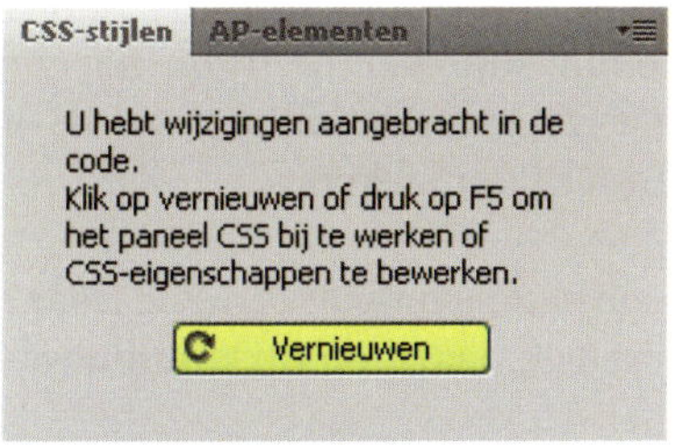

Figuur 5.16: CSS-stijlen vernieuwen.

Je ziet dat CSS-code een heel andere syntax heeft. Geen tags zoals HTML, maar veel tekens als (punt)komma's, (dubbele)punten en accolades. Het is ook best te begrijpen wat er staat, maar je kunt je wel voorstellen dat het handmatig invoeren van dergelijke codes (net zoals HTML) tikfouten kan opleveren, met alle gevolgen van dien.

Efficiëntie in stijlen

De werking van het instellen van CSS-stijlen en -eigenschappen zal nu wel al duidelijker worden. Daarom is het belangrijk dat je rekening gaat houden met een ander CSS-fenomeen: de onderlinge verhoudingen tussen bepaalde tags.

Je zag al dat bij het instellen van de stijlregel voor de a-tag het lettertype niet specifiek werd aangegeven, waardoor gekoppelde woorden het omringende lettertype kregen (in de gewone tekst Verdana, en in lijsten nog het 'oude' standaard lettertype van de browser). De a-tag bevindt zich binnen de al aanwezige p- en ul-tags, dus blijft deze zich houden aan wat al gangbaar is, voor zover niet anders aangegeven in de eigen stijlregel van de a-tag. Dit noemt men het over-erven van de stijl.

Figuur 5.17: De stijlregel wijzigt alleen wat hem opgedragen is. Andere kenmerken houden de omringende eigenschappen aan. Dat verschijnsel noemt men 'overerven'.

Als je voor de hele pagina één lettertype of een andere eigenschap vrijwel constant wilt aanhouden, hoef je niet iedere stijlregel (p, h1, h2, h3, et cetera) dezelfde eigenschap te geven. Dat heb je wel al gedaan (nou ja, bijna, op de ul-tag voor de lijsten na), dus dat ga je nu anders aanpakken.

Er is één tag die alle inhoud van de hele pagina omvat: <body>. Daar hebben we bij het HTML-raamwerk al kennis mee gemaakt, en nu kunnen we deze goed gebruiken.

Oefening 5.4

1 Maak een stijlregel aan voor de body-tag.
2 Kies het gewenste lettertype (font-family Verdana). Je ziet dat de lijsten hiermee automatisch ook een ander lettertype hebben gekregen. De lijst-tags (ul of ol) vallen binnen de body, dus moeten ze deze stijl volgen.
3 Nu kun je net zo goed de lettertype-eigenschappen bij alle andere stijlregels weghalen. Deze zijn niet meer nodig. Doe dit door ze te openen vanuit het paneel **CSS-stijlen** of door **Eigenschappen** in het deelvenster te selecteren; klik op de **font-family** en vervolgens op het **prullenbakje**.

Er is nog een derde methode om de stijlregels te wijzigen. Open de code van het stijlbestand en verwijder voorzichtig alle regels voor de font-family (let op, hier wordt letterlijk de regel code bedoeld, niet de hele stijlregel). Dit is soms eenvoudiger dan de betreffende stijlregels een voor een bewerken vanuit het CSS-paneel.

Figuur 5.18: In het deelvenster Eigenschappen van het paneel CSS-stijlen heb je snel toegang tot de aangegeven CSS-instellingen.

Wil je alle tekst een heel ander uiterlijk geven? Dan hoef je nu alleen maar de stijlregel voor de body-tag te openen en te wijzigen om alle tekst (behalve de tags met specifiekere eigenschappen) de nieuwe stijl te geven. Zo kun je centraal ingrijpen in een website en hoef je niet alle stijlregels apart te openen.

Wil je één kop toch een eigen lettertype geven, stel dan de stijlregel hiervoor in (bijvoorbeeld de h1 in font-family: Arial Black, Gadget, sans-serif). Zodra de stijlregel iets anders aangeeft, krijgt dit voorrang op de eigenschappen van de omringende tag. Dat is de C in CSS: cascading (trapsgewijze voorrang).

Elegantie met stijlen

Een mooie combinatie zou zijn om de tekst wat marge te geven en de koppen als een soort balkje uit de tekst te laten springen, terwijl de tekst toch in dezelfde (optische) lijn blijft.

Stel de stijlregels voor de p, h2 en h3 in met een **Kader**, **Padding**, **Left** van 40 pixels (zet het vinkje bij **Allemaal hetzelfde** wel eerst uit, anders worden alle waarden 40). De gewone tekst (p) krijgt daardoor links ruim 1 centimeter kantlijn en de tekst van de twee kopniveaus (h2 en h3) volgt dezelfde optische lijn, terwijl de lichtgroene balk van de h2-kop uiterst links blijft beginnen. Een elegante zet.

Figuur 5.19: Een optisch effect met witruimte binnen de tekst.

Geef tekst aan de linker- en eventueel ook aan de rechterzijde wat kantlijn. Vaak oogt een tekst al meteen stukken leesbaarder wanneer je de tekst aan weerszijden wat ruimte geeft. Nu we een medium hebben dat geen papier kost, is er geen noodzaak om zuinig met witruimte om te gaan. Bekijk het verschil zelf op http://www.studea.nl/pages/nielsen.html

Voor de twee lijsten (menu en extra) hebben we straks veel ingenieuzere stijlregels in petto.

In het paneel CSS-stijlen kun je ook de volgorde van de stijlen zelf bepalen. Het is handig om niet alleen mooie stijlen te maken, maar om ze ook netjes te ordenen. Schuif de body-stijlregel wat hoger in het lijstje, boven de p. Dit heeft nagenoeg geen effect voor de pagina, hooguit als je per ongeluk dubbele stijlen zou hebben. (De eigenschappen van de latere stijlregels krijgen dan voorrang op eerdere stijlregels met dezelfde kiezer maar hogerop in de lijst.)

Wil je eens schrikken? Klik dan op de naam van het stijlbestand in het paneel CSS-stijlen en vervolgens op het Prullenmand-icoontje. Alle stijlregels verdwijnen, en daarmee dus ook alle (typo)grafische vormgeving van de hele pagina. Kies Bewerken, Ongedaan maken om de desastreuze stap te herstellen, of koppel het stijlbestand opnieuw door op het keten-icoon in het paneel CSS-stijlen te klikken en naar je stijlbestand te bladeren.

Figuur 5.20: Via het keten-symbool koppel je een stijlbestand.

5.3.2 Eigen klassen aanmaken

We komen nu bij een kort maar zeer krachtig CSS-onderwerp. De HTML-taal biedt weliswaar de nodige tags voor de belangrijke structuur en semantiek (gewone tekst, koppen, koppelingen, lijsten). Maar met slechts een handvol instellingen voor gewone tekst (p) en een paar soorten koppen (h1 t/m h6) redden we het niet bij het vormgeven van hedendaagse webpagina's. Talloze nuanceringen in tekst en vorm zijn nodig, maar hoe kun je die semantisch aangeven en met stijlregels aanspreken als de HTML-tags al vergeven zijn?

Daarom bieden HTML en CSS de mogelijkheid om klassen te verzinnen voor elke stijl die je een aparte stijlregel waard vindt. Bijvoorbeeld: een stijl voor de inleidende tekst, een belangrijke naam, een bijschrift bij afbeeldingen, een tussenkopje waar je geen schaarse HTML kop-tag aan wilt slijten.

Klassen aanmaken

Je gaat een stijlregel maken voor de eerste paar regels tekst van de pagina. Selecteer deze nu nog niet. Eerst maak je de stijlregel.

Oefening 5.5

1. Neem de pagina uit de eerdere oefening en maak een nieuwe stijlregel. Maar in plaats van **Type kiezer**, **Tag** kies je nu een **Klasse** en tik je een duidelijke en toepasselijke naam, bijvoorbeeld **inleiding** (geen rare tekens, hooguit een underscore en liever geen, verwarrende, hoofdletters). Zorg ervoor dat de stijlregel gedefinieerd wordt in het juiste stijlbestand.
2. Klik op **OK** en stel de stijlregel verder in, bijvoorbeeld: categorie **Type**: Font-weight: bold, **Color**: kies wit; categorie **Achtergrond**: Background-color: kies helder blauw; categorie **Blok**: Text-align: center; categorie **Kader**: Padding: 10 pixels.
3. Klik op **OK**. Zie hoe de naam van de klasse voorafgegaan wordt door een punt. Dat hoort zo en dat doet Dreamweaver automatisch.

Figuur 5.21: Een klasse is herkenbaar aan de punt voor de naam. (De volgorde van de lijst kan verschillen en is aan te passen.)

4. Maak eerst nog een tweede klasse, namelijk voor woorden die we graag wat extra accentuering willen geven. Vet maken is niet altijd de beste methode; we gaan het structureler en tegelijk genuanceerder doen.
5. Maak weer een nieuwe stijlregel voor een klasse aan en noem deze **accentje**. (Controleer het **Type kiezer** e.d. altijd.)
6. Stel de Type-eigenschap **vet** (bold) in en kies een blauwe kleur. Ook nu zie je nog niks in de pagina veranderen.

Voor het verzinnen van klassennamen kun je voorlopig het beste Nederlandse termen kiezen. Als je Engelse termen kiest, loop je de kans dat dit misschien een officiële HTML-tag is. Kies ook liever geen termen als 'banner', want veel reclame-blockers (software voor webbrowser) mijden alles wat naar reclame ruikt, dus ook alles met de naam banner of ad.

Bij het instellen van stijlregels kun je je afvragen welk bestand je moet bewaren om veilig te zitten. Je denkt in eerste instantie aan je pagina, maar het instellen van de stijlregel gebeurt in het CSS-bestand en staat geheel los van het html-bestand. Het enige wat de pagina ervan meekrijgt is een regeltje code in de head van de pagina, die de koppeling naar het CSS-bestand meldt:

```
<link href="stijlen.css" rel="stylesheet" type="text/css" />
```

Nou kun je op **Toepassen** klikken, maar er zal niks gebeuren in de pagina. Want voor welke tekst geldt dit? Hoe moet een tekst weten dat deze stijlregel van toepassing is? Tags als kiezer voor de stijlregel haken in op de HTML-structuur en -semantiek. Maar hoe en waar grijpen de Klassen in?

Klassen toepassen

Je kunt de aangemaakte klassen op twee manieren toepassen:

- als class-attribuut bij een andere HTML-tag
- als class-attribuut bij de XHTML-tag <span>

Voor hele alinea's haakt de klasse meestal aan bij een HTML-tag; voor een of meer woorden komt automatisch de span-tag erbij. Als je correcte selecties maakt, gaat het vanzelf goed.

De klassen komen in het paneel **Eigenschappen** boven water. (Let even op dat je het paneel in de HTML-stand hebt staan.) Daar vond je al eerder het pop-upmenu voor het aangeven van HTML-tags voor koppen, en daarnaast zie je de **Klasse**-pop-up.

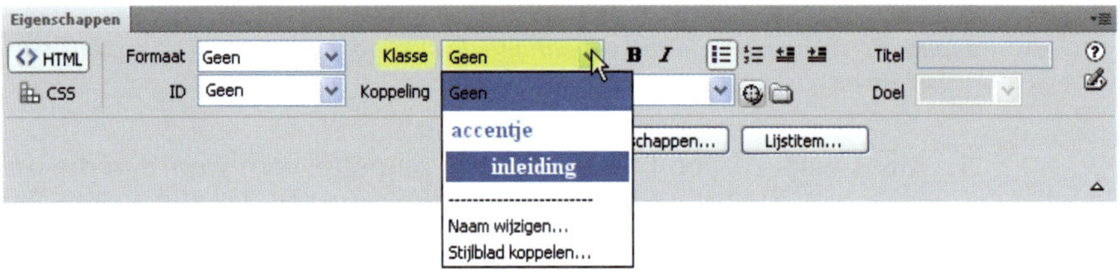

Figuur 5.22: Klassen pas je toe vanuit het paneel Eigenschappen.

Oefening 5.6

1 Selecteer de eerste alinea na de kop Welkom op mijn website (liefst door de aanwijzer erin te plaatsen en op de <p> in de statusbalk te klikken).
2 Kies je nieuwe **Klasse** in het paneel **Eigenschappen**. De geselecteerde tekst reageert direct en neemt de vorm aan.
3 Selecteer een of meer woorden midden in een gewone alinea (bijvoorbeeld: andere websites).
4 Kies de klasse 'accentje'.
5 Doe datzelfde voor de woorden 'forum' en 'nieuw e-mailadres'.

Als je de HTML bekijkt in de Codeweergave, zie je hoe de tags verschillen: in het geval van de inleiding wordt de klasse als een class-attribuut bij de p-tag geplaatst. In het geval van wat losse woorden verschijnt er een span-tag met de class-attribuut.

En zo hebben we een semantische klasse gemaakt en gebruikt om inhoud te markeren en kan de stijlregel de vorm toepassen.

Figuur 5.23: De tekst uitgevoerd met twee klassen: een inleiding en enkele geaccentueerde woorden.

Direct klassen maken en bewerken

In het paneel **Eigenschappen** kun je in de CSS-stand eenvoudige eigenschappen zoals lettertype(familie), grootte en kleur kiezen. Maar zodra je een tekst selecteert en een van de eigenschappen instelt, vragen Dreamweaver CS4 en CS5 om er een stijlregel van te maken, zodat je deze vaker kunt gebruiken. Dreamweaver dwingt je dus min of meer om doordacht te werk te gaan.

> Oudere versies van Dreamweaver dan CS4 hebben deze HTML- en CSS-stand in het Eigenschappen-paneel niet. Toch werken ze vergelijkbaar.

Bij **Doelregel** en de knop **Regel bewerken** vind je wat alternatieve ingangen voor het toepassen en bewerken van klassenstijlregels. Ook kun je hier de kort-door-de-bochtmethode van een inlinestijl toepassen: de stijleigenschappen direct bij de inhoud laten vermelden, zonder een stijlblad of centrale aanpak te gebruiken. Dit laatste kun je beter niet doen.

Aansluiting op andere software

Het werken met typografische instellingen voor klassen en tags en eigenlijk het hele werken met stijlregels zal door iemand met een grafische achtergrond vergeleken worden met stijlen in software als Adobe InDesign. Mensen die vertrouwd zijn met tekstverwerken in Microsoft Word, zullen overeenkomsten zien met opmaakprofielen. Sterker nog: al deze werkwijzen kunnen naadloos aansluiten op het werken met CSS.

Maak een pagina in Word en gebruik opmaakprofielen om koppen en andere typografische instellingen aan te geven. Kopieer en plak maar eens wat tekst met koppen vanuit Word in Dreamweaver, of bewaar de pagina in Word als een Webpagina en open deze in Dreamweaver. Je ziet dat er net zo goed kopformaten (h-tags) en klassen in zitten. Er zijn zelfs stijlregels in de bewaarde versie ingesteld.

Het andere uiterste doet zich voor als men Word-bestanden maakt waar geen opmaakprofielen in zijn gebruikt. Dan kun je beter het speciale commando **Opdrachten, Word-HTML opruimen** erop loslaten, want deze tekst barst van de vele niet-correcte stijltoepassingen.

5.3.3 DIV's vorm en plaats geven

Dan nu een wat lastiger onderwerp: het vorm en positie geven van een DIV. Maar eerst is het belangrijk dat je een beetje een idee hebt hoe de indeling van de pagina wordt. Om het niet al te ingewikkeld te maken in deze oefening, gaan we uit van een voor de hand liggende lay-out:

Figuur 5.24: Een schetsje van de website-indeling.

- balk met naam en motto bovenaan
- paneel met navigatie aan de linkerkant
- paneel met wat extra navigatie rechts
- verhaal in het midden, tussen panelen
- balk met onderschrift onderaan

Omdat er straks afmetingen moeten worden aangegeven, kun je het best al wat van die maten vaststellen. Alles is te wijzigen, maar je moet ergens beginnen.

Schermformaat

Je moet eigenlijk nog een stapje terug doen en je afvragen op welk formaat scherm (of venster) je nog goed te zien wilt zijn. Niet iedereen heeft een groot beeldscherm. De maten van monitoren lopen sterk uiteen.

Veel beginnende gebruikers verwachten dat bij het maken van een nieuwe pagina het formaat als simpele instelling ergens te vinden is. Het gebrek daaraan is juist typerend voor de kern van webdesign. Je weet immers niet met welk formaat scherm en browservenster een gebruiker de pagina bekijkt.

We gaan er voor het gemak even van uit dat de website ook op oude systemen met kleine beeldschermen nog goed te zien moet zijn. Hieronder vind je een lijst van veel voorkomende formaten, met daarbij de pixelmaten die meestal op die oude systemen ingesteld staan. Let op: het schermformaat is weliswaar het uitgangspunt, maar je moet er rekening mee houden dat systeemonderdelen als menubalk, taakbalk, knoppenbalken, schuifbalken en andere elementen in de vensterranden daar nog de nodige pixels van af snoepen.

14/15" 640 x 480
effectief: 600 x 300

16/17" 800 x 600
effectief: 760 x 420

19/21" 1024 x 768
effectief: 955 x 660

En dan zijn dit slechts de maten van 'oude' monitoren. De afmetingen van lcd-schermen, zowel los als in notebooks en andere gadgets, maken deze lijst met de meest uiteenlopende maten en verhoudingen nog langer.

Het kiezen van een formaat voor je webpagina is dus een kwestie van kiezen voor wat je minimaal vereist of verwacht. Daarvoor moet je de doelgroep(en) voor je website kennen en bedacht zijn op misschien belangrijke groepen gebruikers die met kleinere (of juist grotere) schermformaten werken. Denk aan de website voor een technische leverancier of bouwmaatschappij; aannemers zullen op een bouwplaats zelden een riante monitor hebben staan en eerder met kleine notebooks werken. In de cabine van een boot is het vaak vechten om de centimeters. Scholen hebben ook niet altijd voldoende middelen om leslokalen met grote beeldschermen uit te rusten. Mensen die moeite met het lezen van (kleine) teksten hebben, stellen vaak hun monitor op een grovere resolutie in, waardoor het pixelformaat kleiner wordt.

Overweeg dus eerst of je website (of een specifiek gedeelte daarvan) zich richt op een doelgroep met speciale eisen in bepaalde omstandigheden. Voor een breed en gemengd publiek kun je tegenwoordig uitgaan van 1024 als breedte, al zie je websites met een breed publiek toch veiligheidshalve uitgaan van 800.

Een mooie oplossing zag je bij de KLM: als de website in een breder venster getoond wordt, verschuiven panelen naar een positie naast de andere, in plaats van eronder.

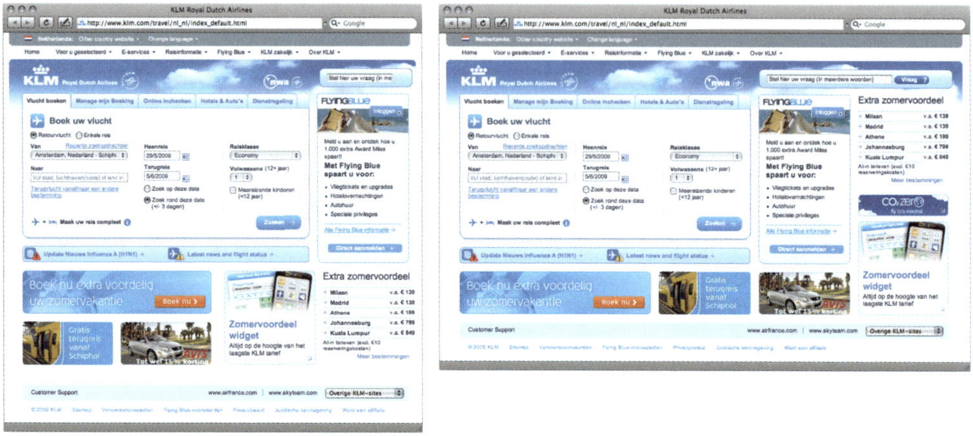

Figuur 5.25: De homepage van de KLM past de indeling aan de breedte van je scherm aan. Een slimme oplossing.

Maatvoering

Voor deze oefening houden we ons aan een minimaal beeldschermformaat van 800 x 600 pixels, wat een effectief aantal pixels van 760 x 420 overlaat. Dat is niet veel, maar dit is tegenwoordig ook wel de ondergrens. Bovendien werkt dit als oefenproject prettiger (het is al druk genoeg in deze nieuwe en nog wat onwennige Dreamweaver-werkomgeving) en passen de illustraties voor dit boek ook beter.

In Dreamweaver kun je in de statusbalk van het documentvenster rechts een maataanduiding zien. Wanneer je de bestanden in losse vensters bekijkt (klik op het icoon voor losse vensters in de hoek rechtsboven in het documentvenster), kan het venster groter en kleiner worden en kun je daar ook een maatvoering kiezen. Je ziet dat 760 x 420 ook een van de standaardmaten is; kies deze.
NB: de HTML-pagina heeft geen maat; het is het venster dat een maat krijgt. De pagina zal zich daarin vertonen.

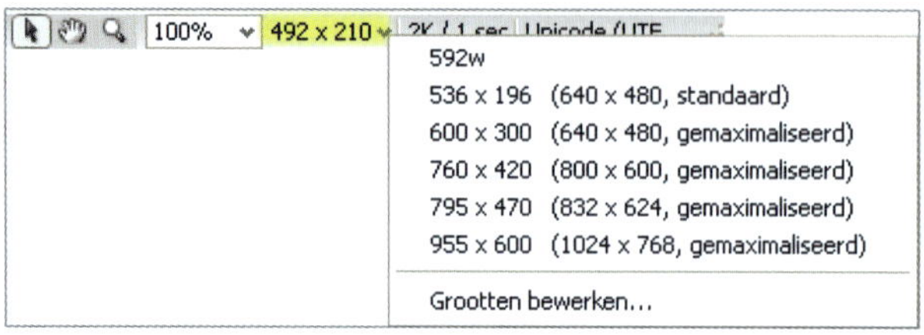

Figuur 5.26: In de statusbalk zie je de schermformaten staan, maar je moet dan wel met losse documentvensters werken.

Nu kunnen we gaan rekenen voor de grove indeling. Daarvan maak je eerst een schetsje op papier of zo. Stel, je wilt de balk bovenaan zo breed als de minimale webpagina. De onderdelen sluiten niet naadloos op elkaar aan, er moet juist een rand van 20 pixels rondom en tussen alle onderdelen komen. De balk bovenaan stel je dan in op 740 pixels breed en 80 hoog; de balk onderaan is een bijzonder geval, die bewaren we voor later; het linker- en rechterpaneel (navigatie en extra's) zijn beide 160 breed en 300 hoog (hoogte zal een minimum zijn; als de tekst groter/langer wordt, zal het paneel ook navenant uitbreiden). Dan blijft er voor het verhaal in het midden 360 over, en de hoogte is geheel afhankelijk van de variabele grootte en lengte van de tekst.

Zie de onderstaande schets voor een indruk:

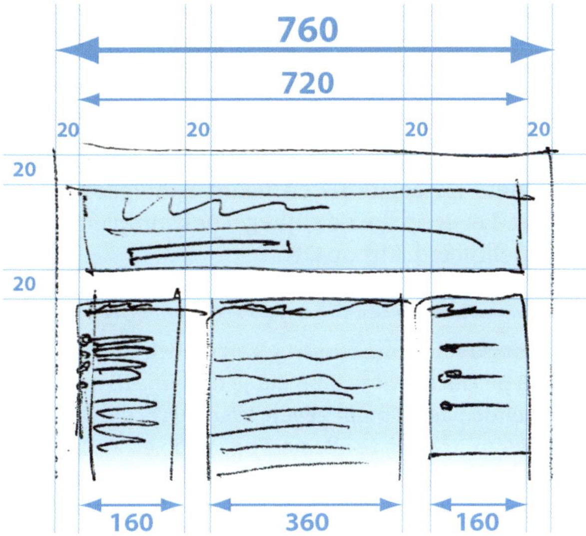

Figuur 5.27: Schetsje van de maatvoering.

Nu ga je de uitgerekende maten doorvoeren in de DIV's.

Stijlregels DIV instellen

In het vorige hoofdstuk heb je de oefenpagina ingedeeld volgens DIV's. Iedere DIV markeert een bij elkaar horend aantal alinea's (zie stippellijnen in de Ontwerpweergave) en heeft een ID (zie naam in het paneel **Eigenschappen**). Deze ID/naam legt het verband tuusen de DIV en de stijlregel. Als **Type** en **Naam** van de kiezer neem je dus telkens **ID** en geef je de naam van de in te stellen DIV op. Je hebt vijf DIV's in deze pagina (boven, menu, verhaal, extra en onder) en die ga je alle vijf instellen.

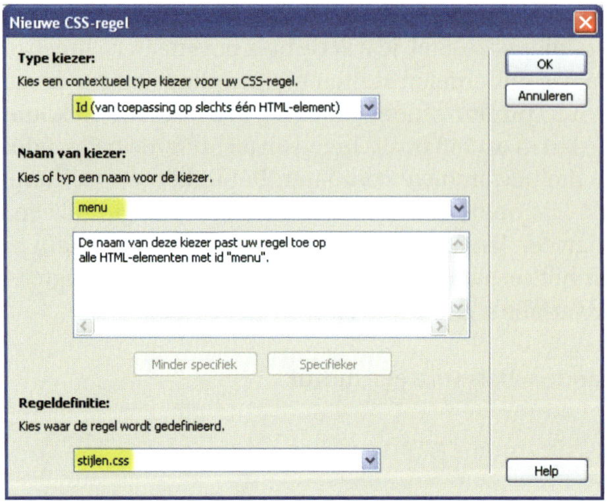

Figuur 5.28: ID/naam van de DIV wordt de naam van de stijlregel.

Oefening 5.7

1 Neem de DIV 'menu' als eerste ID en naam – die geeft een goed beeld van wat er gebeurt. Let er op dat de stijlregel ook nu weer in het juiste stijlbestand wordt gedefinieerd. Klik op **OK**.

> **De aanduiding (van toepassing op slechts één HTML-element) bij het kiezen van een ID bij Type kiezer, wil zeggen dat je dezelfde ID-naam nooit aan meerdere DIV's in dezelfde pagina moet geven. Want als je die DIV's via een stijlregel gaat positioneren, zouden ze allemaal boven op elkaar liggen. Vandaar: verzin unieke ID-namen bij het bepalen van iedere DIV in een pagina.**

De eigenschappen die we zullen gebruiken gaan een stap verder dan die welke we tot nu toe gezien hebben. Je kunt voor een DIV ook weer alle CSS-eigenschappen instellen die we al eerder zagen: typografie, achtergrondkleur, randen, padding en margin.

2 Om even helder te houden wat er gebeurt, kies je voor deze eerste DIV alleen voor een lichtgrijze achtergrond.

3 Klik op **Toepassen** om het effect te bekijken.

Je ziet het DIV-gebied (binnen de stippellijnen) in zijn geheel grijs worden. De kop blijft lichtgroen, maar dat komt omdat de stijlregel van de h2-tag voorrang heeft op de omvattende DIV. Maar onder het lichtgroen van de h2 zit in feite ook het lichtgrijs van de DIV.

4 Dan nu een nog niet gebruikte categorie CSS-eigenschappen: **Positioneren**. Deze is heel belangrijk voor de lay-out. Bovenaan zie je de eigenschap Position; kies hier voor **absolute**.

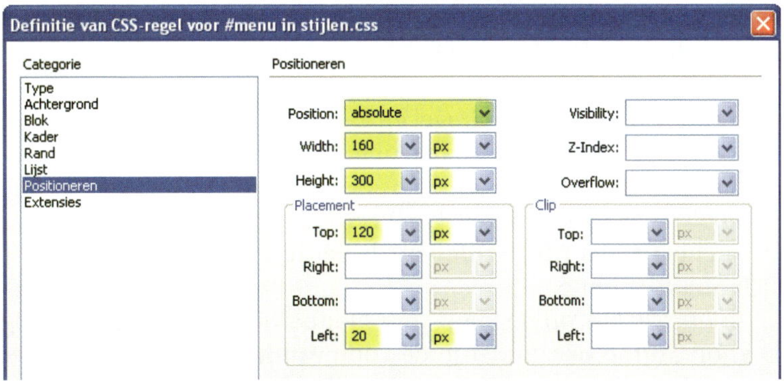

Figuur 5.29: Absolute positionering voor een DIV, met maten.

5 Geef de juiste maten aan (Width: **160**; Height **300**), en stel in waar de linker bovenhoek van de DIV moet worden geplaatst (Top: **120**; Left: **20**). Let ook op dat je de waarde steeds in pixels aangeeft.
6 Klik op **OK** en zie hoe het (lichtgrijze) gebied van de DIV zich aan de rechterkant van de pagina heeft verschanst. Het staat daar als een apart kader, keurig op maat, over de rest heen.
7 Volg dezelfde stappen voor de andere vier DIV's, uitgaande van onderstaande, uit de schets afgeleide maten (menu-DIV heb je al gedaan, dus die kun je overslaan.)

Alle maten zijn in pixels (px). Tijdens het instellen kan het er rommelig uitzien, maar uiteindelijk zal alles zijn plek krijgen.

	Width	*Height*	*Top*	*Left*
boven	720	80	20	20
menu	160	300	120	20
verhaal	360	500	120	200
extra	160	200	120	580
onder	720	60	800	20

Als je alle DIV's via stijlregels op hun plaats hebt gezet, oogt de pagina ordelijk.

Je ziet dat het paneel CSS-stijlen ook alle stijlregels voor de DIV's van een #-teken heeft voorzien, net zoals er automatisch een punt voor iedere klasse verscheen.

Sleep eventueel de stijlregels in een logischer volgorde, want de DIV #menu is het eerst aangemaakt. Deze hoort echter wat lager als je de indeling in dit paneel voor jezelf logisch wilt houden.

De lichtgrijze kleur kan op drie manieren uit het menu worden verwijderd, van vertrouwd visueel tot technisch. Kies je eigen aanpak:

- *Vertrouwd:* open de stijlregel en stel de eigenschap **Achtergrondkleur** in op geen kleur (code weghalen of in kleurpalet het vakje met schuine streep kiezen).
- *Sneller:* klik op de stijlregel en vervolgens in het gedeelte **Eigenschappen** van het paneel **CSS-stijlen** op de background-color. Klik dan op het **Prullenbak**-icoontje.
- *Technisch:* klik op de knop voor **Gedeeld-weergave** en vervolgens op de knop **stijlen.css**, zodat je de code van het gekoppelde stijlbestand ziet; zoek naar de code **#menu** en verwijder de regel over de background-color.

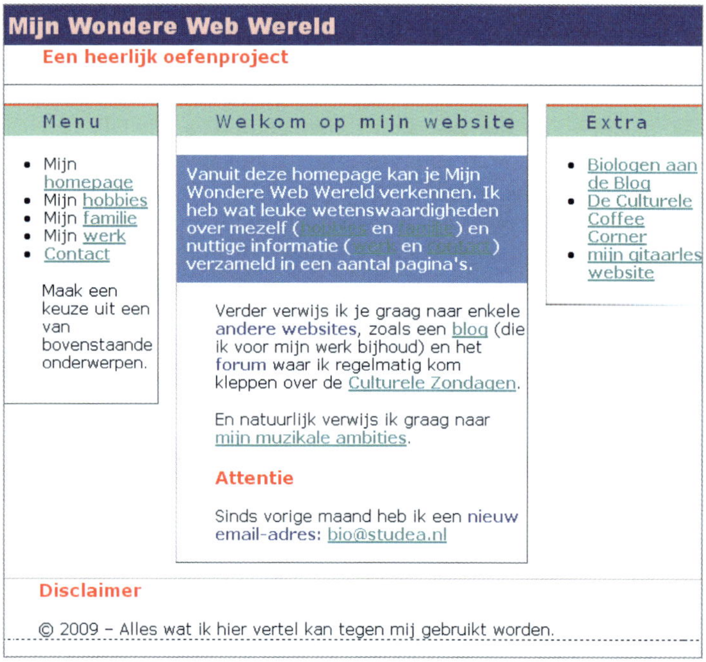

Figuur 5.30: Alle DIV's zijn op absolute posities gezet.

> **Uiteraard kun je allerlei andere CSS-eigenschappen aan een stijlregel voor een DIV toekennen. Je kunt bijvoorbeeld de balk onderaan een ander en/of kleiner lettertype geven en een achtergrondkleur instellen, kortom: een stijlregel voor een DIV hoeft niet beperkt te blijven tot de positionering.**

AP-elementen

Adobe gebruikt een eigen term voor DIV's met een positionering. Het officiële HTML- en CSS-jargon spreekt namelijk over layers maar Adobe vond dit te verwarrend. De term 'layer' (laag) heeft in andere software van Adobe namelijk nog vele andere betekenissen. Daarom koos men voor AP elements, waarbij 'AP' staat voor 'Absolute Positioned'.

Je kunt het jargon als volgt samenvatten:

DIV + absolute positionering = een AP-element = een layer.

Iemand met een grafische achtergrond zou een met stijlregels verkregen lay-out eerder vergelijken met het werken met 'kaders' (ofwel 'boxen' in het Engels) in een opmaakprogramma.

Het enige argument waarom de term 'lagen' enigszins juist is, kan te maken hebben met het feit dat de 'gelayerde' DIV's een onderlinge stapelvolgorde kunnen hebben. Die volgorde wordt aangegeven met een Z-waarde, vanaf 1 tot oneindig. Hoe hoger deze waarde, hoe hoger (visueel) gestapeld. In ons voorbeeld zijn geen overlappende elementen, dus maakt het nog niet uit.

Je kunt de AP-elementen ook overzichtelijk bekijken via het paneel Venster AP-elementen. Je ziet dan dat iedere DIV die een positie heeft gekregen, hier als een apart AP-element in de lijst staan. Je ziet ook dat er een Z-waarde aangegeven kan worden. Is die er niet, dan geldt de volgorde in de HTML-code voor de visuele stapelvolgorde.

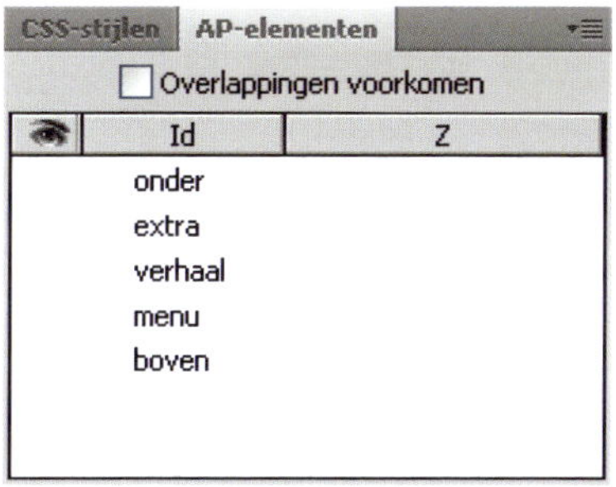

Figuur 5.31: AP-elementen in pagina en bij elkaar in hun eigen paneel.

AP-elementen kunnen wel of niet zichtbaar zijn (oogje vóór naam van de DIV). Deze optie zullen we later gaan bestuderen en gebruiken, bijvoorbeeld voor het maken van open- en dichtklappende menu's. Als je nu al een oogje open- of dichtvinkt, zie je dat ook in je pagina effect hebben. Geen oog (open noch dicht) betekent dat de browser bepaalt, en dit AP-element gewoon zal weergeven.

Als je met de aanwijzer in een van de AP-elementen klikt, zie je rondom het DIV-gebied een dikke blauwe rand en aan de linker bovenhoek een klein label verschijnen. Als je op dit label klikt, heb je het hele AP-element geselecteerd. Je kunt dit ook bereiken door de div-tag in de statusbalk te selecteren, nadat je de aanwijzer in een AP-element hebt geplaatst.

Het paneel **Eigenschappen** toont de kenmerken van dit DIV/AP-element, waaronder de ID-naam, de maten, de zichtbaarheid ('Vis' van 'visibility') en een achtergrondafbeelding of -kleur.

Vloeibare indeling

De positionering van een DIV wordt vaak vanuit de linker- en bovenrand van het documentvenster gemeten en van een vaste breedte en hoogte in pixels voorzien. Maar je kunt ze ook vanuit de rechter- en onderrand meten en procentuele maten opgeven of zelfs een positie 'automatisch' laten uitrekenen.

Open het voorbeeldbestand (te vinden op de website voor dit boek) in Dreamweaver en in de browser, en maak het venster eens groter en kleiner. Bekijk de maatvoering voor de DIV's: sommige zijn gerelateerd aan de rechterkant van het venster, zodat het rechterpaneel mee schuift en rechts blijft 'kleven'.

Figuur 5.32: Dezelfde pagina, tweemaal, met instellingen die ook aan de rechterrand gerelateerd zijn.

Dergelijke 'vloeibare' indelingen zijn iets lastiger om te maken, maar in hoofdstuk 10 zul je zien dat er veel voorbeelden (met vaste en vloeibare indelingen) door Dreamweaver gebruiksklaar kunnen worden aangemaakt.

Volgorde in HTML

Als je een blik werpt op de Codeweergave, zie je dat de pagina in het geheel niet is veranderd door deze hele CSS-oefening. Nu zou je denken dat het nu ook niet meer uitmaakt in welke volgorde de DIV's staan, welke boven- en welke onderaan. Met de stijlregels kunnen DIV's overal worden geplaatst. Maar toch heeft die volgorde nog een functie.

Visueel gehandicapten (die niets of weinig aan al die opmaakfratsen hebben) krijgen de inhoud van een pagina nog steeds in de volgorde van de HTML gepresenteerd. Het is dus verstandig om belangrijke elementen als een navigatiemenu of de naam van de website of een artikel als eerste te laten binnenrollen.

In Amerika zijn er al 'harde wetten' die dergelijke handreikingen voor gehandicapten verplicht stellen voor websites. 'Section 508' is de aanduiding van die wetten. Dreamweaver biedt ook een vergaande mogelijkheid om een speciaal Site-rapport te genereren voor de toegankelijkheid van je website.

DIV's direct aanmaken

Je hebt nu stap voor stap kennisgemaakt met de werking van CSS-technieken; het structureel en semantisch indelen van een pagina, het toekennen van stijlregels, het instellen van eigenschappen. Maar het kan sneller.

Oefening 5.8

Bewaar (**Ctrl+S**) je pagina eerst als je dat nog niet hebt gedaan, want je gaat wat handelingen verrichten die misschien lastig zijn te herstellen. Je kunt dan terugvallen op je bewaarde versie.

1 Klik met de aanwijzer ergens in een leeg gedeelte onder of tussen de belangrijkste DIV/AP-elementen en tik enkele letters of regels in.

Je ziet dat de tekst feitelijk onder de balk bovenaan en andere DIV/AP-elementen door loopt. Deze nieuwe tekst is geen deel van een DIV (laat staan een AP-element), dus begint gewoon weer van boven af aan.

2 Haal de tekst weer weg (doe dit zorgvuldig, je haalt misschien te veel inhoud weg en dan verdwijnt de rest van de inhoud ook) of keer met **Bestand, Vorige versie** terug naar de bewaarde versie.
3 Plaats de aanwijzer weer in de lege ruimte en kies **Invoegen, Lay-outobjecten, AP Div**. In de linker bovenhoek verschijnt nu een blauw kader (net als bij de andere DIV/AP-elementen).

Ook hier zie je dat Adobe worstelt met het bedenken van termen. In oudere versies van Dreamweaver heette zowel het paneel als menu bij Invoegen 'Layers'. Nu zijn er twee extra termen: 'AP Div' en 'AP-element', die hetzelfde behelzen.

Je ziet dat er al meteen een AP-element in de pagina verschijnt, nabij de plek waar de cursor tekst zou laten verschijnen.

4 Grijp dit AP-element aan het label linksboven en verplaats het naar elders.

Je ziet nu bij **Eigenschappen** dat er een ID aan is gegeven (de naam 'apDiv1'), compleet met alle maten, en dat een stijlregel in het CSS-stijlenpaneel eraan is verbonden. Deze stijlregel wordt in beginsel in de pagina gedefinieerd, maar je kunt hem ook naar de set van stijlregels in het stijlbestand slepen. Dat hoeft nu niet; verwijder het AP-element en deze nieuwe stijlregel maar.

Nog sneller kun je in de Ontwerpweergave gebruikmaken van het gereedschap **AP Div tekenen** in het **venster Invoegen** in de categorie **Lay-out**. Met dit gereedschap kun je direct in de pagina een AP-element tekenen.

Snelle methodes lijken handig en spontaan, maar in de praktijk is het prettiger om vanuit een goed voorbereide opzet te werken. Veruit de meeste onderdelen in een website zullen zich herhalen, en dan is een structurele aanpak op de lange termijn veel beter. Maar een AP-element even op het oog een beetje aanschuiven (en zodoende de stijlregel aanpassen), kan geen kwaad.

Sluit alle bestanden zonder de wijzigingen te bewaren.

Even een time-out

Heb je ook zo'n moeite om de eigenschappen width, height, padding, border en margin uit elkaar te houden? Houd dan het hiernaast staande schema van het W3C Box Model bij de hand of in je achterhoofd.

Vanaf Dreamweaver versie CS5 kan je bovendien dezelfde kleuren zien verschijnen, als je de **Inspecteer**-weergave inschakelt en het paneel **CSS-stijlen** (in de stand **Huidig**) breed uitgemeten naast je pagina houdt. Beweeg je muis over de pagina en je ziet precies welke stijlen en eigenschappen het uiterlijk bepalen.

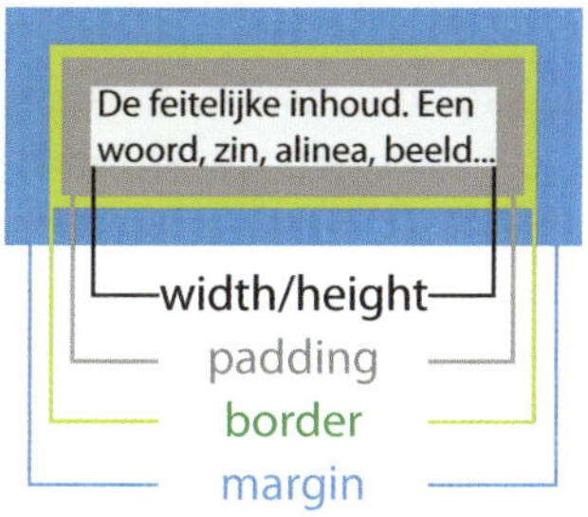

Figuur 5.33: Rondom de inhoud (met eventueel een width en height) zitten drie gebieden. Van binnen naar buiten: padding, border (lijndikte) en margin. Een achtergrondkleur- of afbeelding reikt tot aan de border (dus inhoud plus padding).

5.4 Combinaties

Als je de pagina en de set van stijlregels bekijkt, krijg je het gevoel dat we al flink op dreef zijn. Maar de grootste verrassing van de CSS-aanpak moet nog komen: het combineren van stijlen tot een nieuwe stijlregel. Dit is het meest krachtige aspect van de CSS-techniek. Zonder deze mogelijkheid zou het nog steeds veel te lastig zijn om snel een goede vormgeving door te voeren.

Een stijlregel hoeft zich namelijk niet te beperken tot één naam of zelfs type kiezer. En een stijlregel hoeft ook niet per se alle CSS-eigenschappen voor een kiezer in één keer in te stellen.

5.4.1 Samengestelde kiezers

Bij het definiëren van een stijlregel gingen we tot dusver uit van één tag, klasse of DIV voor het maken van de CSS-instellingen. Maar je kunt met één stijlregel meerdere kiezers tegelijk aanspreken ('een voor allen') en omgekeerd ook een stijlregel door meerdere kiezers veel specifieker maken ('allen voor een').

Een stijlregel voor meer tags

Als je bijvoorbeeld alle drie de koppen (h1, h2 en h3) met één stijlregel wilt aanspreken, kan dat door een komma tussen de tags in de naam van die kiezer. Stel dat je de drie koppen cursief wilt maken (onafhankelijk van hun andere individuele stijlregels en eigenschappen), dan hoef je dat niet bij de drie koppen een voor een erbij te gaan instellen.

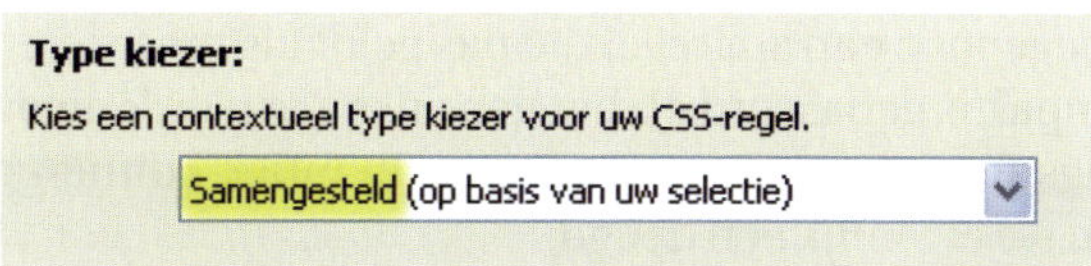

Figuur 5.34: De optie 'Samengesteld'.

Oefening 5.9

Maak een nieuwe stijlregel en neem de vierde en laatste optie als type kiezer: **Samengesteld**. En de extra aanduiding **(op basis van uw selectie)** betekent dat in de naam al wat hulp zit. Daar doen we in deze eerste oefening nog niets mee, maar later wel.

1 Type bij de naam van de kiezer: **h1,h2,h3** (met of zonder spaties, maar liever zonder).

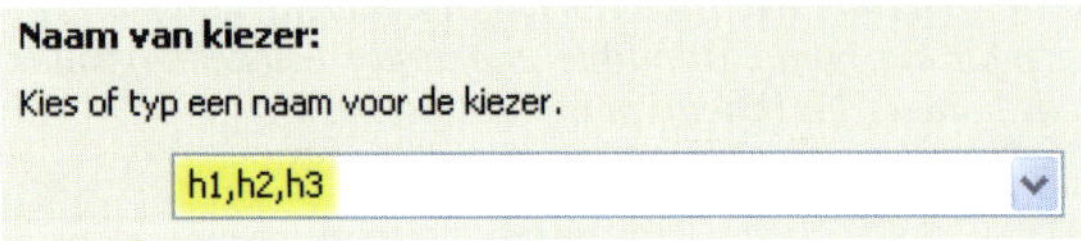

Figuur 5.35: Drie tags voor koppen met één stijlregel verfraaien.

2 Let op dat de definitie weer in het vertrouwde stijlbestand zal worden bijgeschreven en klik op **OK**.
3 Kies voor het sierlijker opmaken van koppen eens voor een ietsje gespatieerde, niet-vette Verdana. Kies verder voor een witte tekstkleur en kies per kop weer een stijlregel voor verschillende grijstinten en ruime padding boven de tekst. Misschien zelfs een dunne lijn.

Cursieve tekst is voor de meeste computerschermen riskant. Grotere teksten zoals koppen kunnen het wel hebben, maar gewone tekst kun je beter niet cursief maken. De schuine lijnen in alle letters ogen in software zonder anti-aliasing nogal hakkelig en zijn daardoor minder goed leesbaar. Systemen (en browsers) die dergelijke technieken wel ondersteunen (zoals ClearType in Windows) vertonen minder hakkelige randen, maar dan nog is de vraag of de letter niet té zacht of vaag gaat ogen. Het is dus altijd zorgwekkend, cursieve tekst op een scherm.

Mac-systemen hebben een in het Mac OS X ingebouwde voorziening voor de anti-aliasingweergave. Cursieve tekst ziet er dus niet hakkelig uit.

Meer tags voor één stijlregel

Het omgekeerde van de vorige oefening (een stijlregel die voor meerdere tags geldt) wordt ook toegepast: een stijlregel die pas geldt als meerdere tags eraan meedoen. Deze aanpak is gebaseerd op het gebruiken van de 'omgeving' en de schaarse HTML-tags die we voor structuur en semantiek kunnen gebruiken. Van de nood maken we eigenlijk een deugd.

Voorbeeld: de koppelingen in de pagina zijn goed leesbaar, maar tegen de (blauwe) achtergrond van een inleiding vallen ze bijna weg. Je zou dus een stijlregel voor koppelingen ín de inleiding kunnen definiëren, zodat die een ander uiterlijk kunnen aannemen.

Oefening 5.10

1 Klik in een koppeling die zich in de inleiding bevindt. Dit hoefde nooit voor de andere stijlregels maar blijkt dadelijk heel handig te zijn.
2 Maak een nieuwe stijlregel en kies weer het type **Samengesteld**.

In het invoerveld voor de naam van de kiezer zie je telkens al een vermelding staan. We hebben die steeds verwijderd (en een eigen naam ingetikt) maar nu gaan we hem wat beter bekijken.

Doordat de aanwijzer in een koppeling in de inleiding stond toen je deze stijlregel ging maken, heeft Dreamweaver alvast de juiste naam voor een dergelijke stijlregel voor je klaargezet: `#verhaal .inleiding a`

Dit betekent: deze stijlregel gaat gelden voor iedere koppeling die zich in een stuk tekst bevindt die ook de klasse 'inleiding' heeft en die ook nog eens in een DIV/AP zit die 'verhaal' heet. Een vergelijkbare aanduiding zie je ook in het tekstveld eronder. En als je het dialoogvenster een beetje opzijschuift, zie je ook exact diezelfde hiërarchie nog in de statusbalk vermeld staan.

Deze hulp komt dus niet uit de lucht vallen. Dreamweaver helpt je de kiezer zo nauwkeurig mogelijk te specificeren. Als het niet zó specifiek hoeft, klik dan eenmaal op de knop **Minder specifiek**, want je verwacht geen inleidingen in andere DIV/AP's te maken. Het gegeven van 'een koppeling in inleiding' is specifiek genoeg.

3 Klik op **OK** en wijzig bijvoorbeeld de kleur van de tekst in heel lichtgroen. De koppelingen in de inleiding veranderen wel maar de overige koppelingen in de rest van de pagina niet.

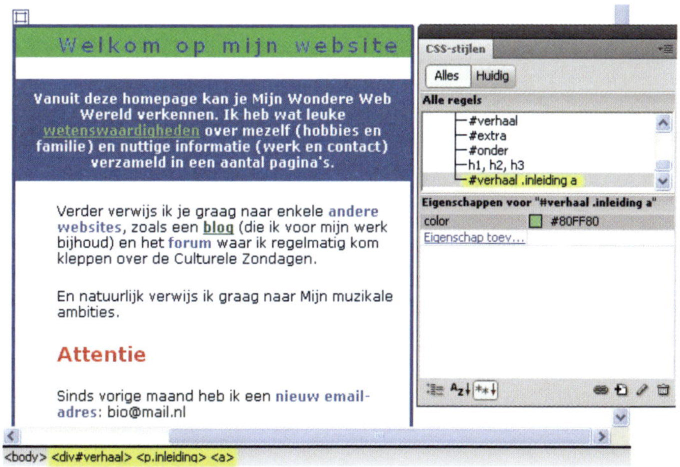

Figuur 5.36: Stijlregels samenstellen, volgens HTML-hiërarchie.

Combinatie van stijlregels

Ander voorbeeld: je ziet dat momenteel alle h2-koppen in alle DIV/AP-elementen een groene balk en blauwe tekst hebben. De stijlregel voor h2 dicteert dat, dus gedragen alle h2-koppen zich zo; niks nieuws. Maar als je de h2 in het menu en extra gedeelte een ander uiterlijk wilt geven dan de h2 in het verhaalgedeelte, kun je dat doen door stijlregels te maken die rekening houden met de omgeving waarin die h2 zich bevindt. Het omhullende DIV/AP-element is namelijk het verschil.

Oefening 5.11

1 Maak weer een nieuwe 'samengestelde' stijlregel en voer de naam als volgt in (we laten ons ditmaal even niet helpen):
#menu h2, #extra h2

Dit houdt in: de h2-koppen in de DIV/AP's menu én extra.

2 Klik op **OK** en geef de volgende eigenschappen op: bij **Type:** kleur wit; bij **Achtergrond:** donkergroen; bij **Blok:** Text-align 'center'; bij **Kader:** de Padding op 4; bij **Rand**: de Width op 1 pixel.
3 Je ziet dat beide h2-koppen boven in de zijpanelen er anders uitzien maar dat de h2-koppen in het verhaal onveranderd zijn. De stijlregel geeft twee kiezers aan (gescheiden door de komma) en iedere kiezer geldt voor een h2 in een bepaalde DIV/AP.

Het lijkt overdreven om het zo te doen; je zou zeggen, waarom grijp je niet handmatig in de pagina zelf in de kopjes in? Deze twee kopjes komen immers ook niet vaker voor in de rest van de pagina, dus het nut van de herhaling missen we toch al. Maar de aanpak zal later handig blijken voor het aanspreken van al deze kopjes in meerdere pagina's tegelijk. Want ook al is er maar één kopje in het Menu en Extra-gedeelte, in een website zullen er meer pagina's zijn met die gedeelten. En dan kun je deze kopjes vanuit de stijlregel overal aanpassen.

Figuur 5.37: Eén stijlregel voor de h2-koppen in twee panelen.

5.4.2 Resumeren

De CSS-technieken in het vorige onderdeel zijn de belangrijkste van het werken met stijlregels. Het begint met een inhoud met wat semantische structuur en indeling (volgens HTML en XHTML), en dan volgen talloze stijlregels die de vormgeving en positionering regelen.

In de paragrafen 7.1. en 7.2 leer je hoe je lijsten en menu's met CSS vormgeeft en afbeeldingen gebruikt om een menu te voorzien van fraaie knoppen. Want op lijntjes en blokjes zijn we snel uitgekeken.

De (X)HTML-inhoud van de pagina is nog steeds zoals aan het begin van dit hoofdstuk: saai en kaal. Maar de aanhaking aan de stijlregel maakt alle (visuele) verschil. Je zou er dus ook een ander stijlbestand aan kunnen koppelen, die een totaal andere vorm dicteert maar zich baseert op dezelfde inhoudelijke structuur en indeling.

Veel websitebouwers benutten de techniek van een browser om een stijlbestand per mediumtype te laten gebruiken. Een browser kan voor het afdrukken van een webpagina een ander stijlbestand nemen dan dat voor het scherm.

Voor Dreamweaver CS5 bestaat inmiddels een Adobe Lab "HTML 5 Pack" waarmee je al voorzichtig gebruik kunt maken van de te verwachten functies in HTML5 en CSS3. Een van die functies maakt het mogelijk om een ander stijlbestand te maken en te testen, aan de hand van de resolutie van het scherm. Een iPad krijgt dus een andere CSS en zal zodoende een andere weergave bieden dan een iPhone of een gewone website.

Verdiep je in aparte stijlbestanden voor 'mediatypes' en download de HTML 5 Pack van Adobe Labs (alleen voor CS5) voor de handige 'Multiscreen' functie.

CSS Zen Garden

Om de kracht van CSS (vorm, gescheiden van inhoud) te demonstreren, bedacht ontwerper David Shea een uitdaging voor webdesigners. Wie kon een stuk kale inhoud zo inventief, creatief, stijlvol of bizar mogelijk vormgeven? Hij plaatste het HTML-bestand (met alle structuur en indeling) online en ontwerpers mochten uitsluitend een CSS-stijlbestand en bijbehorende afbeeldingen aanleveren.

Er werden vijf inzendingen bekroond en getoond, maar daarna rolde het balletje verder. Inmiddels zijn er ruim tweehonderd fraaie voorbeelden te zien, die alles uit de kast halen op het gebied van CSS-technieken. Daar zit veel meer bij dan wat dit hoofdstuk al heeft behandeld (zoals het werken met afbeeldingen en lijsten, maar de essentiële technieken kun je wellicht herkennen.

Figuur 5.38: CSS Zen Garden, mooie en leerzame CSS-voorbeelden.

Leren door kijken

Het bekijken van websites (en de gebruikte technieken) is natuurlijk een prachtige manier om het vak te leren. Je ziet massa's goede én slechte voorbeelden van webdesign.

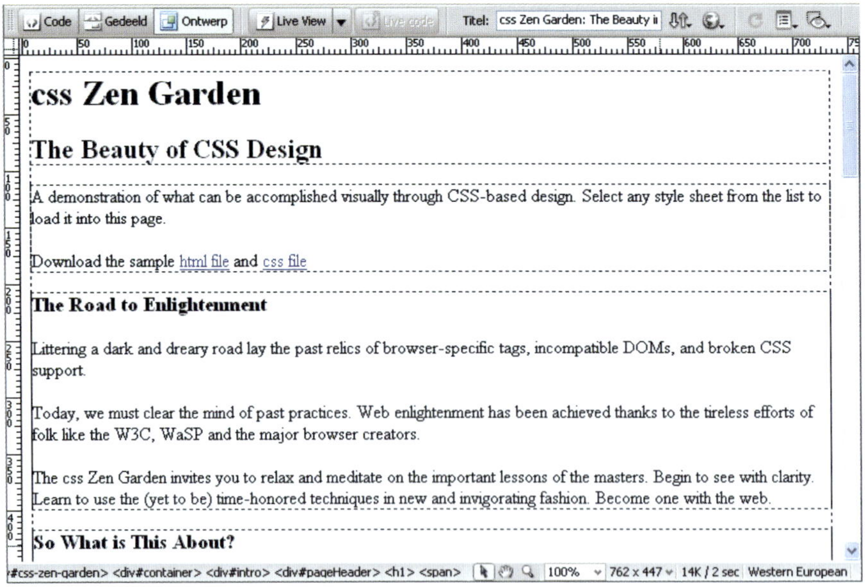

Figuur 5.39: Ook bij CSS Zen Garden werken ze met een strenge inhoudelijke structuur.

Als je de kunst en techniek wilt afkijken van een willekeurige pagina, bekijk en onderzoek deze dan via de werkbalk Browser navigatie, Live View en Inspecteren. Heb je een versie Dreamweaver ouder dan CS5, kies dan in de browser (bijvoorbeeld Explorer) bij **Beeld** voor **Bron** of bewaar de pagina met **Bestand**, **Opslaan** en **type Webpagina** volledig op je bureaublad (wordt meestal een html-pagina en een extra map). Open de html- en CSS-bestanden in Dreamweaver en bestudeer ze.

Er rust geen auteursrecht op de HTML-taal of CSS-instellingen. Je moet natuurlijk geen auteursrechtelijk beschermde vorm of inhoud voor eigen doel gebruiken, maar de HTML- en CSS-technieken zijn voor iedereen openbaar en bruikbaar.

De browser waar je het meest van kunt leren, is Firefox. Als je webpagina's in deze browser eruit zien zoals je verwachtte, dan zit je op het goede spoor. Natuurlijk wil je graag dat je website ook werkt in oudere versies van Explorer, maar leer en test alles liever in Firefox. Dreamweaver zorgt wel voor de 'Explorer-hacks'.

De gratis Web Developer Extension van Chris Pederick en de Fire Bug van Joe Hewitt verdienen beslist een plaatsje in je Firefox-balken, want daarmee kun je direct het HTML-geraamte van een webpagina zonder CSS zien en live de stijlregels bestuderen en wijzigen, zonder iets te hoeven bewaren. Dat gaat zelfs een stap verder dan de Inspecteer-weergave in Dreamweaver in CS5.

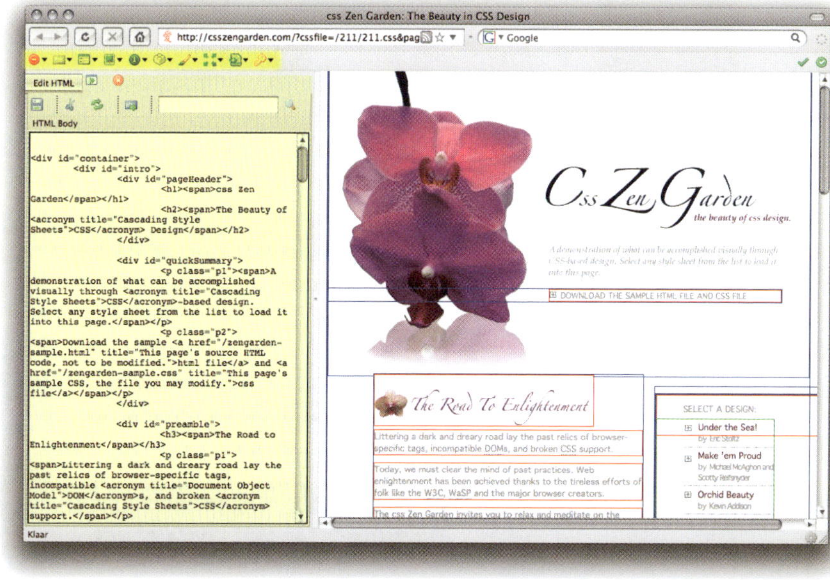

Figuur 5.40: Firefox met Web Developer Extension; handige hulpmiddelen voor webdesigners.

5.5 Afronding

Het werken met CSS-technieken moet langzaam vertrouwd gaan worden. Na het structureren en indelen van de inhoud, gebruik je die structuur (en de samenhang) om er vorm aan te geven. Eigenlijk bepaalt de inventaris van je pagina dus de vorm. Een logische gedachte voor een informatief medium.

Dat het allemaal met mysterieuze codes in elkaar gezet wordt, heeft te maken met de recente opkomst van deze technieken. Maar gelukkig heb je geleerd hoe je daar in Dreamweaver zo min mogelijk mee in aanraking komt.

5.5.1 Tropic Tracks

In het Tropic Tracks-gedeelte gaat veel gebeuren, want er zijn ook veel onderwerpen behandeld in dit hoofdstuk, zoals typografie instellen en DIV's naar hun plaats dirigeren. Binnen een voornamelijk tekstuele pagina (met DIV-indeling) ga je met CSS een groot deel van de typografie en lay-out instellen. En als extra oefening maak je in enkele minuten een totale make-over voor de hele website, zonder de html-pagina's te wijzigen. Want dat is de kracht van CSS.

6 Oud en fout

Websites werden niet altijd met HTML en CSS ontworpen en uitgevoerd; in het verleden zijn ook enkele andere opmaaktechnieken gebruikt. Omdat deze oude websites nog steeds bestaan, werken en zelfs nog worden onderhouden, volgt in dit hoofdstuk een korte rondgang langs de drie meest gebruikte en inmiddels achterhaalde technieken.

6.1 In dit hoofdstuk

- Tabelopmaak
- Frameopmaak
- Tekst als beeld

Ten tijde van de allereerste HTML-versies probeerde iedereen het beste ervan te maken. Maar er was weinig mogelijk; de technieken waren immers niet ingesteld op vergaande vormgeving. Toch zocht men naar technische trucs om bepaalde visuele effecten of indelingen mogelijk te maken. Vooral het verlangen om websites op papieren media te laten lijken, speelde daarbij een grote rol.

In de begintijd werden allerlei HTML-tags en -technieken misbruikt om een bepaald ontwerp of effect voor elkaar te krijgen. Zo werden de vertrouwde titelbalk en statusbalk (bovenaan en onderaan in het browservenster) voor de vreemdste animatie-effecten ingezet. Door bijvoorbeeld in de HTML een ellenlange serie <title>-tags te plaatsen, leek de titel in het venster even te bewegen.

Afgezien van het feit dat dit soort onzin niet eens meer werkt in een moderne browser, was de title-tag niet bedoeld voor zoiets. Maar het trucje werkte, het effect was bereikt – er **bewoog** iets.

In de vroege jaren van het web werden pagina's rijkelijk versierd met in 3D draaiende logo's, dansende envelopjes en pulserende knoppen. Van dat soort verfraaiingen kreeg een aandachtig lezende bezoeker al snel genoeg, dus ging

men die bewegende objecten juist negeren. Met de komst van steeds meer advertenties in Flash, is die tendens alleen maar sterker geworden. Slechts heel vernuftige animaties trekken nog onze aandacht, zonder irritant te worden. Iets zomaar laten bewegen 'omdat het leuk oogt' is dus taboe voor web-inhoud.

Zo'n animatie was nog vrij onschuldig, maar drie andere technieken werden breed ingezet en zelfs als formele werkwijzen geïmplementeerd in oudere versies van software als GoLive, Dreamweaver, ImageReady en FireWorks:

- Tabelopmaak (voor het indelen van een pagina).
- Frameopmaak (in combinatie met achtergronden).
- Tekst als beeld (voor tekst die men vormvast wilde houden).

Technisch werkten deze technieken eigenlijk vrij makkelijk en ook redelijk betrouwbaar. Maar tegenwoordig moet je ze niet meer gebruiken. Het hoeft ook niet meer, omdat we over betere en correcte technieken beschikken.

6.2 Tabelopmaak

Tegenwoordig plaatsen we kaders in een pagina (om een indeling te bewerkstelligen) door DIV's te positioneren met CSS. Lange tijd gebruikte men echter tabellen. Door tabelcellen afmetingen te geven of te forceren (met op maat gemaakte afbeeldingen), verkreeg men een vergelijkbare, bloksgewijze indeling. Wat we nu met een gepositioneerde DIV zouden doen, werd toen bewerkstelligd met een tabelcel tussen andere exact gemeten tabelcellen.

6.2.1 Voorbeeld

Stel, je wilt onderstaande indeling doorvoeren:

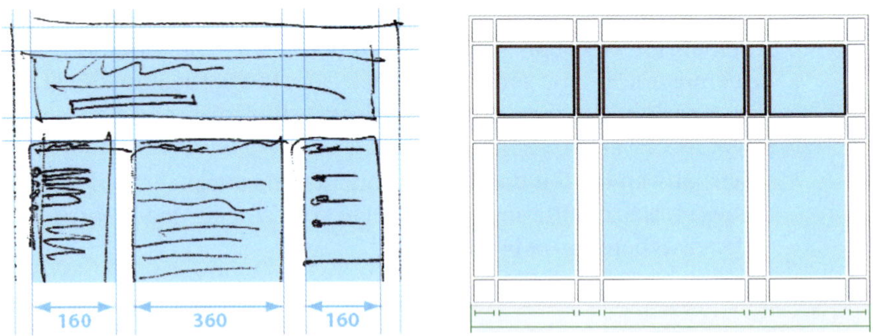

Figuur 6.1: Schematische 'blokkendoos' voor een pagina.

Door in een tabel de rijen en kolommen allerlei maten te geven en tralies te verschuiven en weg te halen, zou je een dergelijke constructie kunnen maken.

De cellen fungeren dan als vlakken met inhoud (tekst en/of afbeeldingen) en tussengelegen lege cellen dienen als witruimte.

Men verzon de meest ingenieuze trucs om cellen wel maatvast te houden, want veel browsers gingen nogal eigenwijs om met deze maten (vooral hoogten van rijen). Om nog maar te zwijgen over wat er gebeurde als de gebruiker de tekst even wat groter wilde instellen.

Het programma GoLive Cyberstudio (later overgenomen door Adobe) had haar bestaan en furore aan deze opmaaktechniek te danken. Het 'Table grid' was een zegen voor webmakers die niks van HTML wilden weten maar snel even een indeling wilden maken. Dreamweaver volgde GoLive's voorbeeld, en tot en met versie CS3 zat er zelfs een speciale Lay-out-weergave bij Invoegen. Daarmee kon je 'boxen' in een 'grid' (eigenlijk cellen in een tabel) plaatsen, zonder je zorgen te hoeven maken over de HTML-codes.

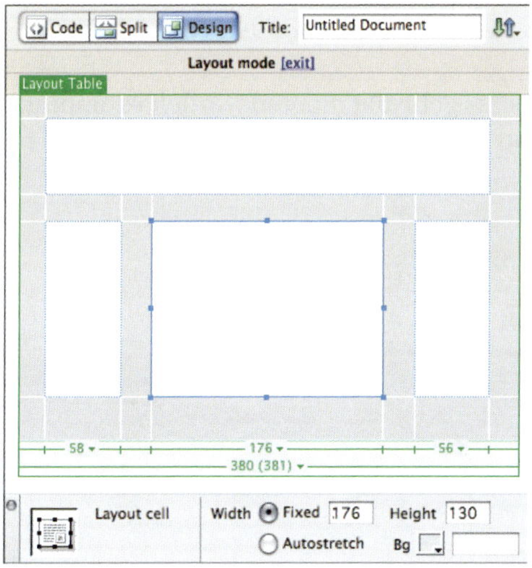

Figuur 6.2: Opmaak-grid in Dreamweaver. Dit is verdwenen in CS4.

Vanaf Dreamweaver versie CS4 zie je nog steeds een restant van deze aanpak bij Bewerk, Converteer. Op deze manier kan een tabel worden omgezet naar gepositioneerde DIV's (en stijlregels) en omgekeerd.

6.2.2 Overweging

De voor- en nadelen van tabelopmaak op een rijtje:

Voordeel
Snel en makkelijk, heel visueel een simpele indeling doorvoeren. Als ontwerper heb je het gevoel dat je de opmaak onder controle hebt, zonder je te hoeven verdiepen in ingewikkelde HTML-taal of CSS.

Nadelen

Er kleven ook nadelen aan deze aanpak:

- Het is lastig om naderhand inhoud en vorm te wijzigen.
- Het vergt bij fijnmazige indelingen zoveel extra HTML, dat het overzien van de code en het werken erin een ramp wordt.
- Er is weinig zekerheid over de exacte hoogte van elementen.
- Het 'grid' zal altijd bestaan uit naast elkaar staande 'boxen', dus er is geen mogelijkheid tot overlappen of stapelen daarvan.
- Er is weinig controle over de positie van het grid binnen een pagina.
- De semantische betekenis van werkelijke tabellen gaat verloren.

6.2.3 Conclusie

Tabelopmaak was best een snelle en handige manier om een pagina vorm te geven. Maar het ging ook om onjuist gebruik van een HTML-techniek en daarbij was tabelopmaak een ramp om te onderhouden en te wijzigen.

Tabellen zouden in feite slechts gebruikt moeten worden voor informatie die in rijen en kolommen getoond moet worden, dus niet voor de totale lay-out van een webpagina.

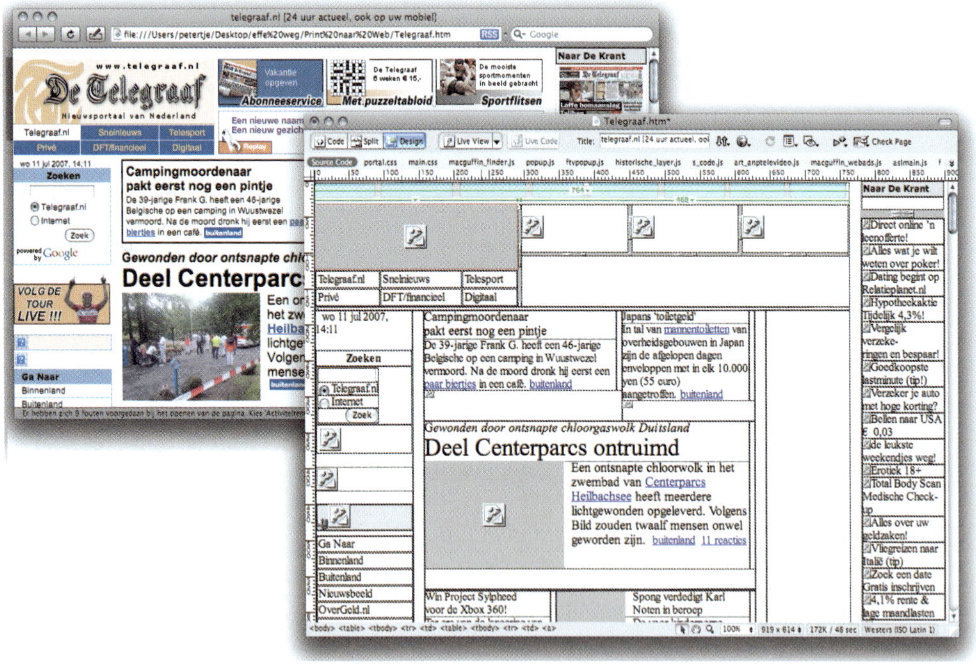

Figuur 6.3: De niet zo heel ouderwetse indeling van de Telegraaf*-website: een 'geraamte' van geneste tabellen was ooit troef!*

6.3 Frameopmaak

De frames- en framesets-tags dateren uit HTML versie 3. De gedachte was dat men met een frameset een pagina in grote panelen kon verdelen en zo navigatie en informatie gescheiden (naast elkaar) kon tonen. Terwijl de navigatie bijvoorbeeld links bleef staan, kon men rechts door langere pagina's schuiven.

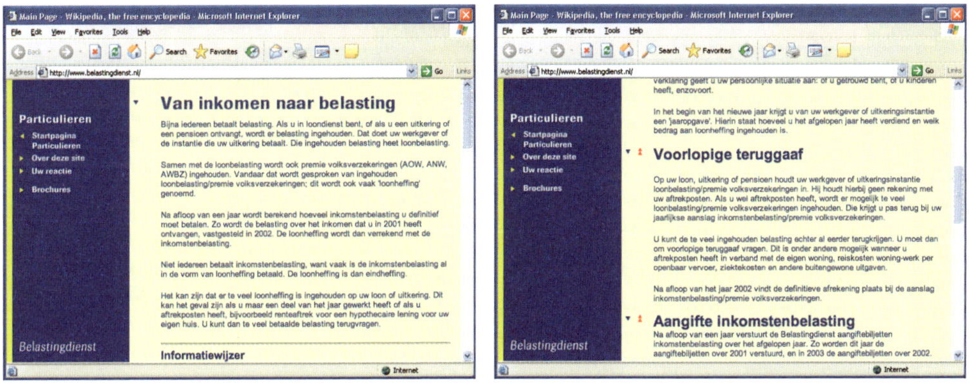

Figuur 6.4: Klassiek voorbeeld van een frameset. Navigatie blijft staan (links) terwijl de inhoud wordt verschoven (rechts).

6.3.1 Voorbeeld

Hieronder een klassieke opzet van framesetopmaak:

- frame bovenaan voor de naam en het onderschrift van website;
- frame links voor de belangrijkste navigatie;
- resterend deel van venster voor het grootste frame, de inhoud.

Oefening 6.1

1 Dit soort framesets rollen nog steeds moeiteloos en bruikbaar uit de oude doos sjablonen van Dreamweaver. Maak maar eens een nieuwe pagina aan en kies uit de categorie **Pagina uit voorbeeld**, **Voorbeeldmap: Framesets**, **Voorbeeldpagina: Boven vast, links genest**. Klik op **Maken,** en dan op **OK** en de frameset is klaar.

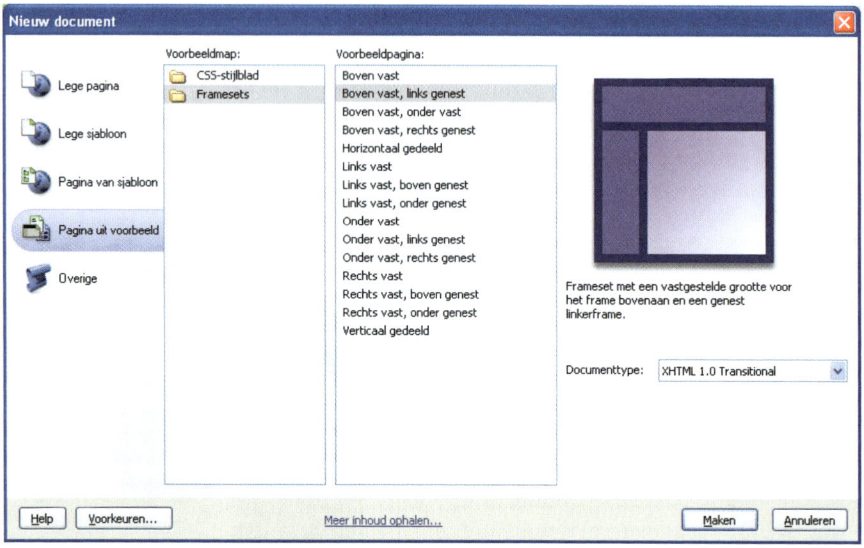

Figuur 6.5: Ze zijn er nog steeds, de frameset-sjablonen.

2 Elk frame dat je ziet is een aparte pagina, bijeengehouden door een vierde pagina, de frameset. En als je in leftFrame een koppeling maakt, moet je het mainFrame als **Doel** aangeven.

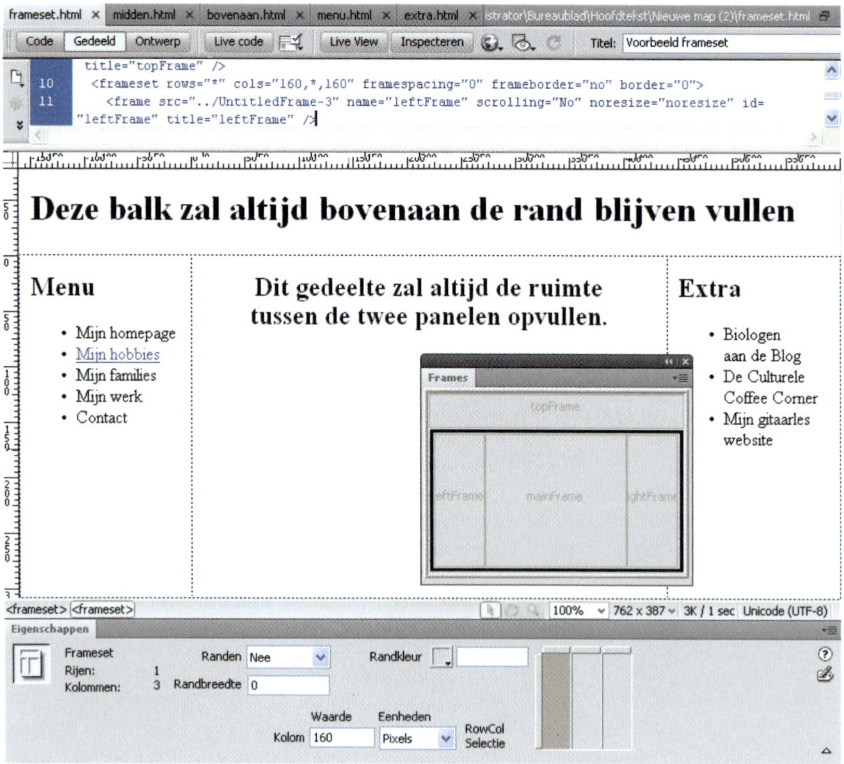

Figuur 6.6: Een typische werkomgeving voor frames in Dreamweaver.

6.3.2 Overweging

Maar wat is er dan fout aan deze methode? De voor- en nadelen op een rij:

Voordelen

Er zitten veel grote voordelen aan het maken en gebruiken van webpagina's met behulp van frames en framesets:

- Efficiënt in aanmaak en beheer doordat men slechts één pagina (frame) voor de belangrijkste navigatieonderdelen of kop- of voetregel hoefde te maken. Andere pagina's voor verdere inhoud werden afzonderlijk gemaakt en in een of meer framesets gecombineerd.
- Makkelijk 'vloeibaar' in te stellen (rekbaar formaat van pagina), doordat een frame de vaste breedte en/of hoogte van andere frames kan aanvullen.
- Handig om snel te navigeren, in combinatie met lange pagina's.

Nadelen

Naast de voordelen waren er helaas ook grote nadelen, die voortvloeiden uit één technisch detail: de browser toont de URL (webadres) van de totale frameset-HTML. Van de aparte frames (pagina's) die daarbinnen zichtbaar zijn wist of zag men de URL niet. Men had dus geen duidelijkheid over de herkomst van de getoonde pagina, waardoor het lastig was om daar naar te verwijzen of dit als koppeling in te stellen of door te geven.

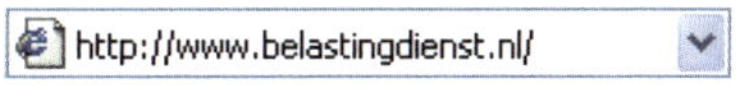

Figuur 6.7: De URL geeft altijd het adres van de frameset aan, niet de dieper gelegen pagina die men op in een frame ziet.

Websites met veel 'diepe' pagina's waar specifiek naar verwezen moet kunnen worden (nieuwswebsites, online winkels, grotere bedrijven en instellingen, et cetera) hebben frames dus al snel taboe verklaard. Het nadeel was groter dan de vele voordelen samen.

Een ander probleem vormde het afdrukken van een website met framesets/ frames. Veel browsers boden niet de optie om aan te geven welk frame men wilde afdrukken, waardoor de gebruiker meestal werd opgezadeld met een keurige afdruk van het frame waarin men het laatst klikte: de navigatiebalk.

Daarnaast heerste er veel verwarring over het verschil in codes tussen bepaalde browserafhankelijke opties voor framesets, die geen officiële HTML waren.

6.3.3 Conclusie

Het idee achter de frames-opzet was goed, maar bevatte een technische onvolkomenheid: de onzichtbare en voor gewone gebruikers ongrijpbare URL's van aparte frames. Dit maakt frames voor de meeste websites onbruikbaar.

Voor een eenvoudige website van enkele pagina's zou een opzet met frames niet eens zo bezwaarlijk zijn. Maar bijna elke website wordt tegenwoordig al snel groter, dus er komt een moment waarop je frames aan de kant moet zetten.

CSS en 'iFrames' zijn in principe in staat om het visuele concept van frames geheel na te bootsen (navigatie vast en een schuifbaar deel voor de langere inhoud), en dat zelfs op meerdere manieren. Maar de vereiste instellingen (en ondersteuning daarvoor) laten het nog vaak afweten in versies van Explorer die zich niet aan de webstandaarden houden, zoals versies 6 en eerder.

6.4 Tekst als beeld

Er is niks mis met afbeeldingen, ze dienen als inhoud en versiering en geven een website zo ook een eigen stijl en karakter. Maar soms misbruikt men afbeeldingen om zich te onttrekken aan de principes en wetmatigheden van het web. En dat is niet goed.

6.4.1 Voorbeelden

Afbeeldingen worden vaak gebruikt om een typografisch uiterlijk te forceren. Dus in plaats van te kiezen uit de set lettertypen die een goede kans maken om beschikbaar te zijn op computers, maakt men afbeeldingen van de tekst in het gewenste lettertype.

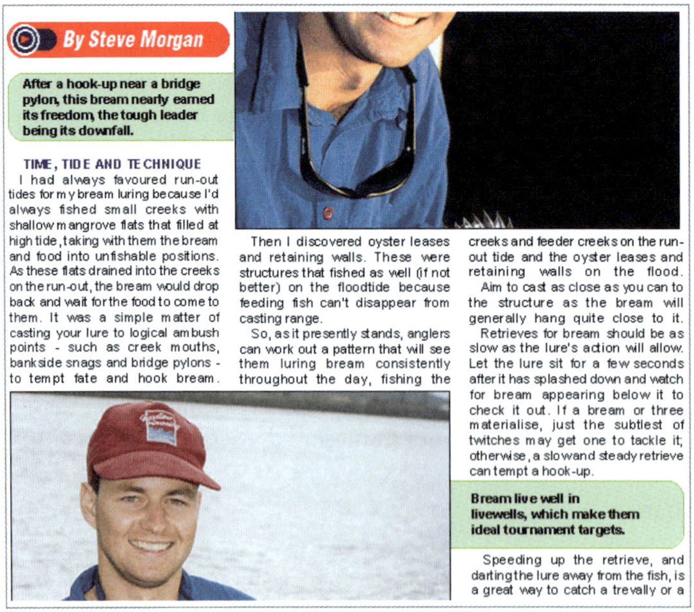

By Steve Morgan

After a hook-up near a bridge pylon, this bream nearly earned its freedom, the tough leader being its downfall.

TIME, TIDE AND TECHNIQUE

I had always favoured run-out tides for my bream luring because I'd always fished small creeks with shallow mangrove flats that filled at high tide, taking with them the bream and food into unfishable positions. As these flats drained into the creeks on the run-out, the bream would drop back and wait for the food to come to them. It was a simple matter of casting your lure to logical ambush points - such as creek mouths, bankside snags and bridge pylons - to tempt fate and hook bream.

Then I discovered oyster leases and retaining walls. These were structures that fished as well (if not better) on the floodtide because feeding fish can't disappear from casting range.

So, as it presently stands, anglers can work out a pattern that will see them luring bream consistently throughout the day, fishing the creeks and feeder creeks on the run-out tide and the oyster leases and retaining walls on the flood.

Aim to cast as close as you can to the structure as the bream will generally hang quite close to it.

Retrieves for bream should be as slow as the lure's action will allow. Let the lure sit for a few seconds after it has splashed down and watch for bream appearing below it to check it out. If a bream or three materialise, just the subtlest of twitches may get one to tackle it; otherwise, a slow and steady retrieve can tempt a hook-up.

Bream live well in livewells, which make them ideal tournament targets.

Speeding up the retrieve, and darting the lure away from the fish, is a great way to catch a trevally or a

Figuur 6.8: Afbeeldingen om tekst in een bepaalde lay-out of lettertype typografie te zetten. De kolommen bestaan uit drie 'lappen' beeld, inclusief die groene kadertjes.

Waarom maken we het ons niet helemaal makkelijk en zetten we de hele lay-out neer als één grote afbeelding! Dan weten we zeker dat iedereen de website exact ziet zoals de ontwerper wil...

Bij gebrek aan de mogelijkheid om pagina-elementen te stapelen (zoals met gepositioneerde DIV's kan), gebruikte men ook een achtergrondafbeelding in een pagina (of frame) om bijvoorbeeld tekst over een beeld te plaatsen.

6.4.2 Overweging

Eigenlijk kleven er alleen maar nadelen aan dit oneigenlijke gebruik van afbeeldingen. Het enige voordeel (exacte controle over wat de webbezoeker ziet) wordt overschaduwd door de vele nadelen:

- Afbeeldingen zijn zwaarder dan de informatie in normale tekst.
- Afbeeldingen zijn niet door Google te doorzoeken (alleen alt-text).
- Afbeeldingen zijn niet 'vloeibaar', dus statisch in maat en lay-out.

6.4.3 Conclusie

Afhankelijk van het type website moet je het gebruik van afbeeldingen doseren. Gebruik afbeeldingen in elk geval nooit ter vervanging van iets wat HTML ook en zelfs beter kan, zoals tekstuele informatie aan de webbezoeker presenteren of een rollover-effect tonen.

Een afbeelding is gepast als het inhoudelijk iets belangrijks weergeeft of illustreert, óf als het net zo goed weg kan blijven (dan dient de afbeelding waarschijnlijk als versiering). Het gaat dus fout als je afbeeldingen gaat misbruiken voor een volledig navigatiemenu of omdat je tussenkoppen per se in een bepaald lettertype wilt hebben.

6.5 Afronding

Ofschoon we ons er pakweg tien jaar lang van hebben bediend, heeft het geen pas meer om een van de genoemde technieken nog te gebruiken of misbruiken. Het komt het medium niet ten goede en de aanpassing of uitbreiding van een website wordt erdoor gestremd.

Inmiddels zijn er meer en betere technieken, dus moeten we die omarmen en toepassen. Ook al is de overgang soms lastig doordat (oudere) browsers er nog wat moeite mee hebben.

De meeste browsers (en hun engines) houden zich vrij strikt aan de 'Web Standards' die in 1998 zijn opgesteld en een eind hebben gemaakt aan de grootste functionele verschillen tussen veel oudere browsers. Explorer 6 is eigenlijk de enige nog in gebruik zijnde browser (ca. 15 procent van de websurfers in begin 2010) die niet volgens de webstandaarden werkt.

7 Meer mooie CSS

We gaan in dit hoofdstuk wat verder kijken naar bijzondere toepassingen van CSS-technieken. In hoofdstuk 5 hebben we de basis van CSS geleerd aan de hand van de belangrijkste werkwijzen. Maar er kan nog zoveel meer goeds en moois met CSS worden gemaakt, waar iedere website van kan profiteren. Het grappige is weer dat we daarvoor vrijwel niets hoeven doen aan de inhoud van de pagina zelf, maar alles regelen via de al aanwezige structuur en semantiek en enkele CSS-stijlregels.

7.1 In dit hoofdstuk

- Lijsten
- Navigatie
- Meer opmaak

We bekijken het maken van navigatiepanelen (compleet met wat aankleding voor de knoppen en de zogenaamde rollovers) en zien ook hoe een hele webpagina wordt opgezet aan de hand van de lay-outsjablonen die Dreamweaver biedt.

We oefenen de technieken apart van elkaar, maar natuurlijk kun je ze in iedere webpagina met inhoud en stijlregels combineren. In de Tropic Tracks-oefeningen zul je dat ook doen.

7.2 Lijsten

De navigatie van een website bestaat bijna altijd uit een aantal stijlvolle knoppen, achter of onder elkaar geplaatst, met al dan niet een rollover-effect. Maar hoe je het ook als vorm wilt laten weergeven, het komt inhoudelijk in bijna alle gevallen neer op een lijst van koppelingen naar andere webpagina's (of een e-mailadres). Je begint dus met een lijst als semantische formattering.

Oefening 7.1

1 Maak een nieuwe pagina aan, bij voorkeur binnen een oefenwebsite.
2 Tik een aantal trefwoorden die kunnen dienen als gebruikelijke verwijzing binnen een website en maak er een lijst van:
   - Homepage
   - Aanbiedingen
   - Assortiment
   - Over ons
   - Contact

   Kijk nog eens goed naar de exacte HTML-tags van deze lijst:

```
<ul>
 <li>Homepage</li>
 <li>Aanbiedingen</li>
 <li>Assortiment</li>
 <li>Over ons</li>
 <li>Contact</li>
</ul>
```

De HTML bestaat uit twee tags: <ul> en <li> (en de afsluitende tags, uiteraard). Omdat je uitsluitend de vijf trefwoorden ziet en geen indicatie van bolletjes of extra spaties voor de witruimte, moet alle vormgeving dus door de browser zijn gedaan. En daar weten we nu wel raad mee! Met CSS-stijlregels kunnen we dit uiterlijk helemaal naar onze hand zetten.

7.2.1 Lijst-tag

We hebben nu de 'kale' lijst. Deze ga je eerst ontdoen van zijn bolletjes.

Oefening 7.2

1 Maak een nieuwe stijlregel aan voor de ul-tag. Dat kan **Alleen in dit document** of in een nieuw stijlpaginabestand, dat maakt voor deze losse oefening even niet uit.
2 Om goed te kunnen zien wat er gebeurt,kun je het best beginnen met het geven van een achtergrondkleur (bijvoorbeeld lichtgrijs).

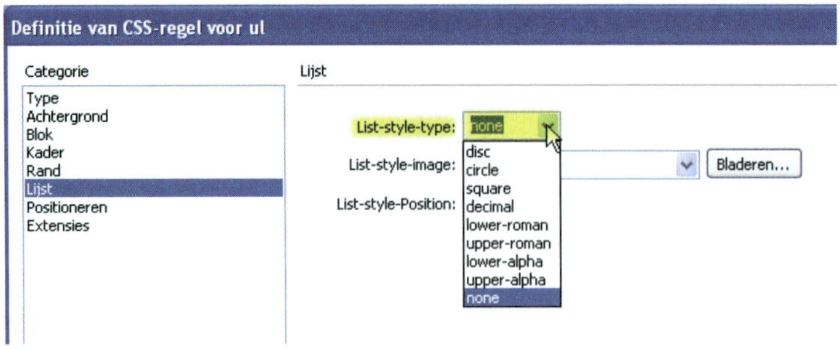

Figuur 7.1: Lijsten zijn in typen beschikbaar.

3 Stel bij de categorie **Lijst** in dat je geen List-style-type wilt (**none**) en in de categorie **Kader** dat je aan alle zijden een **Padding** (ruimte binnen het grijze gebied) van **10** pixels wilt.
4 Klik op **OK** en zie hoe de bolletjes verdwijnen en de woorden de 10 pixels aanhouden als kantlijn, binnen een heel grijs gebied.

Figuur 7.2: De lijst zonder bolletjes en inspringing.

Typografie

Natuurlijk kunnen we ook allerlei andere kenmerken geven, zoals lettertype, kleur, al dan niet vet.

Oefening 7.3

1 Klik de ul-stijlregel open.
2 Kies in de categorie **Type** als font-family Verdana, Geneva, sans-serif; font-size 14 pixels; font-weight bold.
3 Klik op **OK**.

Figuur 7.3: Lijst met aangepaste typografie.

Vaste breedte instellen

Om de breedte van deze lijst te beperken, zouden we een DIV erom heen kunnen zetten (met een breedte) of de lijst zelf een breedte kunnen geven. Voor deze oefening is die laatste methode het makkelijkst. (Voor een totale pagina zou een DIV natuurlijk beter zijn.)

Oefening 7.4

1 Klik de ul-stijlregel weer open en stel bij **Kader** de **Width** in op **160** pixels.
2 Klik op **OK** en zie hoe de breedte naar die maat springt.

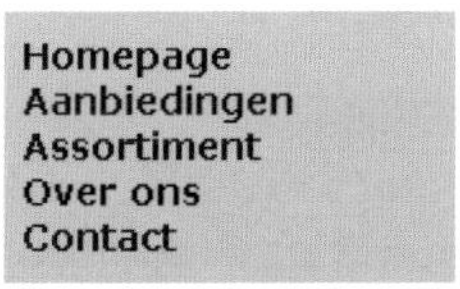

Figuur 7.4: De lijst met een afgemeten breedte.

7.2.2 Item-tag

Alle list-items in de opsomming hebben hun eigen tag: de <li>. Om goed het verschil te zien tussen het gebied van de hele lijst (nu grijs) en deze list-items, geef je de list-items een (andere) achtergrondkleur.

Oefening 7.5

1 Maak weer een nieuwe stijlregel aan, nu voor de li-tag.
2 Geef een achtergrondkleur aan, bijvoorbeeld lichtgroen.
3 Geef **4** pixels op voor de **Padding**, zodat de tekst uit de rand komt.
4 Geef **6** pixels op voor de **Margin**, zodat de items uiteen gaan staan.
5 Klik op **OK**.

Als het goed is, zie je nu dunne grijze ruimten tussen de groene list-items (margin van de li) en een bredere grijze rand rondom de lijst als geheel (de padding van ul plus de margin van de li).

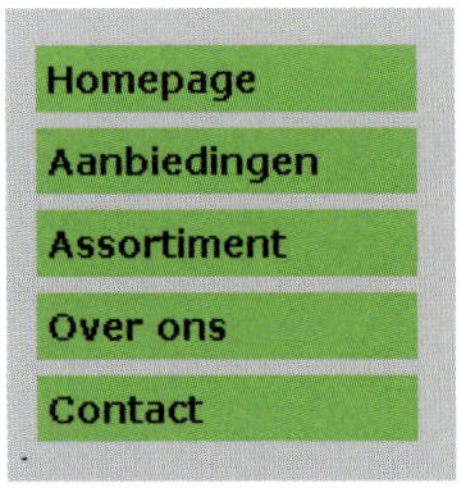

Figuur 7.5: De lijst in plakjes.

> **Met instellingen voor de Rand zou je nog sierlijke lijnsoorten en -dikten aan enkele of alle zijden van de list-items kunnen geven.**

7.2.3 Achtergrondafbeelding

In plaats van een achtergrondkleur als visuele aankleding kun je ook een afbeelding als achtergrond plaatsen.

Oefening 7.6

1 Maak een eigen afbeelding, vergelijkbaar met het voorbeeld, of gebruik de op de website te downloaden afbeelding **knop.png**. Let op: de afbeelding is 160 x 40 pixels.
2 Zet deze alvast klaar in de hoofdmap van de website.
3 Open de stijlregel voor li en geef bij **Achtergrond** aan dat je geen kleur maar een Background-image wilt gebruiken (kies met knop **Bladeren**).
4 Zet **Background-repeat** op no-repeat (anders herhaalt de afbeelding zich eindeloos).
5 Klik op **OK**.

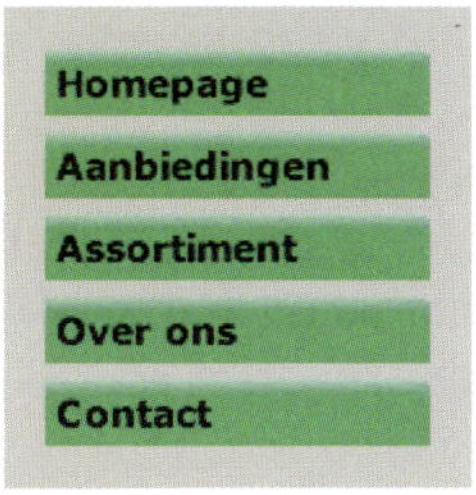

Figuur 7.6: De achtergrondafbeelding, doch in de knel, want de afbeelding is groter dan dit reepje.

Je zult zien dat er iets anders in plaats van de eerder ingestelde achtergrondkleur verschijnt, maar het klopt nog niet helemaal. De breedte voor de lijst was gesteld op 160 pixels, maar door alle waarden van margins en paddings (van zowel de ul als li samen) valt de afmeting van de knopachtergrond flink buiten de maat van de list-items.

6 Open de stijlregel voor ul.
7 Stel alle **Paddings** van de ul weer op nul.
8 Stel de **Achtergrondkleur** in op 'geen' (schuine streep).
9 Open de stijlregel voor li.
10 Stel de **Padding** in op **10**, vink dan **Allemaal hetzelfde** uit en stel **Bottom** in op **14**.
11 Stel de **Margin** in op **0**, vink dan de optie **Allemaal hetzelfde** uit en stel alleen de **Bottom** in op **6** pixels.
12 Klik op **OK**.

Als het goed is staan de afbeeldingen redelijk netjes onder de teksten en zit er wat ruimte tussen de onderlinge list-items.

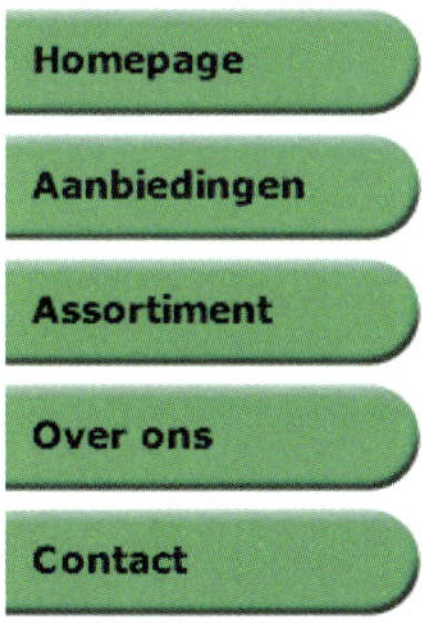

Figuur 7.7: De lijst in geschenkverpakking.

Omdat de stijlregel van ieder list-item nu automatisch voor een fraai ogende knop zorgt, is het heel makkelijk om de lijst snel te wijzigen en aan te vullen met meer knoppen. Als je vanuit een list-item een return en een nieuw woord erbij tikt, verschijnt er vanzelf een nieuwe knop met dit woord.

7.3 Navigatie

Je hebt in het vorige onderdeel gezien dat de semantiek van een lijst de 'kapstok' kan zijn voor een uitgekiende aankleding. Maar eigenlijk moeten we nog een stap verdergaan. Of beter: eerst een stapje terug en dan twee belangrijke stappen verder.

Vergeten we namelijk niet de essentie, het doel van deze lijst? Het gaat immers niet om het fraai neerzetten van die paar woorden. Het gaat er eigenlijk meer om dat die woorden een koppeling zullen moeten worden, sterker nog: de gebruiker uitnodigen om de koppeling aan te klikken, door duidelijk te laten zien dat het een koppeling is. Zo kun je de knop bijvoorbeeld van kleur laten veranderen als je er met de aanwijzer over beweegt. Dit noemen we in webdesign een rollover, of in CSS-jargon een hover.

7.3.1 De A in vorm

Uiteindelijk is het de koppeling die de gevoelige plek moet vormen. Daarom moeten we eerst een stapje terug doen, en is het niet zozeer de instelling van de li-tag die de knop zijn vorm gaat geven (en het rollover-effect laat zien), als wel de koppeling, de a-tag.

Allereerst moeten we van de list-items koppelingen maken.

Oefening 7.7

1 Selecteer de tekst van ieder list-item (zoals 'Homepage') en maak er een koppeling van. Deze hoeft voor deze oefening niet serieus te werken, als de tekst er maar uit gaat zien als een heuse koppeling.
2 Doe datzelfde voor alle andere list-items in je lijst.

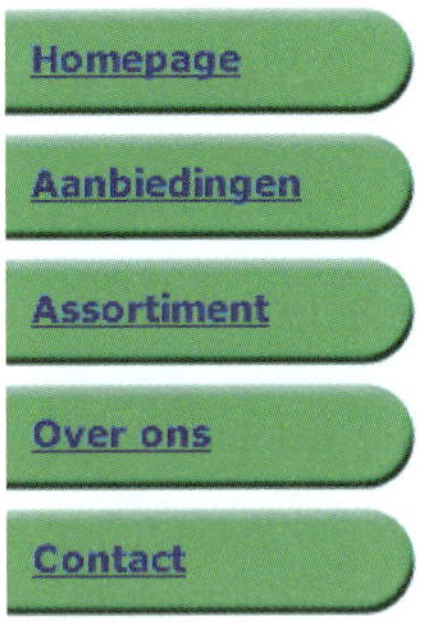

Figuur 7.8: De vertrouwde aanblik van koppelingen.

We gaan nu de instellingen van de stijlregel voor de li-tag veranderen in een a-tag (voor de koppelingen). Dat kun je doen door simpelweg de vermelding van de li-tag in het paneel **CSS-stijlen** te wijzigen in de **a**.

3 Klik eenmaal en dan rustig nog eenmaal op de li-stijlregel in het paneel **CSS-stijlen**. (Klik niet te snel, dan open je de stijlregel.) Nu kun je de naam van de kiezer wijzigen van **li** naar **a**. Lukt het niet goed, gebruik dan de rechtermuisknop of het **paneel-menu** en kies voor **Kiezer bewerken**.

Een routinier zou zich misschien wagen aan het knippen en plakken van de CSS-codes, maar dat gaat voor jou misschien nog wat te ver. Echter, in oudere versies van Dreamweaver zou dit de enige snelle methode zijn.

Figuur 7.9: De lijst, maar nu weer zonder aankleding.

Als het goed is, verdwijnen de knoppen direct en blijft een vrijwel kale tekst over (in Verdana, vanwege de ul-stijlregel; blauw met een streepje, vanwege de koppelingen).

4 Open de stijlregel voor de a voor een cruciale instelling.
5 Kies in de categorie **Blok** voor de onderste optie **Display**: **block**.

De knoppen verschijnen weer.

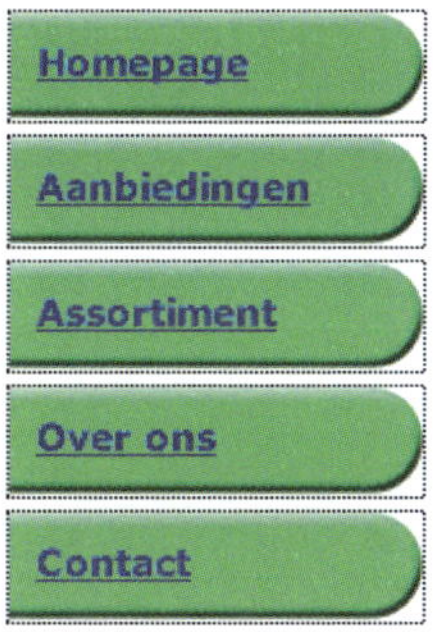

Figuur 7.10: Klein verschil: de koppeling is nu degene die zich als blok is gaan gedragen en de achtergrondafbeelding krijgt.

Display block

Wat was dat voor een magische en mysterieuze instelling, en waarom was deze noodzakelijk? Het heeft te maken met de wijze waarop CSS werkt.

Er zijn grofweg twee manieren waarop html-elementen zich visueel gedragen: als elementen die gewoon als tekst achter elkaar geplaatst worden (inline) of als elementen die een hele breedte van de pagina of DIV opeisen (block). Je zag dat al bij de koppen: zowel inhoudelijk als qua vorm worden dat hele blokken.

De koppeling is daarentegen een element dat vanuit de browser geen 'block'-weergave meekrijgt. Dat wil zeggen dat het zich (inline) tussen alle andere elementen schikt. Wat ook logisch is, want soms is een koppeling een enkel woord midden in een regel.

List-items zijn per definitie block-elementen, en strekken zich dus uit over de hele breedte. Achtergrondafbeeldingen zijn uitsluitend te gebruiken bij block-elementen; vandaar dat de knoppen plots verdwenen toen de stijlregel van li in a veranderde. Maar de knoppen verschenen weer toen de a via de stijlregel werd ingesteld als een volwaardig block-element.

Bijkomend (belangrijk) voordeel is dat de gevoeligheid van de koppeling zich niet alleen maar exact op de plaats van de tekst bevindt, maar zich nu uitstrekt over het hele block-element. Dit maakt het veel makkelijker erover te bewegen en erop te klikken.

Mooiere instellingen

Er zijn nog een paar details die de moeite waard zijn om in te stellen.

Oefening 7.8

1 Klik de stijlregel voor de a nogmaals open.
2 Stel in de categorie **Type** de kleur zwart in en kies bij de optie **Text-decoration** voor none. Dit maakt de tekst zwart en laat de streep onder de tekst verdwijnen.

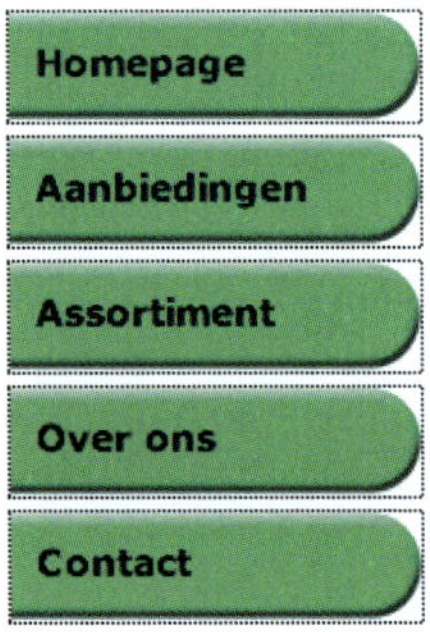

Figuur 7.11: Weg met die onderstreping (mits tekst duidelijk als navigatie herkenbaar is).

Gebruik deze laatste optie met mate. Alleen wanneer het duidelijk is dat een tekst een koppeling is (bijvoorbeeld in een navigatiemenu met knoppen), kan de onderstreping gerust achterwege blijven. Veel webdesigners vinden het echter niet mooi, en halen de streep overal weg. Jammer, want het is een duidelijke conventie, waar gebruikers ook meteen de bedoeling van begrijpen.

Omgekeerd: onderstreep liever geen tekst als deze geen koppeling is. De kans is groot dat gebruikers erop gaan klikken.

Test de pagina in een browservoorvertoning, en zie hoe de pijl verandert in een vinger zodra je boven de knop beweegt. Zonder de instelling van de a als block-element zou alleen het woord klikbaar zijn, niet de hele knop. En de afbeelding zou dan als achtergrond bij de list-items zijn ingesteld, niet bij de koppeling.

7.3.2 De A met Hover

We gaan nog een stap verder. De finishing touch is natuurlijk de rollover. Die geeft de gebruiker meer inzicht in waar de muis zich bevindt en wat deze doet.

De CSS-technologie is op dit gebied eigenlijk wat terughoudend. Want in tegenstelling tot alle andere instellingen heeft deze vorm niet te maken met de structuur of de inhoud (vanuit de pagina) maar met een handeling (vanuit de gebruiker). Daarom wordt de rollover in CSS-jargon een 'pseudo-class' genoemd; geen echte klasse, maar een 'stiekeme'.

Er zijn in totaal maar liefst vier pseudo-classes (Link, Hover, Active en Visited), waarvan veel webdesigners er slechts één gebruiken: Hover.

Oefening 7.9

We gaan de stijlregel voor de pseudo-class hover instellen.

1 Zet de tweede afbeelding, knop_over.png (of een vergelijkbare afbeelding van dezelfde afmeting), in de hoofdmap van de website.
2 Maak een nieuwe stijlregel aan; kies als type voor een **Samengestelde kiezer** en geef als naam **a:hover**. Klik op **OK**.

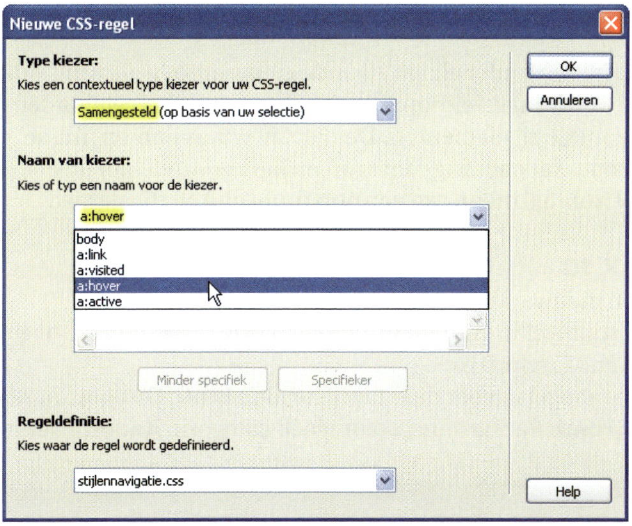

Figuur 7.12: De vier pseudo-classes voor het 'gevoelige' werk.

3 Stel bij de categorie **Type** een witte tekstkleur in en bij **Achtergrond** dat je de afbeelding knop_over.png wil gebruiken.
4 Het heeft geen zin om op **Toepassen** te klikken, want een hover is uitsluitend 'in actie' te zien. Klik dus op **OK**.
5 Bekijk de pagina in de weergave Live View of Voorvertoning en beweeg de muis over de knoppen. Als het goed is, zie je ze veranderen.

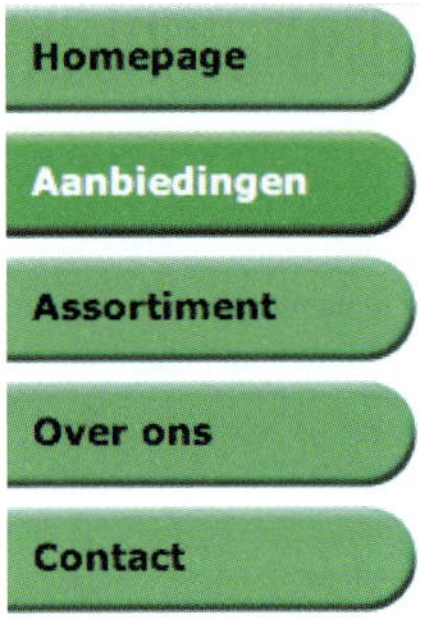

Figuur 7.13: De lijst met gewone koppeling en in hover-stand.

De pseudoklasse voor de a-tag is natuurlijk ook weer te differentiëren voor de DIV waar deze in staat. Dus als je de stijl zou willen beperken tot de koppelingen in een DIV met de naam 'menu', zou de kiezer luiden: #menu a:hover

7.3.3 Display inline

De ronduit verrassende CSS-instelling **Display** in de categorie **Blok** regelt hoe ieder element visueel op de andere volgt. De browser is daarin natuurlijk weer bepalend, maar de CSS kan een andere voorkeur aangeven.

Zo kan een lijst van onder elkaar staande elementen (waarvan de display door de browser wordt ingesteld op 'block') met een stijlregel worden veranderd in een horizontale rij elementen. De display wordt dan op 'inline' gezet en in combinatie met wat padding-, margin- en backgroundcolor-instellingen maak je zo een horizontaal menu van een oorspronkelijk verticale lijst.

Oefening 7.10

1 Maak een nieuwe pagina en tik een korte lijst met bolletjes.
2 Stel een stijlregel in voor de ul-tag: categorie **Lijst**: none; categorie **Kader**: Padding en Margin: 0 px.
3 Stel een stijlregel in voor de li-tag: categorie **Blok**: Display: inline; categorie **Achtergrond**: Background-color: geel; categorie **Kader**: Padding en Margin: 4 px.

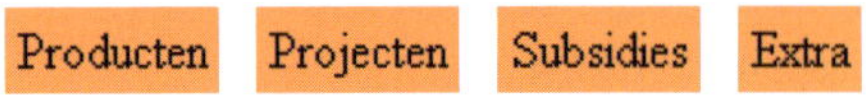

Figuur 7.14: Van verticaal in een paar keer klikken naar horizontaal.

Zo snel maak je even wat blokjes op een rij. Meer voorbeelden van dergelijke stijlregels komen in paragraaf 8.3 aan bod, als je met Spry dit soort navigatiebalken automatisch maakt.

7.4 Meer opmaak

De paragrafen in dit hoofdstuk laten je zien wat je zoal met CSS kunt doen. Natuurlijk moet je de technieken in de context van een complete pagina of zelfs website plaatsen. Je hebt al een paar stijlregels gemaakt en gebruikt en hopelijk heb je de smaak te pakken. Dat is ook hard nodig, want je zult ze volop gaan gebruiken.

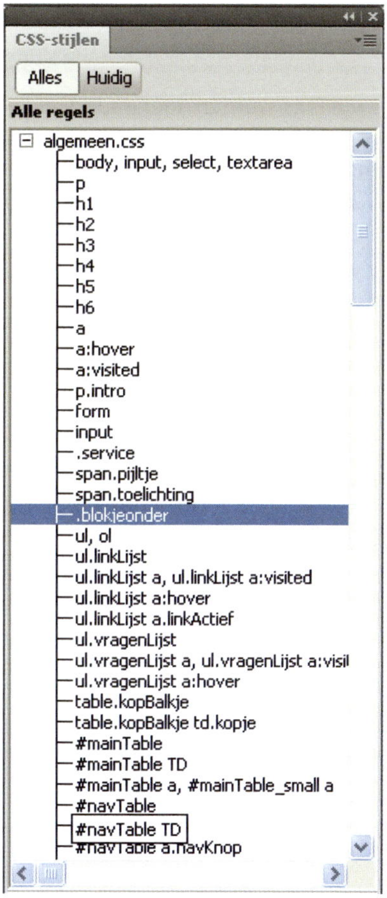

Figuur 7.15: De stijlregels van een middelgrote website. Laat je niet imponeren, het is veel van hetzelfde en fijnmazig opgezet.

Maar hoe talrijk die stijlregels in websites ook kunnen zijn, ze volgen allemaal dezelfde principes: tags, classes, layers, en maken daar weer talloze fijnmazige samenstellingen mee. We lichten nog een paar typische CSS-technieken toe, die vaak gebruikt worden in de dagelijkse praktijk van een webdesigner.

7.4.1 Centreren van pagina

Hoewel een flexibele ('vloeibare') paginalay-out beter is, nemen niet alle webdesigners de moeite en tijd (of missen ze de kennis) om dat goed op te zetten. Dus worden pagina's op een vaste breedte ingesteld. Of beter: het venster blijft flexibel, maar de inhoud krijgt daarin een vaste breedte.

Daarvoor wordt vaak gebruikgemaakt van een gecentreerde extra DIV die als 'container' of 'wrapper' om de belangrijkste inhoud heen wordt gezet. Deze wrapper krijgt dan een vaste breedte en wordt door de stijlregel voor de body-tag in de pagina gecentreerd. Maar omdat stijlregels vaak eigenschappen van elkaar overnemen (vanwege CSS-inheritance), moet de container op zijn beurt aangeven dat de inhoud daarbinnen weer linkslijnend mag zijn.

Niet alle eigenschappen van omhullende tags worden door andere elementen overgenomen. Text-align wel, Padding en Margin niet. Het overerven is dus niet voor alle CSS-eigenschappen rigoureus doorgevoerd.

In de volgende paragraaf zie je constructies met containers, volgens kant-en-klare Dreamweaver-sjablonen.

7.4.2 Dreamweaver-sjablonen

Veel webpagina's hanteren een bepaalde terugkerende indeling. En die indeling blijkt voor veel websites vaak grofweg hetzelfde. Om je alvast op weg te helpen met een goede (technische) opzet voor gebruikelijke indelingen, biedt Dreamweaver vanaf CS3 een nieuwe categorie sjablonen. Deze bevatten alle DIV's en CSS (en wrapper) om de indeling naar behoren te laten werken. Het gaat bij deze sjablonen niet om de esthetiek van de pagina (al zijn ze in CS5 flink verfraaid), maar uitsluitend om een technisch goed werkende opzet voor een grove indeling. Alle concrete maten en vormen zijn dankzij de bijbehorende set stijlregels aan te passen.

De gebruikte CSS-technieken zijn zodanig dat ze ook in minder correcte browsers zoals Explorer versie 6 redelijk goed werken. Dreamweaver geeft daartoe wat CSS-hacks in de pagina mee.

Wil je trouwens exact zien hoe je pagina in diverse browsers oogt? Gebruik dan BrowserLab (onderdeel van Adobe CS Live). Je vindt het in Dreamweaver CS5 bij Venster Extensies en voor CS4 kun je de extensie apart downloaden. Deze functie vereist een Adobe-ID.

Keuze genoeg

Als je een nieuwe pagina maakt, kun je kiezen uit diverse categorieën. We kozen steeds voor een Lege pagina, type HTML (en dan <geen> en met een XHTML 1.0 Transitional-structuur). In de loop der jaren is Dreamweaver veel soorten sjablonen voor het maken van nieuwe pagina's gaan bieden, waardoor de term 'sjablonen' nu op veel plaatsen in het programma en ook in het dialoogscherm voor een nieuwe pagina te zien is. Maar juist daar waar we tegenwoordig het vaakst sjablonen zullen gaan kiezen, staat de term niet vermeld...

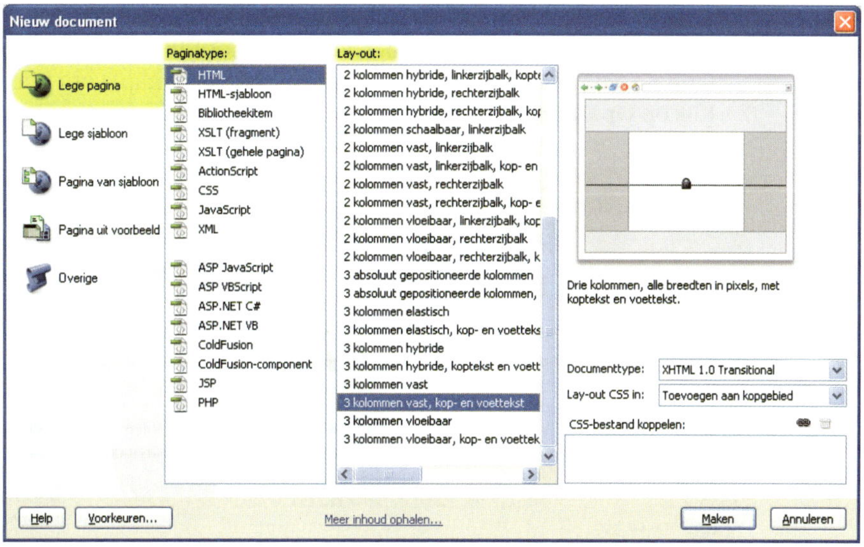

Figuur 7.16: Perfecte CSS-sjablonen voor vrijwel alle indelingen.

Klik waar je steeds <geen> aangeeft eens op een van de andere keuzes, en zie hoeveel verschillende indelingen er zijn. De indelingen zijn gebaseerd op uiterst correcte CSS-technieken. Je kunt niet alleen kiezen uit verschillende vlakverdelingen, maar ook uit combinaties van elastische en vaste maten (waardoor een vloeibare indeling zijn juiste 'rek' krijgt), en de wijze waarop je de maatvoering wilt aangeven (gevorderde webdesigners werken liever met 'em'-eenheden voor zowel typografie als breedten).

Oefening 7.11

1. Kies voor de **Lay-out: 3 kolommen vast, kop- en voettekst**.
2. Kies bij de optie **Lay-out CSS** (rechts) er voor om de set stijlregels in een nieuw bestand (een stijlpaginabestand) te laten maken. Zodoende kun je meerdere pagina's met dezelfde indeling door dit CSS-bestand laten dirigeren.
3. Klik op **Maken**.
4. Dreamweaver wil nu eerst weten hoe je dat stijlbladbestand wilt noemen en waar het komt te staan.

Nu heet het CSS-bestand met de stijlregels weer 'stijlbladbestand', dan weer 'stijlpaginabestand' of kortweg 'stijlpagina'. Ik meldde het al eerder: laat je niet door rommelige vertaling van de wijs brengen.

5 Dreamweaver suggereert een nogal rare naam: thrColFixHdr, maar houd deze voorlopig liever aan; het is de afkorting van Three Columns With Fixed Header. Daardoor weet je later (als je massa's websites achter de rug hebt) wat je ook alweer oorspronkelijk als indeling gekozen hebt.
6 Uiteraard bewaar je het CSS-bestand in de hoofdmap van de website. Later kunnen we daar altijd nog een andere plek (in een map) voor maken.
7 Klik op **Opslaan**.

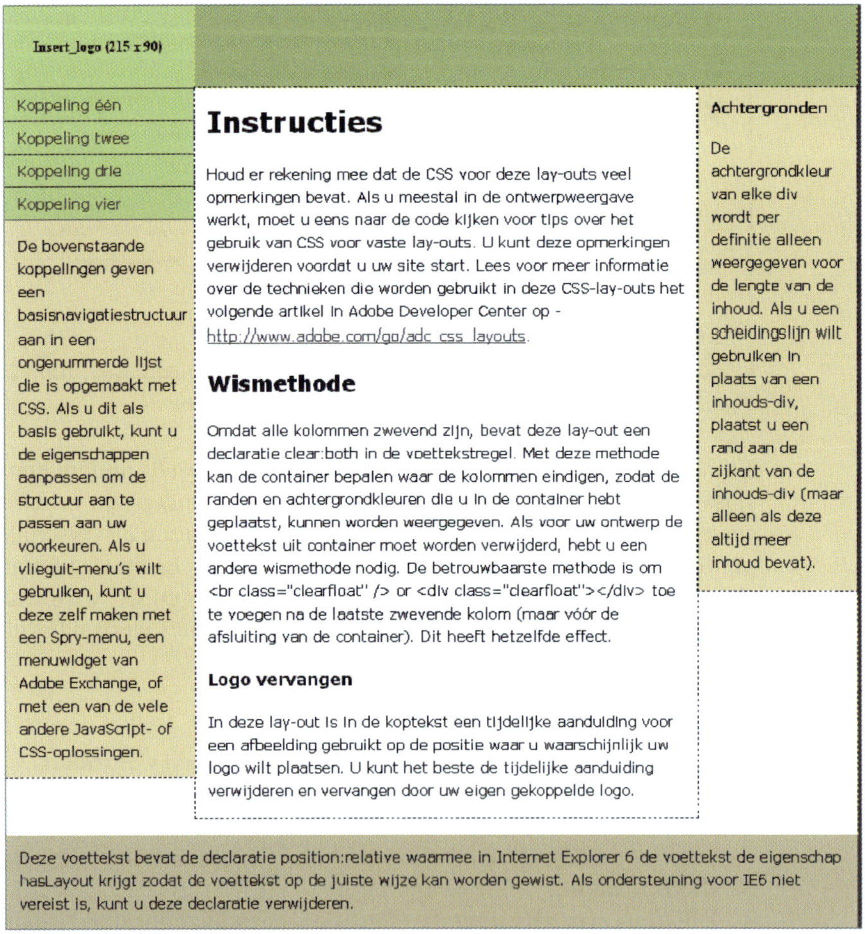

Figuur 7.17: Een voorbeeld van een Dreamweaver-sjabloon.

8 In twee klikken is de hele indeling klaar. Je ziet meteen wat inhoudelijke structuur (h-koppen en teksten), vele vlakken (DIV's), stijlregels in het paneel CSS-stijlen, kortom: je kunt gelijk aan de slag met het aanpassen van de diverse onderdelen.

```
@charset "utf-8";
body  {
    font: 100% Verdana, Arial, Helvetica, sans-serif;
    background: #666666;
    margin: 0; /* het is een goede gewoonte om de instellingen voor margin (marge) en padding (opvulling)
 van het element body op nul in te stellen en daarmee op de standaardinstellingen van de verschillende
browsers */
    padding: 0;
    text-align: center; /* hiermee centreert u de container (het hoofdobject) in IE 5*-browsers
Vervolgens wordt de tekst ingesteld op de standaardinstelling van links uitlijnen in de kiezer #container
 */
    color: #000000;
}
.thrColFixHdr #container {
    width: 780px;  /* door het gebruik van 20 pixels minder dan een volledige breedte van 800 pixels
ontstaat ruimte voor de randen van het browservenster (vaak aangeduid met "browser chrome") en wordt een
```

Figuur 7.18: Stijlregels die dankzij hacks gewoon werken, zelfs in oude versies van Explorer.

Voor de stijlregels gebruikte Dreamweaver tot en met versie CS4 in deze kant-en-klare indelingen een aantal niet essentiële classes, puur om je er later aan te herinneren waar deze indeling voor stond. Zo worden alle DIV's (met #-teken) en de body gecombineerd met de class .thrColFixHdr, zodat je weet dat het de opzet was om een vaste driekolomsindeling met kop (en voet) te hebben.

Er zijn ook alvast wat slimme combinaties gemaakt voor de h1 in de kop (header) en de p in de voet (footer). Maar daar ga je er natuurlijk zelf nog veel meer bij maken.

Zullen we de truc met de verdwenen vormgeving weer doen? Klik in de werkbalk Stijl weergeven op de knop om alle stijlen tijdelijk niet weer te geven. Je ziet gelijk weer een kale pagina met inhoud en koppen en hier en daar een DIV (stippellijnen). Zie figuur 7.19. Schakel de stijlen uiteraard weer in.

Als je een van de stijlregels met zo'n hekje opent, verwacht je misschien dat het een AP-element zal zijn. Dat #-teken staat immers voor een DIV en omdat deze duidelijk een vorm en plek heeft, zal het wel een absolute positie zijn, verwacht je terecht. Maar dat blijkt niet zo te zijn. De vorm en positie van een DIV wordt in deze sjablonen niet verwezenlijkt met absolute posities (en breedte/hoogte), maar met een meer gevorderde techniek. Daarover gaat de volgende paragraaf.

Er zijn vier typen positioneringen:

- **Static**: Wat de ouderwetse HTML (zonder DIV's) doet; gewoon doorlopen.
- **Relative**: Positie ten opzichte van het element waarin de DIV zich bevindt.
- **Absolute**: Positie ten opzichte van de totale inhoud van de webpagina.
- **Fixed**: Positie ten opzichte van het documentvenster (viewport).

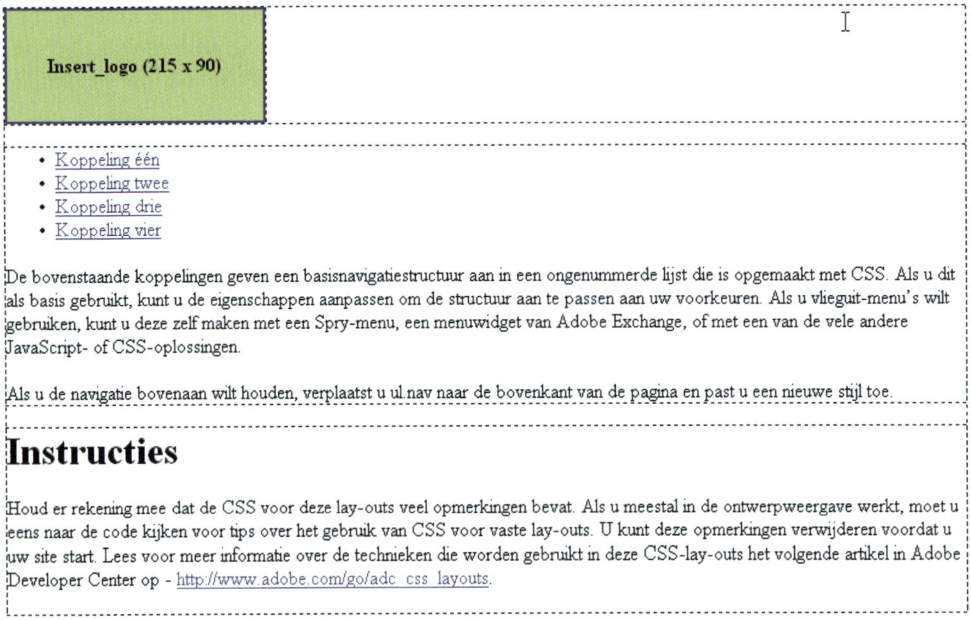

Figuur 7.19: Zonder stijlregels: terug bij kale inhoud en DIV's.

7.4.3 Andere Positionering- en Floattechnieken

Terwijl Dreamweaver voor beginners de AP-elementen (absoluut gepositioneerde DIV's) promoot, zien we dat veel geroutineerde webdesigners juist een andere aanpak kiezen. Naarmate je enthousiaster wordt over een opzet met vloeibaarheid (en je ervaren raakt in alle CSS), zul je de AP-elementen langzaam aan gaan verfoeien; omdat deze niet alleen de designer en de uitvoerder maar ook de gebruiker onvoldoende flexibiliteit bieden. Terwijl je in het begin van je carrière als webmaker juist snakt naar iets wat asjeblief nu eens een keer blijft staan...

Schuiven en schikken

Het is vaak lastig om in een complexe pagina de hoogte van een element te bepalen ten opzichte van andere elementen. Omdat tekst korter en langer kan worden doordat de gebruiker een andere voorkeur qua lettertypen en -grootte heeft, weet je nooit zeker hoe een indeling er bij de gebruiker zal uitzien.

Daarom maken geroutineerde webmakers liever gebruik van de CSS-techniek om elementen in relatie tot elkaar te schikken. Wordt de inhoud (meestal tekst) in een kader langer, dan duwt of trekt het andere elementen naast of onder zich met zich mee. Zo vinden elementen hun plek binnen de pagina. De indeling 'leeft' en vormt zich naar de 'flow and float' van elementen en CSS-margins.

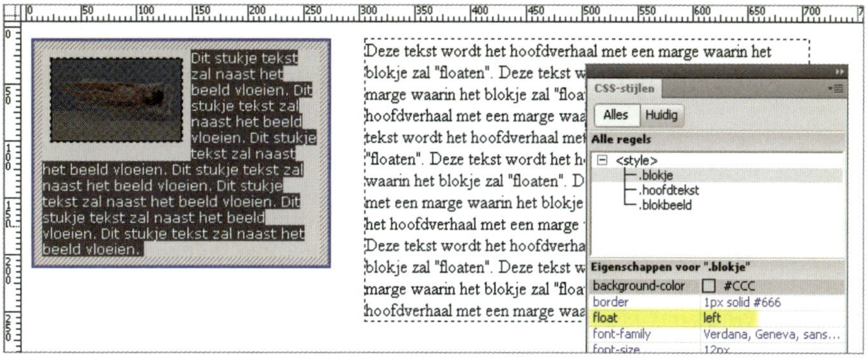

Figuur 7.20: Flow and float, voor het betere, flexibele werk.

De lay-out van de webpagina die in het vorige onderdeel volgens het Dreamweaver-sjabloon een kant-en-klare indeling kreeg, werd niet uitgevoerd met AP-elementen (in pixels opgegeven maten voor exacte posities) maar met het instellen van een logische volgorde en van margin- en float-instellingen.

Het werken met de eigenschappen float (en clear) vergt de nodige ervaring op het gebied van werken met CSS-technieken. Daarom beperken we ons in deze basiscursus tot de eerste stappen die iedereen moet zetten om Dreamweaver te leren. Deze materie is dan misschien niet iets wat je meteen oppakt. Maar zoals je ziet en zoals Dreamweaver ook zelf al verraadt, zijn deze gevorderde technieken wel je volgende stap op weg naar een geavanceerde aanpak in webdesign.

De eerdergenoemde website van CSS Zen Garden (5.3.2.) toont legio voorbeelden met float-technieken. Let maar eens op de "quickSummary" DIV (de inleidende tekst links).

In Dreamweaver CS5 kun je de weergave **Live View** gebruiken om naar een website te gaan en met **Inspecteren** te onderzoeken. In eerdere versies moet je de html-file en een of meer CSS-bestanden van enkele voorbeelden downloaden (en verwisselen). Waarschijnlijk zal je de afbeeldingen missen, maar om te begrijpen wat er met de constructie van de pagina gebeurt, zijn die niet relevant.

Afhankelijk van je versie Dreamweaver kun je over de onderdelen bewegen of erin klikken om de eigenschappen en hun **Huidige** instellingen te zien. Maak het **CSS-paneel** groot genoeg om de deelvensters goed te kunnen zien.

7.5 Afronding

Hopelijk heeft dit hoofdstuk je laten inzien dat er ook bijzonder gedetailleerde vormgeving mogelijk is, gebaseerd op structuur, semantiek en indeling. Dit kun je prima doen, zolang je het gescheiden houdt van de inhoud.

Terloops gaf ik al aan dat de ontwerptechnieken die wellicht je volgende stappen zijn, te maken hebben met 'margin' en 'float' (voor meer vloeibare designs). Tegen de tijd dat je die begrijpt, ben je de 'basis' van Dreamweaver ontgroeid.

7.5.1 Tropic Tracks

Lijsten blijken handige dingen, zoals je wellicht in dit hoofdstuk hebt gemerkt. Ze beginnen als een simpele opsomming, maar met wat CSS-handigheid tover je ze om in navigatiepanelen, compleet met rollovers. En als je het niet mooi vindt, dan is een totaal andere stijl in luttele tijd doorgevoerd. Oefen het maar!

8 Meer interactie

Tijdens de explosieve groei van het web (halverwege de jaren negentig van de vorige eeuw) zocht men technieken die verdergingen dan wat de strikt inhoudelijke HTML aan interactieve functies bood en nog steeds biedt. HTML kan en wil namelijk niet veel meer dan inhoud bieden en merken dat je op een koppeling klikt. Wil je meer (inter)actie in de pagina of zelfs op de server, dan zijn er hulptroepen nodig: JavaScripts.

8

8.1 In dit hoofdstuk

- JavaScripts
- Spry-elementen
- Dynamische inhoud
- Alles in beweging

We onderscheiden op dit gebied twee technieken en talen:

- Query's (meer geschikt voor formulieren en databases)
- Scripts (voor snelle interacties, ook los van een database)

Over query's (en formulieren) kun je meer lezen en leren in hoofdstuk 9. In het huidige hoofdstuk gaan we de mogelijkheden van JavaScripts (en hoe Dreamweaver ermee omgaat) ontdekken.

Enige achtergrondgeschiedenis

De termen rondom Java en scripts worden snel verward, daarom een korte uiteenzetting hierover.

JavaScript is in 1995 bedacht door de mensen van Netscape. Zij zochten naar een techniek om niet alleen webinhoud op diverse platformen (Windows, Mac en Unix) identiek weer te geven (de belofte van HTML), maar om ook verdergaande functionaliteit in één taal te kunnen programmeren en gebruiken.

Deze taal noemde men destijds LiveScript. Het idee vertoonde overeenkomsten met de 'Java'-taal van Sun Microsystems, een algemene programmeertaal (niet beperkt tot webtoepassingen). Maar de vergelijking ging niet veel verder dan de ruwe opzet van objectgeoriënteerd programmeren. Niettemin mocht Netscape haar techniek omdopen tot 'JavaScript', omdat Netscape aan Sun ondersteuning beloofde voor de Java-applets in hun browser. Maar verwar de termen Java en JavaScript dus niet!

Microsoft probeerde natuurlijk een draai aan deze technologie te geven en deed dit door de eigen taal JScript te ontwikkelen en deze exclusief in te bouwen in Explorer, in plaats van de voor iedereen toegankelijke JavaScript-techniek. Rechters verboden Microsoft echter hun Explorer te promoten als JavaScript-compatible. Inmiddels biedt Explorer ondersteuning aan beide technieken.

Van Java merken we op het web tegenwoordig niet zo heel veel meer; in webpagina's tref je slechts af en toe nog een Java-applet aan. JavaScript is daarentegen verheven tot een heuse ISO-standaard en heet nu formeel ECMA-script, al blijft iedereen het voorlopig JavaScript noemen.

De term 'scripts' wordt echter ook gebruikt om in het algemeen grote of kleine brokken programmeertaal aan te geven (in de pagina of op de server). Dus niet alles wat script heet, is per definitie geschreven in JavaScript-taal. De software die de communicatie tussen de webserver en een database regelt, heet ook script. Gateways, scripts, applicaties of apps, programmeurs houden ervan om met die termen te kwartetten.

8.2 JavaScripts

De meest voor de hand liggende hulp wordt dus geboden door JavaScript. Met deze taal kun je functies programmeren die invloed hebben op de inhoud van de webpagina (HTML), de vormgeving ervan (CSS), de communicatie met de browser en zelfs op de server. Enkele voorbeelden:

- Je klikt op een woord en er verschijnt infotekst in een apart kader over.
- Je beweegt met de muis over een navigatiemenu en de keuzes klappen open en tonen meer opties.
- Je geeft ergens op een website aan dat je video's in breedband wilt bekijken en dat wordt onthouden.
- Je klikt op een knop en er wordt automatisch een Favoriet van de pagina voor je aangemaakt.

Dit zijn slechts enkele van de duizenden functies die men met JavaScript zou kunnen programmeren. Het probleem is echter dat de taal en codes waarin dat moet niet echt eenvoudig zijn. Hieronder volgt een voorbeeld van een JavaScript-fragment:

```
function updateCart()
{ data = $('cart_form').serialize(true);
 url = $('cart_form').action;
 request = new Ajax.Request(url,
{ asynchronous: true,
 parameters: data,
 onFailure: function(transport)
```

Dat is heel wat anders dan een HTML-tag of een eigenschap in CSS. Maar wees gerust, Dreamweaver maakt het allemaal heel eenvoudig door een aantal veelgevraagde functies op gebruiksvriendelijke wijze te presenteren. Die aanpak gaan we uiteraard bekijken, want de taal zelf gaan we niet behandelen in deze basiscursus. (Al is Dreamweaver handig in het bijstaan van programmeurs bij het samenstellen van complexe scripts.)

Het gaat ons om een tweetal gebruiksvriendelijke functies:

- De oudere en eenvoudige Behaviours, ofwel Gedragingen of Werkingen zoals ze hier en daar in Dreamweaver vertaald zijn.
- De nieuwere en vergaande Spry-elementen, direct inzetbare JavaScript-constructies voor fraaie en complexe toepassingen.

Al in CS3 verschoof in Dreamweaver het zwaartepunt van het werken met ingebouwde JavaScripts van de Gedragingen naar de complexere maar gebruiksvriendelijkere Spry-elementen. Dat klinkt tegenstrijdig, maar Spry kan meer. Spry is gedetailleerder maar tegelijk ook makkelijker op te zetten. Daarover straks meer; nu eerst de JavaScript-gedragingen.

Behaviour, Werking, Gedraging...

Dreamweaver noemt het paneel in het Engels Behaviours. Deze term stamt uit de tijd van oude interactieve software uit de Macromedia-stal (het gebruik van Lingo-scripts in Director), maar ze hadden het paneel net zo goed Instant JavaScripts of zo kunnen noemen.

Vervolgens heet het in het Nederlands 'Werkingen', maar verschijnt het als 'Gedragingen' (t/m CS4) of 'Gedrag' (in CS5) binnen het paneel 'Tags' (**F9**).

We gaan een drietal JavaScript-voorbeelden oefenen:

- een simpele pop-up
- een open browservenster
- toon/verberg-elementen

(De gebruikte bestanden kun je zelf maken of downloaden.)

Probeer niet te veel een bepaald patroon achter de voorbeelden te zoeken. JavaScripts kunnen voor veel uiteenlopende doelen worden ingezet. Dreamweaver biedt een aantal kant-en-klare gedragingen die niet door een grotere gedachte worden geleid.

8.2.1 Een simpele pop-up

Oefening 8.1

Je gaat eerst aan de opzet van het paneel **Gedrag** wennen.

1 Maak een nieuwe, blanco pagina aan.
2 Tik de volgende tekst voor een aantal oefeningen:
Ga naar de Games.
Bekijk een advertentie.
Toon Help-informatie.
3 Selecteer de tekst Games, want die zal de interactie 'dragen'.
4 Maak er een koppeling van, want JavaScripts hebben dat nodig. Laat de koppeling naar een pagina wijzen die games.html heet. (Deze hoeft voor deze oefening niet werkelijk te bestaan.)
5 Laat de selectie of de aanwijzer in de tekst Games staan of selecteer (voor de zekerheid) de hele a-tag in de statusbalk.

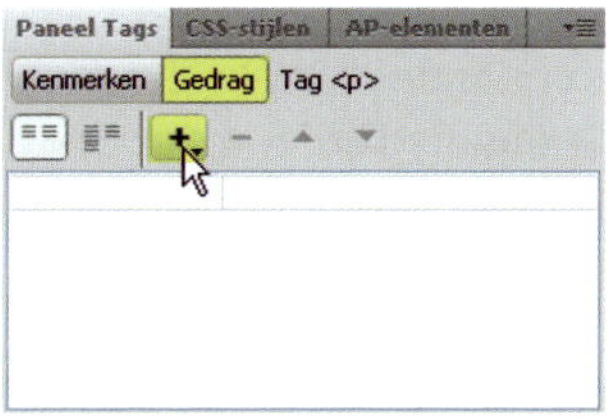

Figuur 8.1: Het Gedragingen-paneel, oud en vertrouwd.

6 Controleer boven in het paneel **Gedrag** dat het JavaScript aan de tag <a> wordt toegekend. Klik in het paneel **Gedrag** op het +-teken en kies voor **Pop-upbericht**.
7 Tik een willekeurige tekst als bericht, bijvoorbeeld: **U verlaat het saaie gedeelte. Veel plezier bij de Games!**. Klik op **OK**.
8 Er verschijnt in het paneel **Gedrag** een vermelding van een JavaScript in de lijst, met 'onClick' als de initiërende gebeurtenis en de 'Pop-upbericht' als gedrag. Door erop te (dubbel)klikken kun je de gebeurtenis of het bericht naderhand nog wijzigen.
9 Bewaar de pagina gedragingen.html.
10 Test de pagina in **Live View** of in een **Voorvertoning**. Zodra je de koppeling aanklikt, verschijnt er een pop-updialoog met de opgegeven tekst en een OK-knop.

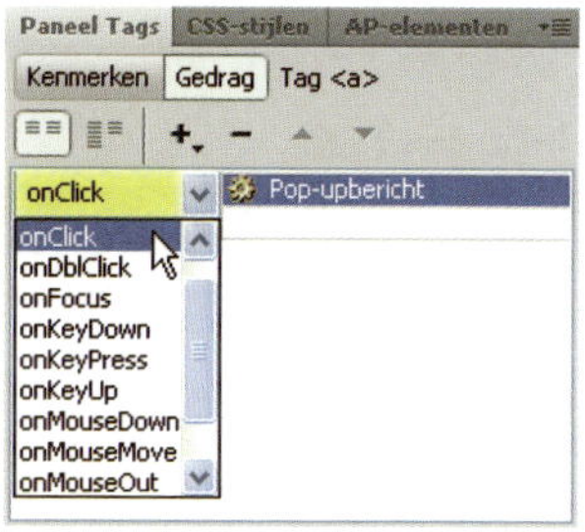

Figuur 8.2: De gebeurtenis en het gedrag kun je nog wijzigen.

Als je de pagina in de Codeweergave bekijkt, zie je dat er in het head-gedeelte van het raamwerk van de pagina een script is toegevoegd, en dat de a-tag het attribuut 'onclick' erbij heeft gekregen (met het bericht als variabele voor MM_pop-upMsg).

Je kunt geen extra knoppen toevoegen aan deze JavaScript-pop-up, althans niet zonder in de code te duiken en er zelf iets bij te coderen. Misschien dat je het volgende voorbeeld dan bruikbaarder vindt.

8.2.2 Open browservenster

Een ander veelgebruikt JavaScript is een vervanging van de vertrouwde koppeling. Gewone koppelingen kunnen namelijk niet veel meer dan de verwijzing in hetzelfde of hooguit een nieuw venster openen. Soms wil je echter meer controle over dat venster, zoals de afmeting ervan, of er wel of niet bepaalde knoppen en/of balken in worden weergegeven, enzovoort.

Oefening 8.2

1 Gooi de pagina van de vorige oefening niet weg maar maak nog een andere nieuwe pagina, met daarin de tekst:
Dit wordt een galerie, op maat.

2 Bewaar deze pagina als **galerie.html** in je website-map.

3 Neem de pagina uit de vorige oefening, of maak een nieuwe aan, met de tekstregel **Bekijk deze galerie.**

4 Selecteer de tekst 'galerie' en maak er een koppeling van. Je zult wellicht geneigd zijn om 'galerie.html' als koppeling in te tikken, maar dat is niet de bedoeling. Tik het #-teken; deze activeert de gekoppelde tekst wel maar gaat nergens heen. Dit noemen we daarom een 'dode' koppeling. Het JavaScript zal de verwijzing voor zijn rekening nemen.

Figuur 8.3: In plaats van een koppeling, een 'dode #' en een gedraging die meer over de browser te zeggen heeft.

5 Laat de koppeling geselecteerd (of plaats de aanwijzer erin), klik in het paneel **Gedrag** op de **+** en kies voor de optie **Browservenster openen**.

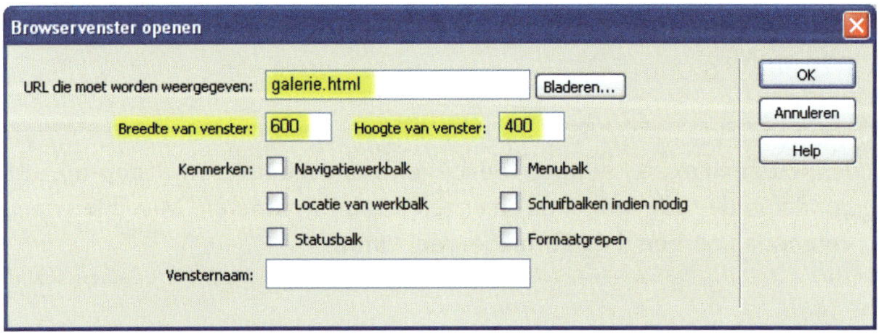

Figuur 8.4: JavaScripts kunnen de browser meer instructies geven dan de HTML-taal, zoals vaste maten voor een browservenster.

6 Stel in het dialoogvenster als URL galerie.html in, en geef tevens aan dat de breedte en hoogte **600** en **400** pixels worden. Laat alle andere opties maar uitstaan. Klik op **OK**.
7 Ga na of er ook nu weer een vermelding ervan verschijnt in het paneel **Gedrag**: onClick en Browservenster openen. (Let wel op dat de aanwijzer nog steeds in 'galerie' staat.)
8 Bewaar de pagina en test deze in **Voorvertoning** (Live View kan geen extra venster openen).

De galeriepagina verschijnt in een apart venster, op maat, zonder extra knoppen of randen.

Misschien vraagt Explorer voor Windows nu of je wel weet wat je doet, want er wordt een JavaScript geactiveerd. De beveiligingsopties van deze browser slaan dan groot alarm. Stel de beveiligingsopties milder af of gebruik Firefox.

Niettemin toont dit het zwakke punt van scripts aan: veel mensen maken zich (terecht) zorgen dat hun Explorer en systeem door die scripts ongewenste handelingen gaat verrichten. Dit gevaar geldt echter in mindere mate voor Firefox of Safari op Windows-systemen en al helemaal niet voor een Mac-systeem.

JavaScript-programmeurs vinden het gebruik van het #-teken als 'dode' link minder correct en verkiezen een slimmere code (javascript:;) of vullen het aan met extra functies (self.close). Hoe dan ook, Adobe Dreamweaver houdt deze dode link nog aan.

Load/unload

Een iets aangepaste opzet van het voorgaande JavaScript werkt goed voor pagi-na's die automatisch moeten verschijnen.

Oefening 8.3

1 Maak nog een pagina aan en tik daar de volgende tekst in:
Koop meer frambozen!
2 Kies in het paneel **Eigenschappen** bij **Pagina-eigenschappen** (**Ctrl+J**) voor een rode **Achtergrondkleur** (bij Weergave CSS) en geef de tekst een fors kopformaat.
3 Bewaar deze pagina als **advertentie.html** in je website-map.
4 Selecteer nu de tag <body> in de statusbalk en kies weer voor het JavaScript **Browservenster openen**.
5 Geef aan dat je als URL advertentie.html wilt gebruiken en dat het venster slechts **300 x 300** pixels groot mag zijn. Laat ook nu weer alle andere opties uitstaan. Klik op **OK**.
6 Test de pagina in **Voorvertoning** en zie hoe de advertentie direct op het scherm verschijnt, zonder tussenkomst van de gebruiker. Als de browser het tenminste toestaat.

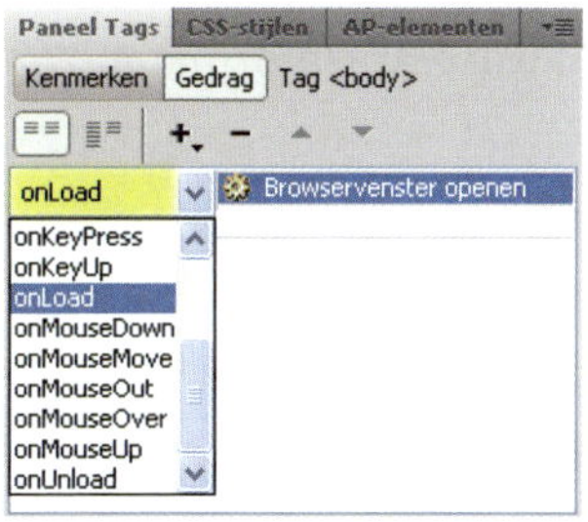

Figuur 8.5: De gebruiker is niet de enige die iets laat gebeuren. onLoad en onUnload leggen het initiatief bij de pagina (body).

Het is je misschien al opgevallen dat je geen koppeling hebt hoeven maken en dat het JavaScript aan de body-tag wordt toegekend. Bovendien zie je dat de gebeurtenis op onLoad staat ingesteld. Deze gebeurtenis zorgt ervoor dat de advertentiepagina wordt geopend zodra de hoofdpagina 'geladen' wordt.

Naast de gebeurtenis 'onLoad' is er ook nog een 'onUnload'-variant, die een browservenster opent zodra je een pagina sluit of verlaat.

Omdat sommige websites op deze wijze zeer irritante advertenties op je scherm weergeven, bieden browsers steeds vaker een zogenaamde pop-up blocker, die dit tegengaat.

Haal die onLoad-gedraging voor de body-tag maar weer uit de pagina door deze met het minteken uit het paneel te verwijderen.

8.2.3 Toon/verberg-elementen

Ten slotte behandelen we een bijzonder nuttige gedraging die elementen toont en verbergt. We oefenen met een eenvoudig voorbeeld, maar eigenlijk is dit tevens een bruggetje naar het volgende onderdeel.

Je gaat JavaScripts instellen, die ervoor zorgen dat als men met de muis over de tekst Help-informatie beweegt, er een extra kader met wat informatie verschijnt (en weer verdwijnt).

Daarvoor moeten er twee gedragingen aan de koppeling worden toegekend: een die de binnenkomende aanwijzer detecteert (en het kader zichtbaar maakt) en een die de vertrekkende aanwijzer detecteert (en het kader weer onzichtbaar maakt). Voor het kader met informatie gebruiken we een AP DIV.

De benodigde ingrediënten zijn dus:

- een tekst met een dode koppeling en twee gedragingen;
- een in beginsel onzichtbare AP DIV met wat extra informatie.

Oefening 8.4

Volg deze stappen:

1 Neem de pagina gedragingen.html er weer bij.
2 Kies in het paneel **Invoegen** in de categorie **Lay-out** het icoon voor **AP DIV tekenen**.

Figuur 8.6: Het gereedschap voor het direct tekenen van een AP Div.

3 Sleep een kader voor een AP DIV, ergens in het midden van de pagina. Als het goed is, krijg je dan een blauw kader en geeft het paneel **Eigenschappen** de naam, positie en afmeting ervoor aan.
4 Tik in het DIV-kader de tekst: **Wat hulp bij deze website.**
5 Klik op de rand of het label van dit blauwe kader om de DIV te selecteren, of selecteer div#apDiv1 via de tag in de statusbalk.
6 Wijzig de naam apDiv1 in **help** en stel de vier waarden voor Left, Top, Breedte en Hoogte (L, T, B, H) in op **200px, 100px, 200px** en **150px** (vergeet px niet, anders gaat het mis). Stel ook een lichtblauwe **Achtergrondkleur** in.

Figuur 8.7: Heel wat ingrediënten voor deze gedraging. Je mag ditmaal zelfs een DIV verbergen.

7 Selecteer de DIV weer in zijn geheel en stel bij **Eigenschappen** in dat de **Vis** (visibility) op hidden komt te staan. Zodra je nu buiten het DIV-kader klikt, wordt het in zijn geheel onzichtbaar.
8 Maak een dode koppeling van de tekst Toon Help-informatie.
9 Blijf in de koppeling staan en kies in het paneel **Gedrag** met het plusteken voor **Elementen weergeven/verbergen**.

Figuur 8.8: In dit dialoogscherm geef je aan wat er met de DIV moet gebeuren.

10 Als het goed is, zie je de div 'help' in de dialoog vermeld staan. Kies deze en klik op **Tonen**. Klik op **OK**.
11 In het paneel **Gedrag** zie je dat de gebeurtenis 'onClick' de gedraging activeert; wijzig dit in de gebeurtenis 'onMouseOver'.
12 Kies met het plusteken nogmaals voor de gedraging **Elementen weergeven/verbergen**.
13 Kies de div help, klik op **verbergen** en dan weer op **OK**.
14 In het paneel **Gedrag** is deze tweede gedraging nu ook te zien, maar let op, ze staan niet in volgorde van aanmaak. Kies de nieuwe (de bovenste, met wederom de gebeurtenis onClick) en wijzig de gebeurtenis in onMouseOut.

Bekijk de pagina in Live View of Voorvertoning en beweeg met de muis over de tekst. Wat gebeurt er? De gekoppelde tekst Help-informatie heeft twee gedragingen die aan twee gebeurtenissen zijn toegekend: de ene constateert dat de muis zich 'over' het gevoelige gebied bevindt (en toont de DIV) en de andere constateert dat de muis weer 'uit' het gebied gaat (en verbergt de DIV).

Een veelgemaakte fout is dat je de DIV vergeet 'invisible' te maken, waardoor deze meteen te zien is als je de pagina bekijkt (en pas verdwijnt als je met de muis over de tekst beweegt). Of dat je door de wisselende sortering van gedragingen de verkeerde gebeurtenis voor een gedraging instelt (controleer ze nog eens goed). Ook vergeet men vaak de koppeling weer te selecteren (of er minstens de aanwijzer in te zetten) voordat de gedragingen worden gemaakt. In dat geval wordt er per abuis een gedraging aan de body toegekend.

Deze opzet is kleinschalig en een enkele keer zie je een pagina die zo'n functie biedt. Maar in paragraaf 8.3 over Spry zie je hoe uitgebreid en uiterst handig deze opzet met behulp van Dreamweaver kan worden.

Nog een andere 'pop-up'

Er is nog een andere, veel eenvoudiger methode om gebruikers wat tekstuele hulp te bieden als er ergens over bewogen wordt: een tekstballonnetje dat in de buurt van het woord (of plaatje) verschijnt. Daar hoef je geen koppeling, gedraging of DIV voor uit de kast te trekken; dat kan met het simpele aanvullende attribuut title (niet te verwarren met de tag <title> in het head-gedeelte van een pagina). Men noemt dit effect ook wel 'tooltip' of 'pop-up'.

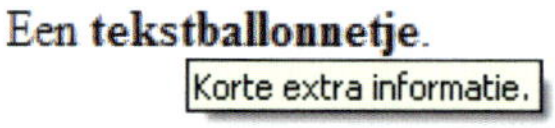

Figuur 8.9: Een functioneel, interactief, zichzelf tonend en weer verbergend 'pop-upje', zonder scripts of voodoo; gewoon HTML.

Helaas biedt Dreamweaver geen handige interface om deze title-attributen met een knop of commando toe te voegen (hooguit wat hulp terwijl je de code intikt), dus moet je nu toch echt in de code duiken als je het met deze HTML-oplossing wilt uitvoeren. (Of lees meer hierover in paragraaf 8.3.)

Omdat deze title een attribuut is, moet er eerst een tag zijn, bijvoorbeeld een vette tekst, koppeling of een afbeelding. Als je geen geschikte tag weet te verzinnen, zou je desnoods de tag <span> kunnen gebruiken. Maar vergeet dan niet nog een stijlregel met een bepaald uiterlijk als class-attribuut te maken en aan de tekst te geven, anders ziet niemand dat de tekst iets te bieden heeft als je hem aanwijst.

De code van dit eenvoudige voorbeeld:

```
<p>Een <strong title="Korte extra informatie."> tekstballonnetje</strong>.</p>
```

Dit kun je niet testen in Live View, maar wel via Voorvertoning. Het is namelijk een typische browserfunctie, waar je qua vormgeving weinig aan kunt veranderen.

Vroeger gebruikte men wel eens het alt-attribuut (bij afbeeldingen) om dit popup-effect te bereiken, maar dat was slechts een bedenksel voor Explorer. De alt-tag moet voorbehouden blijven aan niet-zichtbare informatie die de afbeelding beschrijft (onder andere voor blinden, slechtzienden en Google), en dient niet voor informatie die verder gaat.

8.2.4 Image rollover

Een gedraging die vroeger heel veel gebruikt werd (en waar JavaScripts eigenlijk om zijn begonnen), was de techniek om een beeld te vervangen door een ander beeld zodra je er met de aanwijzer over beweegt. Dit effect is nog steeds te bereiken met de gedraging **Afbeelding verwisselen**, sterker nog: je kunt het zelfs als een apart **Rollover-element** vinden bij **Invoegen**.

Maar wat is ermee aan de hand? Het hoeft nauwelijks meer. De meeste rollovers werden ooit gebruikt voor het laten verwisselen van plaatjes die als menuknop dienden. En dat is nu veel beter uit te voeren met een HTML-lijst en CSS-stijlregels die de achtergronden en de hover-status regelen.

Probeer het niettemin maar eens uit: maak twee afbeeldingen (even groot), geef ze duidelijke namen en kies **Invoegen, Rollover-afbeelding**. Stel vervolgens enkele gegevens in (de oorspronkelijke en wisselende afbeelding, alt-tekst, koppeling en 'vooraf laden' voor een snellere reageertijd) en de rollover werkt.

Als de rollover-afbeelding in de pagina zit, zie je dat er aan de koppeling een paar gedragingen zijn toegekend, en dat de body-tag een 'preload'-gedraging heeft gekregen. Zo werkte het.

8.3 Spry-elementen

JavaScript biedt prachtige mogelijkheden. Programmeurs kunnen er legio handige en mooie functies mee samenstellen. Veel van deze functies worden op het web aangeboden (gratis of betaald) als te gebruiken brokken JavaScripts, die je kunt inpassen in je eigen webpagina's. Maar er schuilen drie adders onder het gras:

- Er zijn zóveel (gratis en betaalde) scripts, dat je erin verzuipt. Zowat iedere 18-jarige puber met IT-ambities heeft wel een paar leuke scriptjes gemaakt, van rondzwevende klokjes tot experimentele interfaces die bewegen, zoals in de film Minority Report met Tom Cruise.
- Veel scripting-talen (zoals JavaScript) werkten niet direct op alle platformen en in alle browsers. Daarom moest er meestal voor iedere browser een script in een 'dialect' worden gemaakt om op een bepaald platform of oudere browser te kunnen werken.
- Als je geen kennis van JavaScript-taal hebt en niet graag in de codes van een pagina peutert, is het inpassen van zo'n brokje code niks voor jou. Want de meeste scripts vergen vaak wat aanpassingen, voordat ze ook jouw doel dienen.

Frameworks

Omdat programmeurs zelf ook een punthoofd kregen van al die verschillende JavaScripts, gingen ze meer samenwerken. Ze maakten eerst een aantal slimme JavaScripts die problemen vanwege de verschillende platformen en browsers vereffenden. Vervolgens maakten ze ook de nodige scripts die veel andere terugkerende functies voor hun rekening namen (het aanroepen van bepaalde technische procedures). Door deze scripts te delen, konden ze veel tijd besparen en zich concentreren op functies waar ze juist zelf aan wilden werken.

Zo'n cluster van JavaScripts dat als basis fungeert voor andere JavaScripts, noemt men een 'framework'. Dojo, ProtoType en AJAX zijn namen van dergelijke populaire frameworks. Veel van deze frameworks zijn 'open source', dus iedere programmeur mag ze naar gelieven gebruiken en helpen verder ontwikkelen.

Voorbeeld: veel webmakers willen de mogelijkheid om de gebruiker met de muis een element op te laten pakken en dat ergens heen te laten slepen ('Drag-and-drop'). Denk aan het verslepen van een icoon. Dan kun je (als programmeur) dat zelf gaan uitdokteren, of kant-en-klare 'routines' van zo'n framework ervoor aanwenden.

Maar dan nog, het aanhaken van een eigen JavaScript aan een pagina, website of zo'n framework is en blijft toch een kwestie van knutselen in codes.

Spry

In Dreamweaver CS3 introduceerde Adobe een nieuwe techniek voor het makkelijk gebruiken van AJAX-frameworks ten behoeve van een aantal veelgevraagde functies. Dus een framework voor een framework voor JavaScripts, als je het goed beschouwt.

Bij **Invoegen Spry** vind je de drie categorieën Spry-elementen die Adobe heeft bedacht en waar je als niet-programmeur direct mee aan de slag kan:

- het snel opzetten en gebruiken van een kleine database;
- het valideren van invulformulieren vóór de verzending;
- het maken van interactieve menubalken, tabbladen, et cetera.

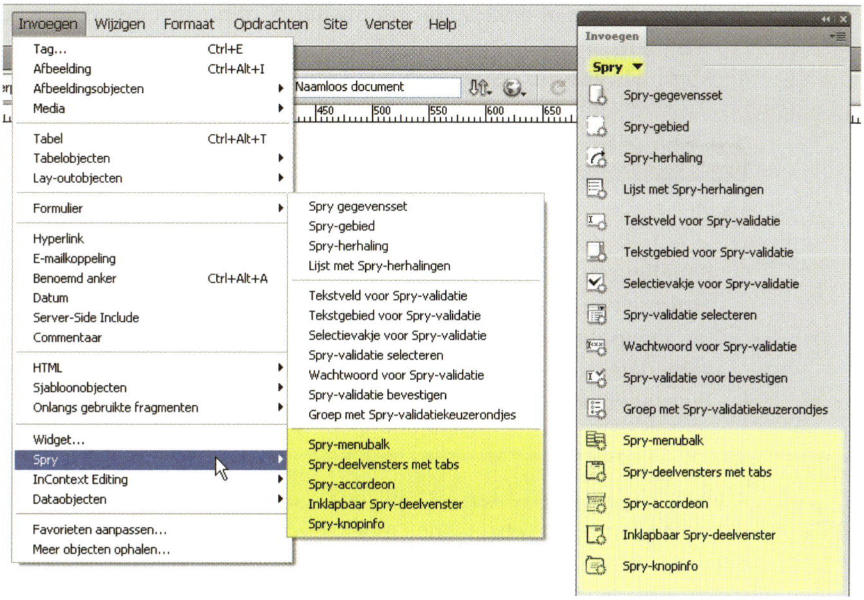

Figuur 8.10: Categorieën Spry-elementen kun je ook via het paneel Invoegen oproepen, maar daar zie je ze niet zo duidelijk gerubriceerd als in het menu.

De eerste twee categorieën (kleine databases en formulier-validaties) worden elders in deze basiscursus toegelicht. De laatste categorie (menubalken, et cetera) bevat veel grandioze en fraaie elementen, waarbij er wel meteen veel op je afkomt. Daarom beginnen we voorzichtig helemaal onderaan, bij datgene waar we in het vorige onderdeel ophielden: een simpele pop-up. Maar dan nu niet met HTML-attributen (en beperkt qua vorm), maar met Spry.

8.3.1 Spry-knopinfo

Met een HTML-tag zoals <a> of <strong> kun je al een simpele tekstuele pop-up verwezenlijken. Maar je zit dan vast aan het standaard uiterlijk dat de browser ervoor heeft gedefinieerd, meestal iets geels vlak onder of boven een gekoppelde tekst. (We zagen de pop-up in paragraaf 8.3.)

Een combinatie van JavaScripts, Gedragingen en CSS zou al een stap verder kunnen gaan, maar dan ben je wel even bezig. Spry maakt het ons makkelijk.

Oefening 8.5

1 Maak een eenvoudige nieuwe pagina aan, zodat je een schone start hebt en goed kunt zien wat er gebeurt. Bewaar deze pagina in de hoofdmap van je website.
2 Tik wat tekst. Zorg ervoor dat het een paar alinea's zijn of ken het HTML-formaat Alinea eraan toe. Anders ontstaat er geen enkele tag (zelfs geen <p>) en wil Spry er niet aan beginnen.
3 Selecteer een of enkele woorden waar je zo'n extra info over wilt laten verschijnen.
4 Kies bij **Invoegen**, **Spry** de **Knopinfo** (helemaal onderaan).

Figuur 8.11: De Spry Knopinfo in de steigers.

5 Er gebeuren nu twee dingen tegelijk: er verschijnt een gele balk met de tekst 'Ruimte voor inhoud knopinfo' en de geselecteerde tekst wordt in een spantag ingepakt (daar zie je in de ontwerpweergave niks van). Tik in het gele gebied de extra informatie die je wilt tonen.
6 Bewaar en test de pagina via Live View of Voorvertoning.

Als je de pagina gaat testen (of bewaren), geeft Dreamweaver de waarschuwing dat je een aantal extra bestanden moet bewaren. Je ziet in het paneel Bestanden dat er een map SpryAssets is aangemaakt met daarin twee bestanden: het JavaScript-bestand SpryTooltip.js, en het CSS-bestand SpryTooltip.css. De pagina heeft deze nodig om te kunnen functioneren, dus gooi ze niet zomaar weg en geef er ook liever geen andere naam aan.

7 Ga weer terug naar de gewone weergave.

Plaats de aanwijzer in de 'gevoelige' tekst en zie in de Codeweergave of in de statusbalk dat er een tag <span> met de naam (id) sprytrigger1 aan de gekozen woorden is toegekend.

Als je de aanwijzer in de extra tekst plaatst, zie je dat dit een DIV met de naam sprytooltip1 en klasse tooltipContent is geworden. Dus kun je de stijlregel .tooltipContent in het paneel CSS-stijlen zien staan en naar hartenlust bewerken.

8 Nog mooier: met de aanwijzer in het gele gebied kun je in de statusbalk of via het felblauwe labeltje de hele DIV selecteren. Het paneel **Eigenschappen** toont dan diverse extra opties voor de werking van deze Spry JavaScripts. Je kunt er zelfs enkele visuele effecten op loslaten!

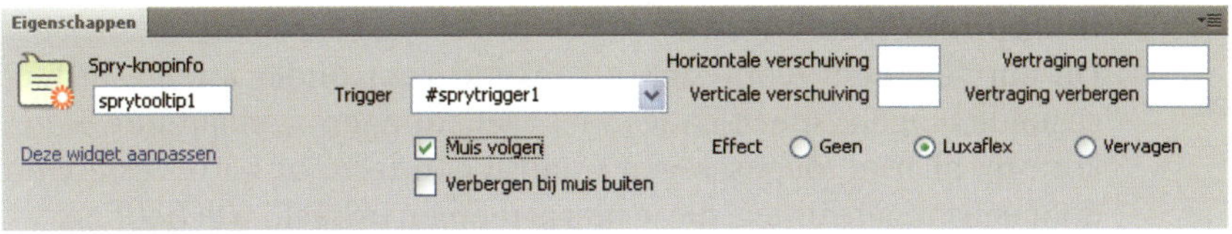

Figuur 8.12: Spry-elementen hebben vaak speciale eigenschappen. Knopinfo beschikt bijvoorbeeld over wat visuele effecten.

Bij het testen zie je dat er extra tekst verschijnt zodra je met de muis over de gevoelige woorden beweegt. Maar hoe moet iemand nu weten dat hierover meer informatie beschikbaar is? Helaas helpt Spry je daar niet bij. Je krijgt een stijlregel voor de extra info cadeau, maar die voor de trigger moet je zelf fabriceren.

9 Maak zelf nog een stijlregel .trigger aan (klasse), die je aan de gevoelige tekst toekent of (in een complexere opzet) met een andere tag combineert.

Misschien toch belangrijk om nog even te vermelden, is dat je ook knopinfo kunt toekennen aan afbeeldingen of lappen tekst of zelfs aan een hele DIV. Knopinfo hoeft dus niet beperkt te blijven tot een paar woorden. En de inhoud van de getoonde informatie (in het gele gebied) kan ook weer een uitgebreid verhaal met koppen en/of afbeeldingen worden.

Spry hangt van van alles aan elkaar: HTML, CSS, JavaScripts, het geheel wordt kant-en-klaar en werkend voor je ineengezet. Je hoeft alleen nog maar na te denken over inhoud en uiterlijk. Dat is bij dit Knopinfo-voorbeeld nog vrij eenvoudig (hoe ziet de extra informatie eruit en maak zelf nog een trigger-stijlregel). Als dat goed is gelukt, dan mag je in het diepe duiken...

8.3.2 Spry-deelvensters

We werken ons een weg naar boven in het Spry-gedeelte van het paneel of menu **Invoegen**. Volgende haltes: een inklapbaar deelvenster, een deelvenster met tabbladen en een accordeon.

Maak telkens een nieuwe pagina aan of blijf in een vorige pagina werken als je geen moeite hebt met allerlei restanten van oefeningen.

Houd er rekening mee dat de volgende oefeningen het best tot hun recht zouden komen in een wat smaller deel van een pagina. Deze Spry-elementen zien er minder fraai uit als ze zich over de hele breedte van de pagina uitstrekken.

Inklapbaar deelvenster

Dit Spry-element leent zich uitstekend voor onder andere lijsten met veelgestelde vragen, specificaties met toelichtingen, verklarende woordenlijsten; kortom, allerlei toepassingen waarbij een term of korte tekst wordt gevolgd door een langere uitleg, die je niet al meteen in beeld wilt hebben.

Oefening 8.6

1 Plaats de aanwijzer in de pagina en kies bij **Invoegen** voor een **Inklapbaar Spry-deelvenster**. Vooraf tekst intikken en selecteren (zoals bij die knopinfo) heeft bij dit Spry-element geen nut.

Figuur 8.13: Spry-deelvensters zien we in enkele vormen. Deze is inklapbaar.

2 Er verschijnen twee gebieden: Tabblad en Inhoud.
3 Vervang deze tekstjes door wat zinniger tekst. De inhoud mag gerust vele regels of alinea's lang zijn en zelfs afbeeldingen bevatten.
4 Bewaar en test de pagina via Live View of Voorvertoning.
5 Ga weer terug naar de gewone weergave in Dreamweaver.

Door met de aanwijzer in de gebieden te gaan staan en op de statusbalk te letten, zie je ook hier weer dat er maar liefst twee (geneste) DIV's zijn aangemaakt.

In het paneel CSS-stijlen zie je dat er een hele reeks stijlregels is aangemaakt, die allerlei onderdelen en hun status kan betreffen. Zo kun je aangeven hoe deze 'Tab' boven aan het deelvenster in de pagina eruitziet als je erover beweegt, erop klikt of als het paneel al dan niet openstaat.

Selecteer het hele Spry-element door in de statusbalk de meest linkse DIV te selecteren of door op het felblauwe label te klikken als je erin bezig bent. Je kunt dan weer in **Eigenschappen** allerlei extra opties instellen, zoals de **Weergave** in Dreamweaver of – veel belangrijker – de **Standaardstatus** in de browser.

Als je de Weergave op Gesloten hebt ingesteld, kun je toch altijd snel even de onderliggende inhoud bekijken door op het kleine oogje in de tab van het Spry-element te klikken.

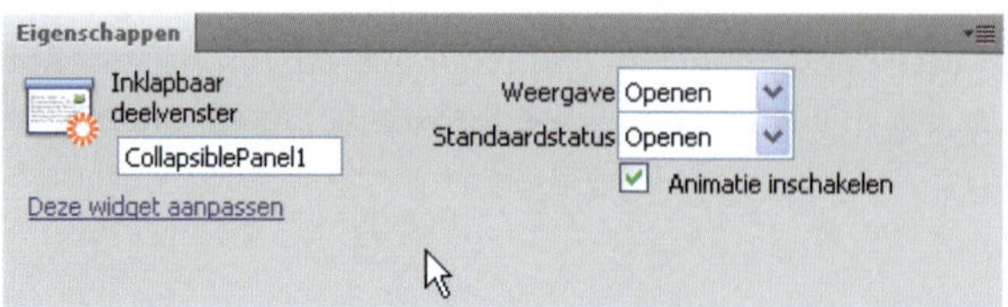

Figuur 8.14: Ook in dit paneel enkele speciale eigenschappen.

Deelvenster met tabs

Deelvensters met tabs worden het meest gebruikt. Verwar deze niet met een menu met tabs voor navigatie; dat komt later aan bod.

Oefening 8.7

1 Plaats de aanwijzer in de pagina en kies bij **Invoegen** voor een **Spry-deelvenster met tabs**. Er verschijnen meerdere tabs met daaronder de aanduiding 'Inhoud'.

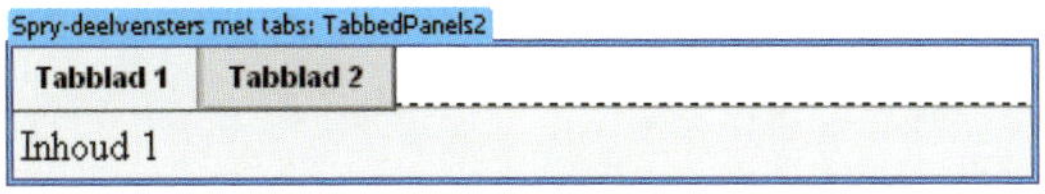

Figuur 8.15: Tweede opzet met deelvensters, nu als tabbladen.

2 Op het eerste gezicht lijkt het nog te overzien maar er is meer aan de hand. Klik maar eens op de tabs met de teksten 'Tabblad 1' en 'Tabblad 2'. Dan zie je dat de inhoud eronder wisselt.
3 Een klein oogje biedt de mogelijkheid om de in ieder tabblad behorende inhoud te tonen.

Let op: hier gaat Adobe weer verwarrend jargon gebruiken: de term 'paneel' krijgt in deze context twee betekenissen: de oude bekende panelen die we bij Vensters oproepen en de panelen die de extra informatie tonen bij iedere tab.

4 Selecteer het hele Spry-element (via de statusbalk of het felblauwe labeltje als je erin bezig bent) en zie hoe je in het paneel **Eigenschappen** meer 'panelen' kunt toevoegen en rangschikken (plus- en minteken, pijl omhoog en omlaag).
5 De instelling **Standaarddeelvenster** geeft aan welk paneel voorop komt te staan bij het openen van de pagina.
6 Bewaar en test de pagina via Live View of Voorvertoning.

Bij dit Spry-element is het dus essentieel om te weten hoe je het element (als geheel) meer opties en instellingen geeft, anders blijft het element beperkt tot twee tabs en twee panelen inhoud.

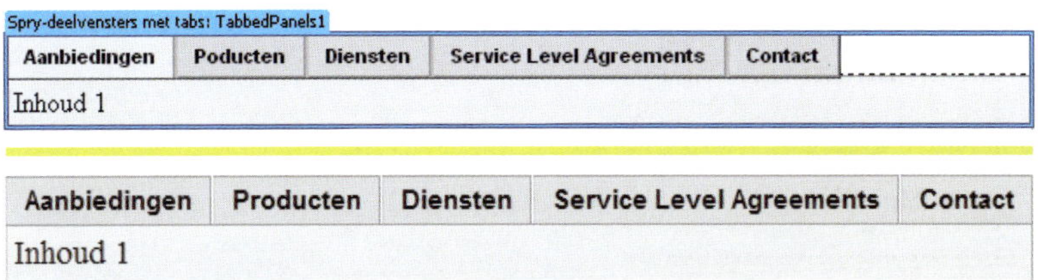

Figuur 8.16: Houd rekening met de breedte van horizontale tekst als gebruikers een groter lettertype kiezen. Altijd even in browser testen.

In het paneel CSS-stijlen groeien de stijlregels nu zienderogen. Gelukkig zijn de stijlregels in aparte CSS-bestanden ingedeeld. Daardoor zijn alle onderdelen weer tot in de kleinste details in te stellen.

Accordeon

De toepassing van de Spry-accordeon is een beetje dubbel. Het is bedoeld (en bedacht) als een soort superdeelvenster met verticale tabs voor uitgebreide informatie (zoals hierboven werd geoefend). Maar het element wordt ook vaak in smallere vorm ingezet als een navigatie-element, waarbij de tabs fungeren als hoofdmenu en de deelvensters ieder een lijst tonen met verdergaande submenu's.

Oefening 8.8

1 Plaats de aanwijzer in de pagina en kies bij **Invoegen** een **Spry-accordeon**.

> **Let op: Adobe gaat nog verwarrender jargon gebruiken: de term 'tags' heeft in deze context ook twee betekenissen: de oude bekende tags die we van de HTML-taal kennen en de tags die we in de vorige oefening 'tabs' noemden (die boven een paneel staan).**

2 Net zoals bij de vorige oefening (Deelvensters met tabs) kun je met het kleine oogje de tekst van de twee 'tags' (lijken op tabs) en de inhoud van de bijbehorende panelen bekijken en wijzigen.
3 Selecteer het hele accordeon-element; je kunt ook hier weer het aantal tags en panelen uitbreiden en rangschikken.
4 Bewaar en test de pagina via Live View of Voorvertoning.
5 Ga weer terug naar de gewone weergave.

Tot dusver lijkt het allemaal heel erg op de vorige oefening. Maar het verschil zit 'm in de weergave en in de tekst van de tags en panelen. In plaats van slechts een simpel woordje of tekstje in de tabs en in ieder bijbehorend paneel, kun je de tags ook gebruiken als hoofdmenu en in de panelen een lijst maken met koppelingen als submenu. Als het geheel dan smal wordt gemaakt (door het Spry-element in een smalle DIV te plaatsen), oogt het als een verticaal schuivende menubalk.

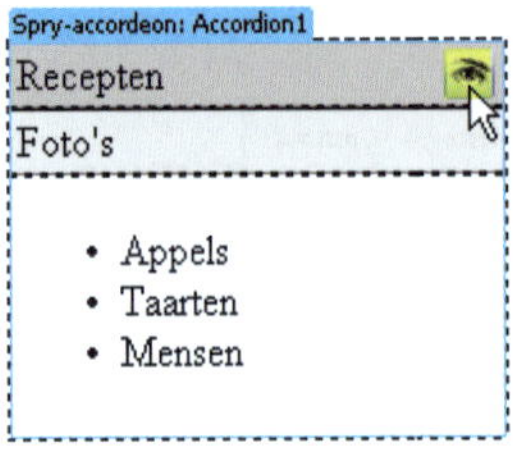

Figuur 8.17: De smalle variant (als navigatiemenu) zie je eigenlijk het meest.

Het vereist alleen nog wat geknutsel in de JavaScript-variabelen om ervoor te zorgen dat het juiste paneel (of géén paneel) openstaat bij aanvang. En het kost ook weer flink wat stijlregels om de lijst te laten weergeven als een reeks knoppen. Wil je een uitgebreid navigatiemenu maken, verdiep je dan in de volgende categorie Spry-elementen: de Spry-menubalken.

8.3.3 Spry-menubalken

In elke (normale) website zal een navigatiegedeelte nodig zijn. Een lijst met keuzes vormt dan een hoofdmenu, eventueel met submenu's. De weergave ervan verschilt: de een wil een verticale menubalk, de ander een horizontale.

Houd er rekening mee dat horizontale menubalken minder keuzes kunnen bevatten. Na enkele woorden heb je soms al de breedte van je webpagina (of het voor navigatie bestemde deel ervan) verbruikt! En dan houd je waarschijnlijk nog niet eens rekening met het feit dat sommige gebruikers grotere letters kiezen. Verticale menu's zijn makkelijker uit te breiden omdat ze naar beneden in plaats van zijwaarts worden opgebouwd.

Verticaal

Laten we als oefening maar kiezen voor de meest voorkomende (en ook de handigste) menubalk.

Oefening 8.9

1 Maak een nieuwe pagina aan en bewaar deze in de hoofdmap van je website.
2 Kies bij **Invoegen** voor **Spry-menubalk** en dan de optie **Verticaal**. Je ziet nu een nette menubalk verschijnen, met vier knoppen en hier en daar een klein zwart pijltje.

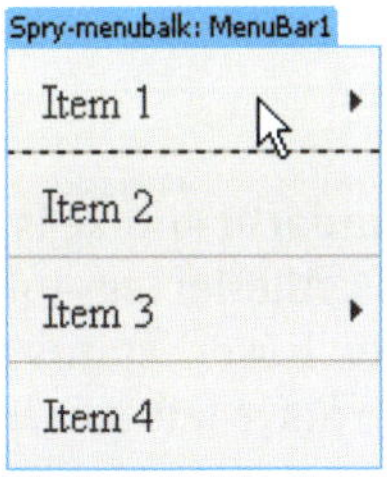

Figuur 8.18: Een verticale menubalk.

3 Bewaar de pagina en merk op dat er maar liefst vier bestanden worden bewaard: een JavaScript, een CSS-bestand, maar ook twee GIF-bestanden: SpryMenuBarRight en SpryMenuBarRightHover. (Dat zijn de kleine pijltjes die naast het menu verschijnen.)

Figuur 8.19: Een Spry-element heeft heel wat voeten in aarde. Maar liefst vier bestanden moeten mee bewaard worden.

4 Selecteer het hele Spry-element (via de statusbalk of het felblauwe label als je erin bezig bent) en bekijk de **Eigenschappen**.

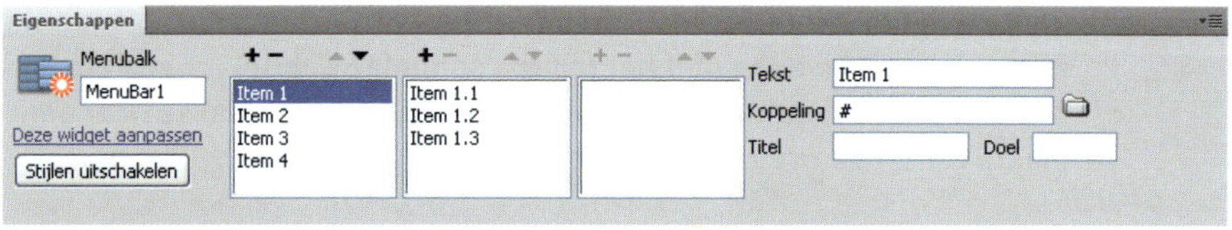

Figuur 8.20: Dit is het meest uitgebreide paneel Spry-eigenschappen.

De menubalk is berekend op een hiërarchie van drie niveaus, en je ziet al enkele items (tot twee niveaus diep) erin als voorbeeld. Uiteraard kun je alles aanpassen en uitbreiden door op plus- en mintekens en pijlen omhoog en omlaag te klikken en in het paneel **Eigenschappen** de voorbeeldtekst te vervangen.

Niet onbelangrijk is het om elk item ook een koppeling te geven (daar gaat het per slot van rekening om in een menubalk) en om eventueel nog een titel (zo'n simpele HTML-pop-up) en doel (bijvoorbeeld naar een '_blank' browservenster) op te geven.

Maar dan... Durf je in het paneel CSS-stijlen te kijken?

Omdat de menubalk is opgebouwd met lijsten en omdat er sprake is van meerdere niveaus, zie je een bonte verzameling stijlregels. Allerlei tags (ul, li en a) in allerlei combinaties (tags en klassen), met en zonder 'hover'-status zijn hier te vinden. Het vereist geduld om hier wat mee te doen als je iets aan het uiterlijk wilt gaan veranderen.

Laat je niet overdonderen door het aantal stijlregels, want als je menubalk in eerste instantie niet dieper reikt dan twee niveaus (hoofd- en submenu), dan is een deel van de stijlregels eigenlijk niet nodig.

De stand **Huidig** in het paneel **CSS-stijlen** zal van pas komen. Rek het paneel flink lang, zodat je alle delen ervan kunt overzien. Selecteer een element in de pagina of een tag in de statusbalk. Nu kun je nagaan wat er gaande is: welke stijlregel heeft effect op de huidige selectie?

Een handige mogelijkheid is om in de werkbalk Stijlen weergeven of het paneel CSS-stijlen de optie Stijlen uitschakelen te kiezen. Dan krijg je de onopgemaakte weergave van het menu te zien en kun je alle tekst in de Ontwerpweergave bewerken. Je ziet dat aan de basis van al dit moois toch een oude en vertrouwde HTML-lijst met bolletjes (tot drie niveaus diep) schuilgaat.

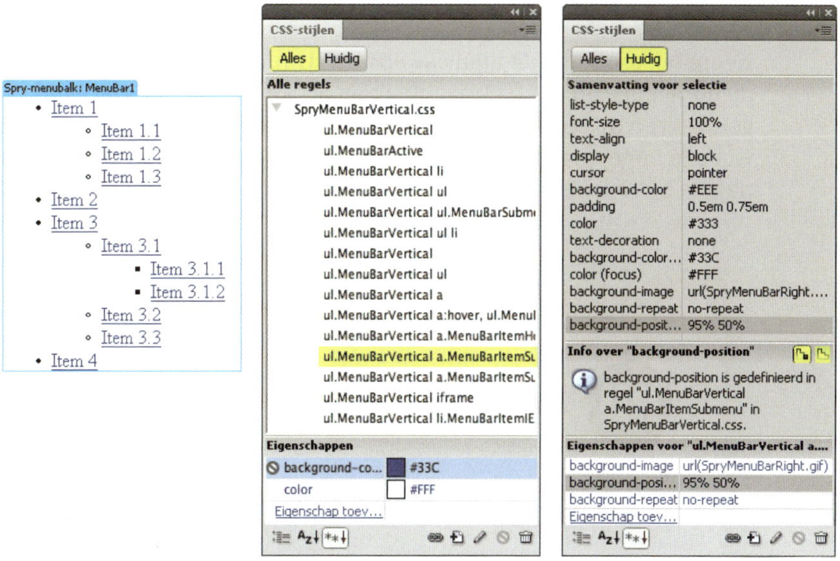

Figuur 8.21: In essentie gaat het gewoon om een <ul>lijst met ingenieuze CSS-instellingen.

Let ook op de twee knopjes halverwege de rechterrand van dit paneel; daarmee krijg je enerzijds meer details over de selectie (en de stijlregel) en anderzijds duidelijkheid over het 'overerven' (welke instellingen worden overtroefd volgens de hiërarchie).

In Dreamweaver CS5 kun je de eigenschappen ook apart uitschakelen; beweeg over een eigenschap en klik op het verbodssymbool dat verschijnt. (Zie in bovenstaande figuur, het symbool naast de blauwe 'background-color'.)

8.4 Dynamische inhoud

In deze paragraaf van dit 'interactieve' hoofdstuk draait het om inhoud die niet alleen beweeglijk op een scherm verschijnt, maar zich ook inhoudelijk aanpast aan wat de actualiteit biedt. Het is iets uitgebreider dan een open- en dichtklappend deelvenster, maar hoeft niet meteen zo uitgebreid te zijn als databases met formulieren en query's.

Dynamisch vs. statisch

Statische webpagina's zijn pagina's die letterlijk zo in elkaar zijn gezet (bijvoorbeeld met Dreamweaver) en met die inhoud en vorm op een server staan. De getoonde inhoud verandert als de pagina wordt aangepast. Dat klinkt vanzelfsprekend, maar dat hoeft niet zo te zijn.

Dynamisch betekent dat de webpagina die je ziet niet met exact die (vaststaande) inhoud op een server staat. De pagina wordt in feite samengesteld uit een statisch deel en een of meer 'brokken' inhoud die door een script eraan worden toegevoegd zodra er om gevraagd wordt. Die brokken komen uit een database of andere bestanden, die apart worden onderhouden.

Neem bijvoorbeeld de nieuwswebsite NU.nl; je kunt je vast wel voorstellen dat de homepage en alle webpagina's met artikelen niet door iemand exact zo zijn gemaakt en op een server zijn gezet. Daar zit een systeem achter, dat de inhoud van een opgevraagd artikel automatisch in een geprepareerd sjabloon giet. De pagina op zich bestaat niet, maar wordt telkens (op verzoek) gegenereerd.

Figuur 8.22: Een NU-pagina staat niet op een server. Ieder NU-artikel wordt telkens vanuit een database in een sjabloon gegoten.

Databasesystemen

De feitelijke inhoud staat in een database, die door een redactie of team wordt aangevuld en onderhouden. Daarvoor gebruiken ze soms speciale software, soms een webinterface. Het 'back-end' staat in ieder geval los van wat we als resultaat aan het 'front-end' krijgen te zien.

Een dergelijke opzet noemt men ook wel een CMS (Content Management System). Dit kan voor een gemeentelijke dienst een heel groot bolwerk van vele databases zijn, met scripts en query's in allerlei talen, maar het kan ook een kleine database zijn die de agenda van een jazzcafé dynamisch weergeeft.

Veel (grote) systemen worden niet volledig opnieuw gebouwd, maar samengesteld uit modules en (zeker qua vorm) aangepast aan de behoeften van de opdrachtgever. De kosten hiervan variëren van gratis tot enkele tonnen op jaarbasis. Diverse merken en typen systemen worden zodoende als een doos Lego aangeboden. Sommige zijn zelfs gratis online te vinden en direct in te zetten. (Een eenvoudige 'blog' is eigenlijk ook al een kleine CMS-opzet.)

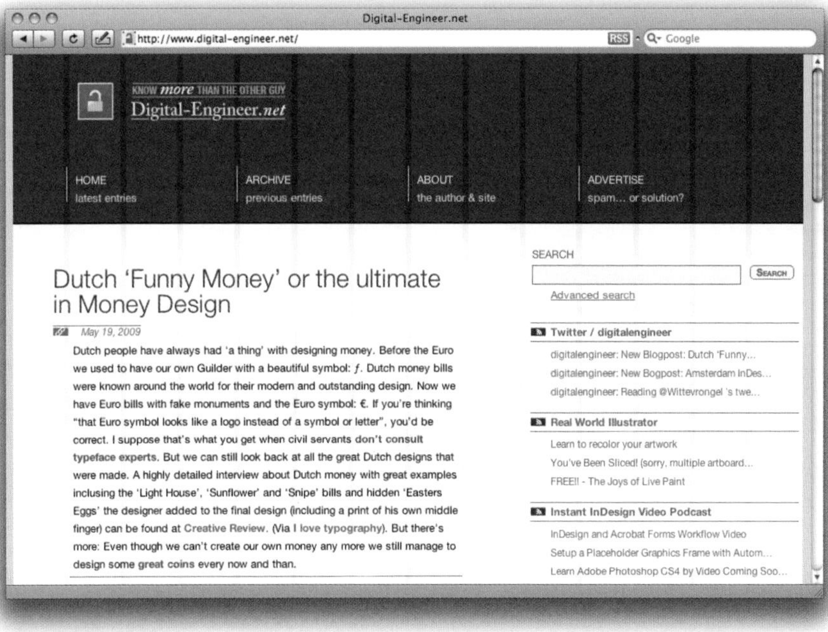

Figuur 8.23 Mensen die blogs hebben, doen dat via een speciaal systeem, dat de data bewaart en als een blogpagina toont. Dit voorbeeld is gemaakt met Wordpress.

Sjablonen en CSS

Als beginnende Dreamweaver-gebruiker zul je niet snel betrokken zijn bij de ontwikkeling en bouw van een CMS. Het systeem en alle dynamische koppelingen worden door databasespecialisten geprogrammeerd met behulp van allerlei script- en querytalen. Daar kan men een programma als Dreamweaver voor gebruiken (versie CS5 gaat daar zelfs uitgebreid op in), maar daar besteden we in dit boek geen aandacht aan. Naarmate de ontwikkeling van een CMS vordert (een CMS is echter nooit 'af'), komen er wel wat deeltaken boven water die je als beginner met Dreamweaver kunt oppakken.

Zo zal een goed CMS gebruikmaken van sjablonen om inhoud in te gieten; hoe zien die sjablonen er dan uit? De indeling en typografie zijn allicht gemaakt met CSS-technieken. Om het sjabloon in een eigen huisstijl te passen, kun je een voorbeeld maken dat uitgaat van de door het CMS aangegeven stijlregels. Een programmeur zal jouw voorbeeld dan kunnen gebruiken om de gewenste CSS-instellingen te implementeren in de sjablonen van het CMS. Soms krijg je zelfs direct toegang tot de CSS-bestanden en sjablonen. Je bent dan niet met de hele website en het CMS erachter bezig, maar met enkele pittige deeltaken. Ontferm je daarover, want vaak bekommeren CMS-bouwers zich er minder om.

Mocht je er interesse in hebben: Dreamweaver CS5 speelt in op een drietal populaire CMS-namen: Wordpress, Joomla en Drupal. De database-syntax en dynamische sjablonen van deze systemen kunnen makkelijk in Dreamweaver worden bekeken en bewerkt.

Figuur 8.24: De iconen van Wordpress, Joomla en Drupal.

Klein beginnen?

Om de beginnende Dreamweaver-gebruiker te hulp te schieten bij het werken met dynamische inhoud, zijn er enkele handige Spry-elementen beschikbaar, waarvan we er één zullen behandelen: Spry-gegevensset. De anderen borduren daarop voort (Spry-gebieden en Spry-herhalingen).

8.4.1 Spry-gegevensset

Voor het realiseren van dynamische inhoud schrikt de doorsnee databasekundige er niet voor terug zelf een klein CMS op te zetten met een paar scripts op de server en wat query's in de pagina. Maar voor veel beginnende (en ook gevorderde) webdesigners is dat een specialisme dat ze liever laten liggen.

Toch kruipt het dynamische bloed waar het niet gaan kan en willen designers graag zelf een simpel opzetje kunnen maken, al was het alleen maar om een prototype van een groot systeem te kunnen visualiseren (alsof het al volledig dynamisch werkt).

Daarvoor heeft Adobe een handige zet gedaan: de meeste data (voor zo'n eenvoudige opzet) is eigenlijk niet veel meer dan een matrix van gegevens, met een aantal rijen en kolommen. Zoiets zou net zo goed in een tabel kunnen passen. Dus in plaats van een database, een simpele pagina met tabel. En in plaats van speciale scripts en ingewikkelde querytalen direct inzetbare JavaScripts in Spry-verpakking.

Natuurlijk is deze opzet beperkt in zijn functionaliteit vanwege de prioriteit voor eenvoud en gebruiksgemak, maar het werkt aardig.

Gegevens in tabelvorm

De opzet begint met het creëren van een tabel in een pagina, met daarin een aantal rijen en kolommen met gegevens. Vergeet daarbij niet de bovenste rij (kop) te reserveren voor de namen.

Oefening 8.10

1 Maak een nieuwe pagina aan.
2 Maak een tabel aan via het paneel of menu **Invoegen**.
3 Geef de tabel de benodigde inhoud, zoals in het voorbeeld.

programma	icoon	omschrijving	koppeling
Illustrator	Ai	Programma voor illustraties, variërend van logo's tot boekomslagen en complete huisstijlen.	Meer info...
Photoshop	Ps	De beroemde zwaargewicht voor creatieven met een verslaving aan foto-realistische pixels.	Meer info...
InDesign	ID	Het gereedschap voor het oude maar nog steeds springlevende ambacht van print-media.	Meer info...
Dreamweaver	Dw	Onmisbaar op de CV van web-designers. Pittig maar prettig, kritisch maar flink kicken!	Meer info...
Flash	Fl	Voor alles wat niet met HTML kan, en dat is nogal wat. En wat dacht je van audio en video?	Meer info...
Bridge	Br	Meer dan een simpele vervanging voor wat bestandbeheer; het 'bindt' de Adobe-applicaties.	Meer info...
Fireworks	Fw	Al vele jaren dè tool bij uitstek om er je web-design terdege conceptueel mee op te zetten.	Meer info...
After Effects	AE	Video-animatie, ooit door Ton Frederiks ooit beschreven als "Illustrator on wheels".	Meer info...
Première	Pr	Als video-editing snel, goed èn makkelijk moet zijn, en dat al bijna twintig jaar lang.	Meer info...

Figuur 8.25: Voorbeeld met gegevens in tabelvorm.

Je kunt het voorbeeldbestand ook van de website downloaden.

4 Trek je op dit moment nog niets aan van de vorm, het gaat puur om de inhoud (tekst, afbeelding, al dan niet met koppelingen).
5 Selecteer de tabel als geheel (via de statusbalk) en geef in het paneel **Eigenschappen** (links) een naam (id) aan deze tabel, bijvoorbeeld 'deze'.
6 Bewaar de pagina als 'gegevens.html' in je website.

Het instellen van de set

In een tweede pagina ga je deze gegevens in een indeling en vorm gieten, al letten we daar in deze oefening niet zozeer op. Het gaat voorlopig om het begrijpen van de opzet en de stappen.

7 Maak nog een nieuwe pagina aan of open een bestaande pagina. Bewaar deze pagina ook maar alvast, als **weergave.html**.
8 Plaats de aanwijzer op de plek waar je de gegevens wilt tonen. (Bij een lege pagina kan dat gewoon bovenaan zijn.)
9 Kies bij **Invoegen** in de categorie **Spry** voor **Spry-gegevensset**. Nu verschijnt een groot dialoogscherm.
10 Selecteer zo nodig het gegevenstype **HTML**.
11 Blader bij **Gegevensbestand selecteren** naar gegevens.html.
12 Klik op **OK**.

De tabel verschijnt (deels) in het scherm.

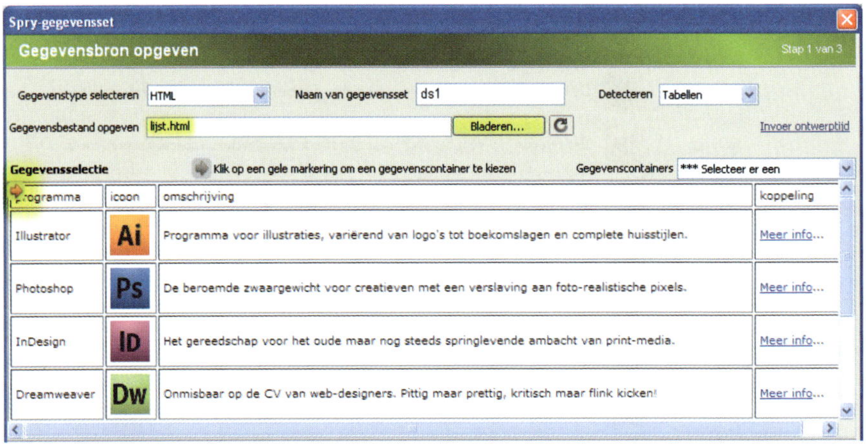

Figuur 8.26: De eerste stap in deze behulpzame Spry-wizard.

Omdat er meerdere tabellen in een pagina kunnen zitten, is het belangrijk om aan te geven welke tabel je wil gebruiken. Daarom moest je de tabel in de vorige stappen een (unieke) naam geven.

13 Klik op de gele pijl (in rand, links) of kies bij **Gegevenscontainers** 'deze'. De gegevens verschijnen geordend onder in het scherm. Klik op **Volgende**.
14 Controleer of links onderaan de optie **Eerste rij als kop gebruiken** aangevinkt staat en of de namen van de kolommen (in de kop) correct zijn (wijzig ze desnoods). Klik op **Volgende**.
15 In dit (laatste) scherm kun je de uiteindelijke weergave kiezen. Er zijn veel mogelijkheden, maar voor deze korte introductie is de tweede optie (Hoofd-/detailindeling) het duidelijkst.

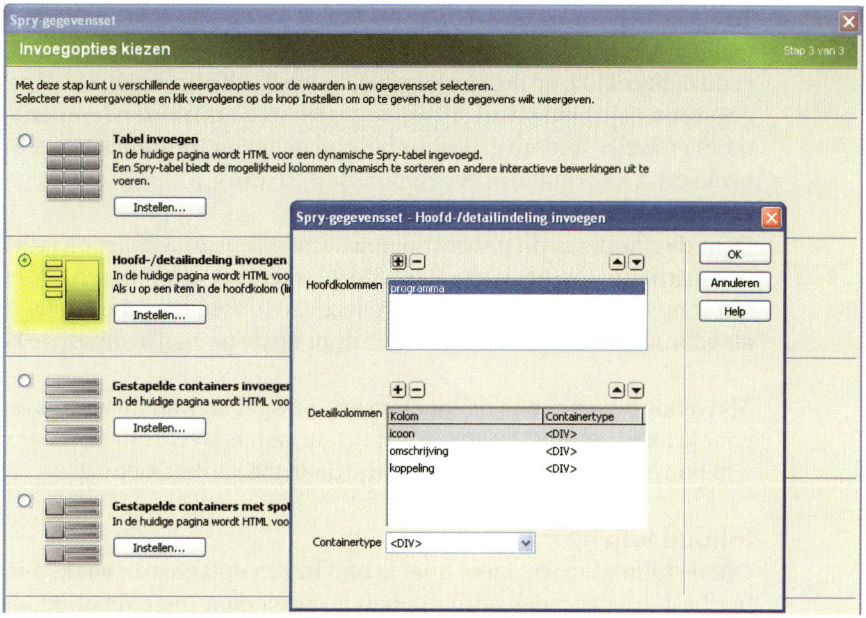

Figuur 8.27: De laatste stap in deze behulpzame Spry-wizard.

16 Je kunt met de knop **Instellen** nog aangeven wat je als hoofdgegeven wilt aanhouden (standaard is dat de eerste kolom) en of je bepaalde kolommen wilt verwijderen. Klik op **Gereed**.

17 Er verschijnt nu een kader met wat kleinere blokjes en namen tussen accolades. Het lijkt nog nergens op, maar als je nu naar de Live View of Voorvertoning gaat, zie je wat het oplevert.

18 Als je op de lijst (hoofdgegevens) klikt, wordt in het kader ernaast de bijbehorende informatie (detailgegevens) getoond.

Figuur 8.28 Het resultaat is een dynamische weergave op basis van tabelinhoud.

Toepassing aanpassen

Waarschijnlijk is het paneel **Bindingen** nog geopend nadat je op de knop **Gereed** hebt geklikt, en anders kun je dit paneel zelf oproepen. Daarin zie je welke gegevensset je hebt gekozen, welke gegevens daarin zitten (namen van kolommen) en welke andere gegevens beschikbaar zijn (nummeringen, om bijvoorbeeld extra informatie te genereren zoals '2e van 6').

Door de cilinder in dit paneel nogmaals naar je pagina te slepen kun je meerdere constructies op basis van dezelfde gegevensset uitproberen. De eerste optie levert op het oog weinig meer dan dezelfde (originele) tabel, maar deze kun je als gebruiker in de browser sorteren door op de namen in de kop te klikken.

Als webdesigner kun je de indeling en vormgeving van de weergave natuurlijk naar je hand zetten. Dreamweaver zet de kaders slechts neer, maar via de stijlregels in het paneel CSS-stijlen kun je daar alle kanten mee op.

Inhoud wijzigen

Om de inhoud te wijzigen, hoef je niet in een database te werken maar kun je het bestand gegevens.html openen en bewerken (met verstand van hoe een HTML-tabel werkt, uiteraard). Zodra de tabel is bijgewerkt en opgeslagen, zal de eerstvolgende bezoeker de vernieuwde inhoud via de weergavepagina zien.

Tot zover de databaseambities van Spry-elementen.

8.5 Alles in beweging

Een hart onder de riem...

Om sneller en doelgerichter te werk te gaan met Spry-elementen, zul je eerst wat meer routine moeten krijgen in het omgaan met alle soorten stijlregels. Verwacht dus niet van jezelf dat de eerste keer alles al meteen goed lukt. Met deze basiscursus hoop ik je op het goede spoor te zetten, maar je zult er nog veel tijd aan moeten besteden om exact dat te bereiken wat je in gedachten hebt.

Besef trouwens wel dat je met serieuze technieken en gereedschappen bezig bent. Wat je leert is een degelijke basis die niet smokkelt met trucs of foefjes. Deze technieken zullen nog lange tijd nuttig blijven. En dankzij de correcte aanpak om inhoud en vorm gescheiden te houden, kun je eventuele nieuwe ontwikkelingen ook makkelijker oppakken en implementeren. Want alle ontwikkelingen omtrent het web zijn in beweging! 'Panta rhei' (alles beweegt en verandert) luidt het Griekse gezegde. Verander dus bij tijd en wijle mee.

Over beweging

Als je de termen 'interactief' en 'dynamisch' hoort of leest, dan denk je al snel aan interfaces vol beweging, die de beleving van een website bijzonder fraai kunnen maken. Maar interactie moet je heel geduldig analyseren en ontwerpen, en dynamisch heeft meer met automatisch wisselende inhoud te maken.

Mocht je dus na al je moeite eigenlijk een beetje teleurgesteld zijn over de nog niet zo wervelende resultaten, dan zul je deze laatste oefeningen vast wel waarderen. Het is een mooie combinatie van Gedragingen en Spry-technieken en is makkelijk te verwezenlijken.

8.5.1 Spry-effecten

Met Spry-effecten kun je een aantal visuele effecten creëren. Vrijwel alle elementen van een pagina kunnen een effect krijgen. Je kunt het element zelf gevoelig maken, een ander element de gedraging laten starten of ook weer het inladen en verschijnen van de pagina als startsignaal voor het effect gebruiken.

De bonte stoet van geanimeerde effecten op een rij:

- *Verschijnen/Vervagen*
  Een element laten verschijnen of vervagen.
- *Hooglicht (markering)*
  Verandert de achtergrondkleur van een element.
- *Verduisteren*
  Alsof een gordijn over het element heen schuift.
- *Schuiven*
  Het element schuift naar boven of beneden.
- *Vergroten/Verkleinen*
  Element groter of kleiner maken.
- *Schudden*
  Shake it, baby!
- *Soppen*
  Wegfloepen.

Al deze effecten kun je loslaten op elementen die een naam (id) hebben, maar veel effecten (zoals Markeren) kun je ook meteen toepassen op het element dat op dat moment geselecteerd is.

Oefening 8.11

1 Maak een tekst met een koppeling.
2 Laat de aanwijzer in de koppeling staan en selecteer via de statusbalk.
3 Kies bij **Gedrag** (met plusteken) voor **Effecten**, **Hooglicht**.

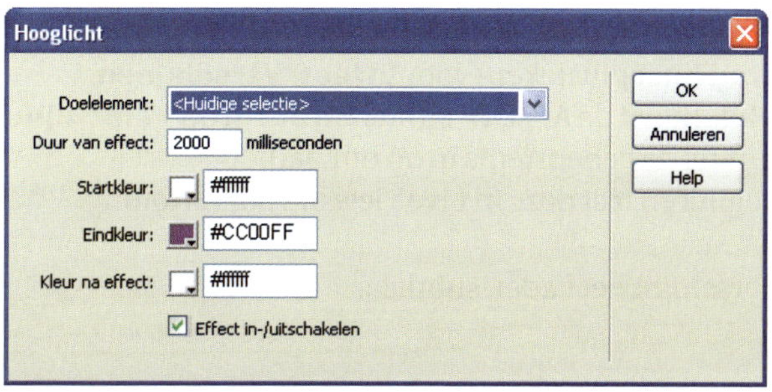

Figuur 8.29: Dit soort instellingen zorgen niet voor hoofdbrekens.

4 Ga na of het **Doelelement** de <**Huidige Selectie**> aangeeft.
5 Stel de duur, kleuren en andere opties eventueel in. Klik op **OK**.
6 Stel de gebeurtenis (nu OnClick) in op OnMouseOver.
7 Bewaar de pagina en test deze in Live View of Voorvertoning.

Zodra je met de muis over de koppeling gaat, verkleurt deze.

Hooglicht is eigenlijk een snel opeenvolgende wijziging van de achtergrondkleur. Dit effect kun je trouwens ook op de hele pagina van toepassing laten zijn, als je die een id geeft.

In sommige Adobe Help-bestanden wordt dan 'Highlight' vertaald met 'Markering', wat eigenlijk ook een betere beschrijving is dan 'Hooglicht'.

Voorbeeld Schudden

Stel, je wilt een kop of alinea in de pagina eens opschudden.

Oefening 8.12

1 Plaats de aanwijzer in de alinea en selecteer via de statusbalk.
2 Kies bij **Gedrag** (met plusteken) voor **Effecten**, **Schudden**.
3 Ga na of het **Doelelement** de <**Huidige Selectie**> aangeeft.
4 Klik op **OK**. Verander de gebeurtenis (nu OnClick) in iets anders.
5 Bewaar de pagina en test deze in Live View of Voorvertoning.

Schudden is een heel snelle opeenvolgende wijziging van de (relatieve) positie van het element ten opzichte van de flow.

Denk eraan dat door de beweging scrollbars kunnen verschijnen.

Voorbeeld Verschijnen

Stel je wil een kader laten opdoemen als de pagina opent.

Oefening 8.13

1 Maak een AP/DIV met **Invoegen**, **Lay-out**, **AP/DIV** (tekenen).
2 Controleer of deze AP/DIV bij **Eigenschappen** een DIV-id heeft.
3 Selecteer in de statusbalk de body-tag, want het verschijnen van de inhoud van de pagina vormt het startschot voor deze gedraging.
4 Kies bij **Gedrag** (met plusteken) voor **Effect**, **Verschijnen**.
5 Kies als **Doelelement** de AP/DIV en stel **Effect** in op **Verschijnen**.
6 Klik op **OK** en stel de gebeurtenis in op onLoad.
7 Bewaar de pagina en test deze in Live View of Voorvertoning.

Als het goed is verschijnt het kader, subtiel...

In oudere versies van Dreamweaver zat een tijdlijn, waarmee je DIV's over een bepaalde tijd kon bewegen met behulp van de Gedragingen. Deze functie is nu officieel 'Afgekeurd'. Je vindt hem nog steeds in de lijst van mogelijke Gedragingen, maar dat is enkel om bestaande pagina's met die functies te kunnen blijven ondersteunen, meer niet. Adobe heeft gemerkt dat men er te ingewikkelde animaties mee ging maken, en dat de JavaScripts die dit moesten aansturen vrijwel altijd ergens niet goed werkten. Vandaar dat de tijdlijnen zijn afgeschaft. Voor het betere animeerwerk kun je beter naar Flash uitwijken of gaan experimenteren met HTML5 en CSS3.

8.6 Afronding

HTML en CSS zijn 'open' technieken. Niemand is er eigenaar van en iedereen kan ze gebruiken en toepassen. Het is dus moeilijk voor een ontwikkelaar als Adobe om 'unieke' functionaliteit aan een programma als Dreamweaver mee te geven. Daarom probeert Adobe af en toe iets nieuws met haar software. In vroege versies bood men lay-outrasters (voor tabelopmaak), toen volgden vele database-ondersteuningen (minder geslaagd), daarna waren geïntegreerde JavaScripts de 'Soep van de Dag' en nu zijn het hele frameworks die je bijstaan bij moeilijke taken.

Gebruik ze als je ze prettig vindt. Maar laat je niet afleiden van de essentie van wat je website nodig heeft. Fraai open- en dichtklappende rolluiken in talloze verschillende kleurstellingen kunnen niet alleen jou maar ook de webbezoeker afleiden van het doel.

8.6.1 Tropic Tracks

In dit hoofdstuk stonden diverse voorbeelden van interactie centraal: gedragingen en Spry, beide gebaseerd op JavaScripts. In de Tropic Tracks-website ga je ook allerlei interactieve elementen aanbrengen: deelvensters met wisselende tabbladen, menu's die drie niveaus diep openklappen en accordeons die uitwaaieren. En nog een opdoemend paneel. Genoeg actie?

Tropic Tracks
Slogan
Kop verhaal
Met extra kop
En tussenkopjes
Aanbiedingen
Bungalow Bodrum
Wandeling Vogezen
Een georganiseerde wandeltocht door de Vogezen, 2 weken, 645 Euro p.p. >>>
Untitled Document
1 week
Antalya
vanaf 449 Euro
Meer info
zin in zon?
Klaar
Antalya & Lara
Verblijf
Strand
Klimaat
Bounty-stranden met hutjes van palmbladeren en een olielamp, zijn er niet echt in Europa (daarvoor moet je toch verder reizen). De strandbeleving van de doorsnee Nederlander is ook eerder gericht op de aanwezigheid van zon, zand en zee, in combinatie met alle huiselijke faciliteiten en de stedelijke beschaving binnen handbereik.
Tropic Tracks heeft de allerbeste strandbestemmingen in Europa voor je geselecteerd. Voor stranden met een degelijke zongarantie en redelijke watertemperatuur (van lente tot herfst) kom je dan al snel in de uiterste puntjes van Europa terecht. Je kan je zelfs afvragen in hoeverre het nog ècht Europees continent is...
Turkije
Turkije is een populaire bestemming voor vakantiegangers in vele variaties. Je vindt er zowel veel fantastische cultuur en natuur, als grandioze hotel-resorts voor een relaxed zon-zand-en-zee verblijf. Vooral de zuidelijke Turkse Rivièra blinkt uit in voortreffelijke strandvoorzieningen. De meest populaire bestemmingen zijn:
Antalya & Lara
Alanya
Side
Spanje

9 Formulieren

Een groot deel van de interactie met de gebruiker van een website verloopt via een vraag-en-antwoordspel. En iedere vraag is in technische zin een 'formulier', al lijkt de vraag soms simpel.

9.1 In dit hoofdstuk

- Formulier krijgt vorm
- Validatie gegevens
- Verdere verwerking

Formulieren betreffen drie disciplines: inhoud, vorm en techniek. Drie partijen moeten dus samenwerken om een formulier (en de verwerking en opvolging ervan) in goede banen te leiden. Ze moeten rekening houden met elkaars taken en omdat sommige taken overlappen, is het goed om af te spreken wie wat doet.

Ook belangrijk is het te weten dat je de technische kant ervan niet moet onderschatten. Vaak merk ik dat men denkt dat het verzenden en ontvangen van formulieren (en het beheer van de gegevens) wel eventjes geregeld kan worden. Helaas is dat niet het geval.

Webprotocollen zijn van het principe 'u vraagt – wij draaien'. De bezoeker klikt op een koppeling, de browser stuurt de URL als verzoek aan de webserver, die op zijn beurt weer reageert door een pagina (via de browser) aan de bezoeker te serveren. De actie-reactie verloopt dus simpel: de browser vraagt om iets en de server stuurt dit.

Maar zodra er meer gegevens bij de server binnenkomen dan een simpele URL, wordt het een heel ander spelletje.

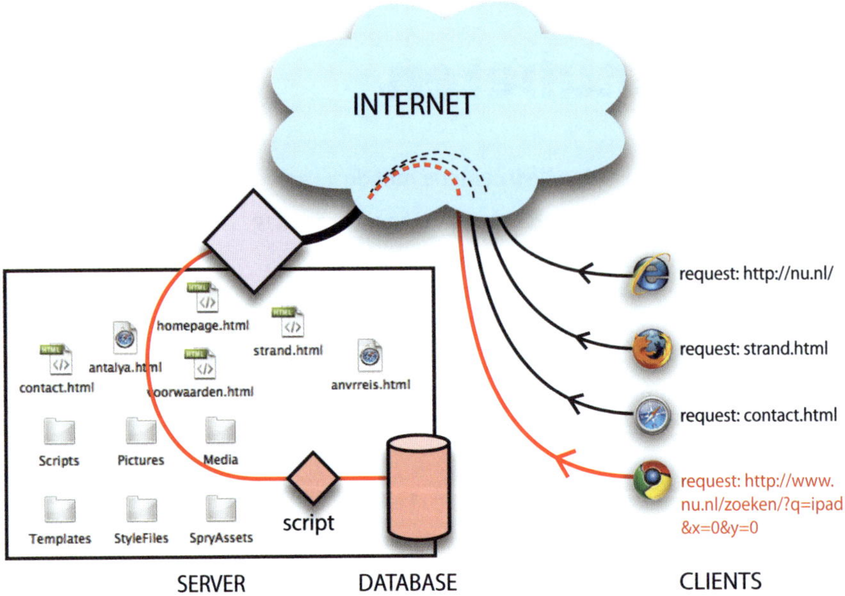

Figuur 9.1: Verzoek en antwoord, actie en reactie: de browser vraagt en de server stuurt. Maar soms stuurt de browser gegevens.

Opzet van een formulier

Een formulier is een HTML-pagina zoals alle andere, maar bevat naast gewone pagina-inhoud nog enkele bijzondere HTML-zaken. Daarnaast kunnen ingevulde gegevens worden 'gevalideerd' op correctheid en geschiktheid. En verder is voor een formulier een ander soort verwerking nodig dan voor een koppeling in een pagina.

We bekijken de opzet, validatie en verwerking aan de hand van een voorbeeld voor een inschrijvingsformulier voor een congres.

9.2 Formulier krijgt vorm

Het zal duidelijk zijn dat Dreamweaver zich niet gaat bemoeien met de inhoudelijke aspecten van het formulier. Waarom een formulier nodig is en wat erin komt te staan, is meestal een zorg van de marketing-, redactie- of secretariële medewerkers. Soms volstaat een naam en e-mailadres; soms willen ze dat je je doopceel zowat licht om je voor een seminar in te schrijven.

Wanneer het duidelijk is welke vragen gesteld gaan worden of welke informatie nodig is om een volgende stap te zetten in de vraag-en-antwoordprocedure van een statische of dynamische website, wordt het tijd om Dreamweaver op te starten.

Formulieren maken lijkt op bouwen met lego: hier een blokje, daar een hokje of een rondje, en zo heb je weer een vraag erbij.

Wat hebben we nodig in een formulier:

- een formuliergebied (form-tag);
- een of meer tekst- en/of keuze-velden;
- een verzendknop;
- een verzend-URL (action-tag).

9.2.1 Formuliergebied

We beginnen met een oefening over een technisch detail, waar de gebruiker niks van ziet, maar dat essentieel is voor de goede werking van een formulier.

Oefening 9.1

1 Maak een nieuwe pagina aan (of open een bestaande).
2 Geef de pagina wat inhoud (kop en inleidende tekst).
3 Kies in het paneel **Invoegen** de categorie **Formulieren**.

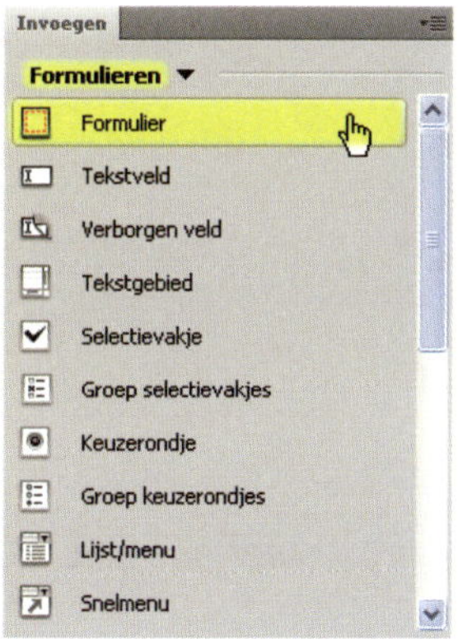

Figuur 9.2: De categorie Formulieren met formulierelementen.

Je ziet dat je een hele reeks formulierelementen kunt gebruiken. Er staan herkenbare elementen bij: tekstvelden, keuzerondjes en selectievakjes. Maar voordat je een van die elementen in je pagina invoegt, moet je eerst het bovenste element plaatsen.

4 Klik op het icoon bovenaan, dat het element **Formulier** invoegt. (Je had het ook naar een plek in je pagina kunnen slepen.)

Figuur 9.3: De rode stippellijn markeert het formuliergebied.

Er verschijnt een gebied met een rode omtrek in de pagina. Hier in kun je andere formulierelementen plaatsen. Je mag ook andere inhoud plaatsen, zolang alle andere elementen uit de categorie Formulieren er maar in staan.

Mocht je het formulierelement zijn vergeten, dan zal Dreamweaver je bij elk ander element uit deze Formulieren-categorie vragen of je alsnog een formulierelement wil plaatsen.

Binnen het rood omlijnde gebied kun je alvast wat ruimte maken voor alle andere formulierelementen. Tik dus maar wat returns, zodat het gebied wat groter wordt, anders vergis je je en zit je straks buiten het gebied elementen in te voegen.

9.2.2 Tekstvelden

Stel, je wil een aantal gegevens netjes op een rij laten invullen. Het gaat dan om gegevens zoals naam, adres en woonplaats. Lukraak achter elkaar zetten zou dit beeld opleveren:

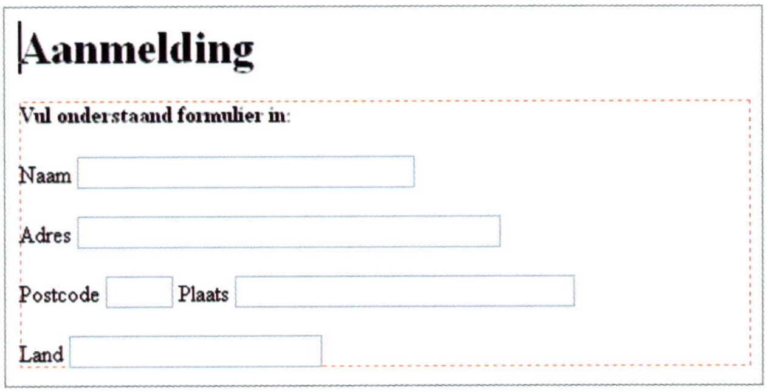

Figuur 9.4: Dit is inhoudelijk misschien wel adequaat en werkt technisch wellicht prima, maar nodigt niet uit tot invullen.

Oefening 9.2

Een aantal vragen en invulvelden kun je netjes op een rij krijgen door met een tabel te werken. Die gaan we dus eerst invoegen. Daarna volgen vier tekstvelden met bepaalde breedten.

1 Plaats de aanwijzer binnen het gebied met de rode stippellijn en kies bij **Invoegen** een **Tabel**. (Gebruik hiervoor het menu, dan kun je het Invoegenpaneel in beeld laten staan.)
2 Geef aan dat de tabel **5** rijen en **2** kolommen moet hebben.
3 Plaats de aanwijzer in de eerste cel, bovenaan links, en tik in de onder elkaar liggende cellen de volgende woorden in de kolom: **Naam**, **Adres**, **Postcode**, **Plaats**, **Land**.

Natuurlijk kun je met CSS- of zelfs simpele HTML-instellingen deze tabel wat kleur en vorm geven, maar daar gaat het in dit hoofdstuk niet zozeer om.

> **Het spreekt voor zich dat wanneer de opdrachtgever bedacht heeft dat alle ingevulde gegevens apart moeten worden gebruikt voor bijvoorbeeld de correcte aanhef in een brief, er dan een veel specifiekere invulling nodig is. Dan moet een naam gesplitst worden in voornaam, tussenvoegsel en achternaam, eventueel met een titel. Voor een betere adressering zou het huisnummer los moeten worden ingevuld van de naam van de straat, enzovoort. Dat soort vragen worden door marketingmensen en databasespecialisten besproken. Dreamweaver heeft er in dat stadium weinig mee te maken.**

We gaan verder met de tekstvelden.

4 Plaats de aanwijzer in de cel rechts bovenaan en klik in het paneel **Invoegen**, bij het deelvenster **Formulieren** op het icoon voor een **Tekstveld**. Een dialoogscherm vraagt allerlei extra informatie, maar je kunt op **OK** klikken zonder iets in te stellen (kan ook nog later).
5 Er verschijnt een invulveld voor tekst in de cel van de tabel.

Als je het veld in de Codeweergave (of de statusbalk) bekijkt, zie je dat de HTML-tag 'input' luidt, met wat attributen.

6 Selecteer dit veld via de statusbalk en let op de **Eigenschappen**. Als dit veld ruimte moet bieden voor een naam, hoeveel tekens moeten er dan in passen? Meestal zijn 40 tekens genoeg voor de meeste namen. Geef bij **Tekenbreedte 40** aan en zie hoe het veld breder wordt.

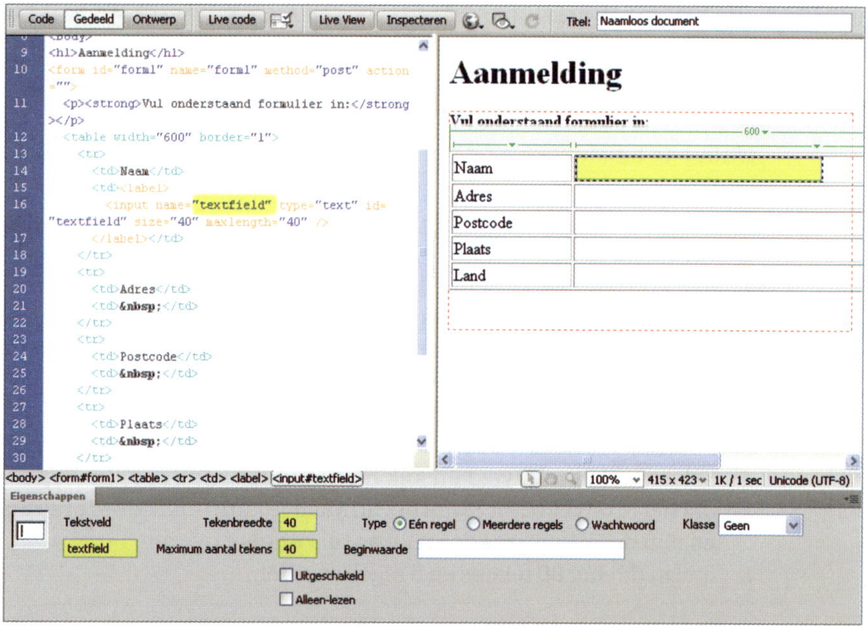

Figuur 9.5: Een tekstveld in de code, in de pagina en in het paneel Eigenschappen.

7 Om te voorkomen dat gebruikers meer tekens (zelfs complete verhalen) gaan intikken, kun je bij **Eigenschappen** een limiet instellen voor het **Maximum aantal tekens** (ook **40**).
8 Kopieer en plak dit tekstveld-element in de drie eronder staande cellen van de tabel (laat de laatste dus nog leeg).
9 Pas de **Tekenbreedte** voor de postcode op dezelfde wijze aan. Vaak is het goed om daar minstens 8 tekens voor te reserveren, omdat niet iedereen één spatie tussen de cijfers en letters tikt.

Je hebt nu een mooi setje tekstvelden, wat een gebruiker goed kan overzien en invullen.

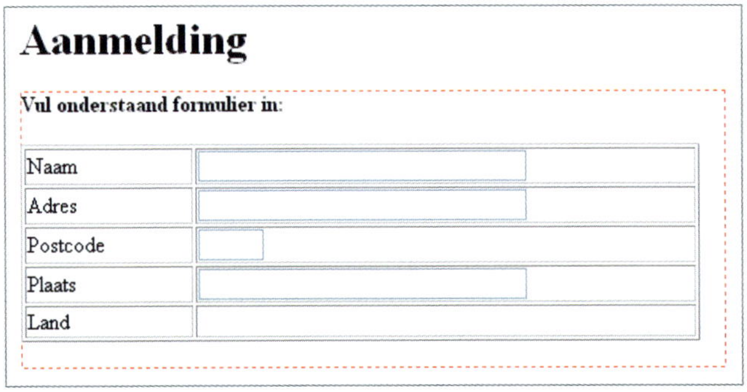

Figuur 9.6: Binnen een tabel oogt het geheel al veel ordelijker.

Gebruik liever geen handig lijkende afkorting 'PC' voor 'Postcode'. Menigeen zal daar doodleuk het model computer gaan vermelden... De langste plaatsnaam in Nederland is 'Gasselterboerveenschemond' (25 tekens). Houd het dus maar op 40 tekens.

Onder de tabel (maar nog steeds binnen het formuliergebied) kun je nog een ander tekstveld plaatsen, voor opmerkingen.

Oefening 9.3

1 Plaats de aanwijzer onder de tabel, binnen het formuliergebied. Tik eventueel een paar returns om wat meer ruimte te maken, want dit element hoort eigenlijk een beetje onderaan te staan. (Er komen dus nog een paar andere elementen tussen de tabel en dit volgende element.)
2 Tik een kopje **Opmerkingen** en dan een return.
3 Plak nog een tekstveld (of klik bij **Invoegen** op **Tekstveld** en op **OK**).
4 Selecteer het tekstveld en kijk bij **Eigenschappen**, optie **Type**. Daar staat dat het tekstveld **Één regel** bevat. Maar je kunt ook **Meerdere regels** kiezen en dan de **Tekenbreedte** en **Aantal regels** opgeven.
5 Stel in dat het **80** tekens en **5** regels worden.

Figuur 9.7: Een tekstveld met de instelling Meerdere regels.

Zo maak je een tekstveld waarin gebruikers een langer verhaal kwijt kunnen. Weet waar je aan begint, want soms tikt men hele memoires in deze velden...

Soms lijkt het Eigenschappen-paneel niet goed te reageren. Je klikt een formulierelement aan, maar de Eigenschappen tonen geen of nauwelijks juiste opties. Klik dan buiten het formuliergebied en nogmaals op het element. Het scherm gedraagt zich dan wel zoals het hoort.

9.2.3 Keuzevelden

De volgende formulierelementen vragen niet om iets in te vullen maar om iets te kiezen. We behandelen drie soorten keuzes:

- Keuzerondjes
- Selectievakjes
- Lijst/menu

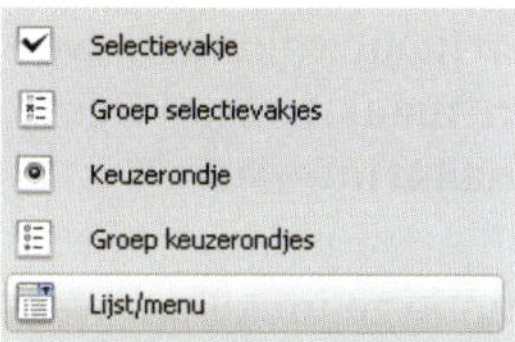

Figuur 9.8: Wat zijn de verschillen tussen deze keuzevelden?

De verschillen en overeenkomsten worden gaandeweg duidelijk.

Keuzerondjes

Een voor de hand liggende vraag voor in het formulier zou zijn: Bent u man of vrouw? Want je wilt de bezoekers later een e-mail sturen met een aanhef à la 'Geachte mevrouw' of 'mijnheer'. Voor die bestaan er keuzerondjes.

In het Engels heten keuzerondjes 'radio buttons', omdat ze lijken op de ronde knoppen van een oude autoradio: je drukt de ene in en de andere springt weer uit. En dat beschrijft ook precies de essentie van deze keuzerondjes: men kan er maar één kiezen. Dus: man óf vrouw. Afgezien van enkele bijzondere gevallen, zou iedereen daar één keuze uit moeten kunnen maken.

Oefening 9.4

1 Plaats de aanwijzer onder de tabel, binnen het formuliergebied. (Tik desnoods een extra return om wat meer ruimte te maken.)
2 Tik de tekst **Bent u man of vrouw?**
3 Plaats de aanwijzer links van het woord 'man' en klik op het formulierelement **Keuzerondje** (of sleep het element vanuit het paneel **Invoegen** erheen). Klik op **OK**.
4 Kopieer en plak dit keuzerondje (of klik of sleep er nog eentje) links van het woord 'vrouw'.

Stel, je wil vanwege een strenge catering precies weten hoeveel koffie- en theeleuten je kunt verwachten. De vraag zou dan zijn: **Wilt u thee of koffie?**

5 Tik deze vraag in, onder de vorige, binnen het formuliergebied.
6 Maak nog twee keuzerondjes, één voor thee en één voor koffie.

Er ontstaat echter een probleem als je de pagina gaat testen (met Live View of Voorvertoning). De rondjes gaan verkeerd aan en uit. Afhankelijk van of je ze gekopieerd hebt of telkens opnieuw met **Invoegen** gemaakt, zullen ze allemaal samen lijken te horen of allemaal niet meer uitgaan. Dus het werkt nog niet goed.

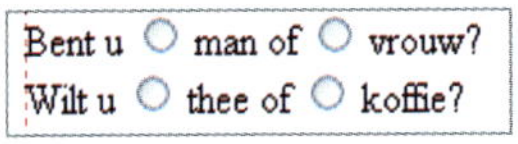

Figuur 9.9: Het lijkt goed, maar technisch werkt het nog niet.

Van ieder formulierelement (tekstveld, keuzerondje, enzovoort) zal straks de ingevulde tekst of aangegeven keuze als een gegeven in een database worden verwerkt. Daarom moet ieder gegeven aan een juiste veldnaam worden toegekend. Die veldnaam zou je al kunnen instellen, maar meestal weet je die naam (nog) niet. Databasespecialisten bepalen die naam immers.

Weet je de veldnamen te achterhalen, dan kun je ze instellen. Weet je ze niet, dan kun je het klikken in het formulier testen door verzonnen of voor de hand liggende namen in te stellen.

Een veldnaam geef je aan in het paneel Eigenschappen (links). Bij sommige formulierelementen staat er wel duidelijk 'Naam', maar soms staat het type element vermeld. Namen mogen geen spaties of rare tekens bevatten.

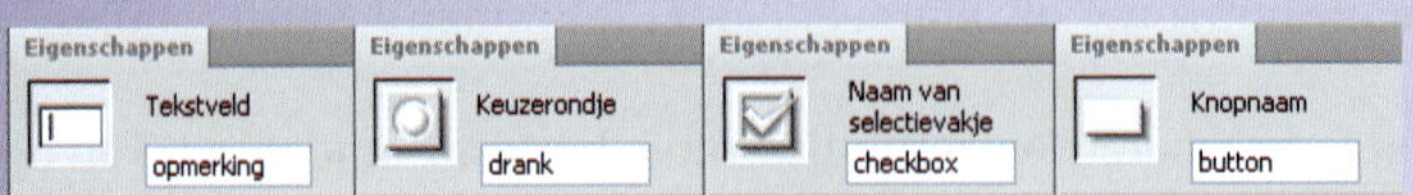

Figuur 9.10: Soms staat er duidelijk 'naam', soms niet...

Oefening 9.5

1 Selecteer elk keuzerondje en kijk in het paneel **Eigenschappen**.
2 Waarschijnlijk staat er 'radio' (eventueel met 1 of 2) als naam.
3 Geef de eerste twee keuzerondjes bij vraag 1 elk de naam **geslacht** en geef de keuzerondjes bij vraag 2 de naam **drank**.

Als je de pagina test, zullen de keuzerondjes correct reageren.

In het paneel **Eigenschappen** kun je tevens aangeven of een keuze bij het openen van de pagina wel of niet ingeschakeld moet zijn.

In het Eigenschappen-paneel kun je ook de Ingeschakelde waarde van ieder keuzerondje opgeven. Want de gegevens die straks naar de database worden gestuurd om te worden verwerkt, zijn niet per definitie de woorden of teksten die aan het bolletje voorafgaan. De database gaat misschien met speciale waarden of afkortingen aan de slag, in plaats van de tekst 'koffie' of 'thee'.

Selectievakjes

De volgende vraag (we hebben hier te maken met een uiterst nauwkeurige catering) demonstreert een ander type formulierelement: het selectievakje. Het lijkt een cosmetisch verschil (bolletje of vinkje) maar het ligt anders: bij keuzerondjes gaat het om of/of(-antwoorden); bij selectievakjes om en/of.

Oefening 9.6

1 Tik de volgende vraag erbij: **Met melk of suiker?**
2 Plaats de aanwijzer links van 'melk' en klik in het paneel **Invoegen** op het **Selectievakje**. Klik op **OK**.
3 Kopieer en plak dit selectievakje of sleep er nog een naast 'suiker'.

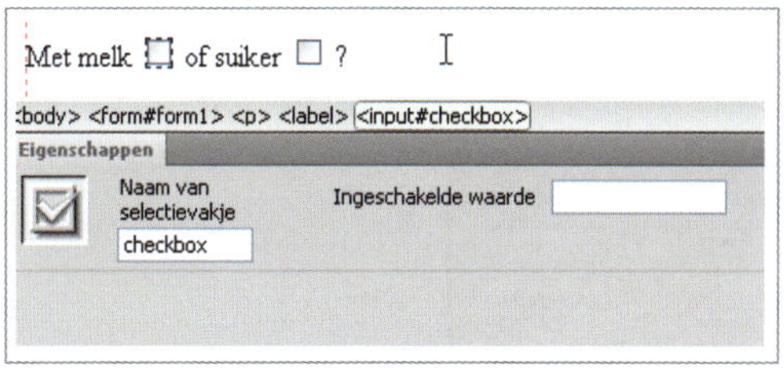

Figuur 9.11: een selectievakje (checkbox) in de pagina.

4 Test de pagina in Live View of Voorvertoning.

Je ziet dat deze selectievakjes onafhankelijk van elkaar aan- of uitgevinkt moeten kunnen worden, want er zijn mensen die zowel melk als suiker in hun thee of koffie willen hebben.

Om sneller te werken, kun je in het **Invoegen**-paneel ook twee groepsgewijze stelsels van keuzerondjes of selectievakjes kiezen (**Groep selectievakjes** en **Groep keuzerondjes**). In het dialoogscherm kun je dan meteen een hele lijst van voorafgaande teksten en alle namen en bijbehorende waarden aangeven.

Lijst/menu

Het volgende voor de gebruiker zichtbare en bruikbare formulierelement in dit voorbeeld, is Lijst/menu. Het is een variant van het keuzerondje, want technisch wordt slechts één keuze verwacht als antwoord. Maar visueel ziet het er anders uit.

Stel dat je graag wilt weten uit welke landen de bezoekers van een Europees congres komen. Je zou dan een heel lange rij met keuzerondjes kunnen tonen, waarvan men er dan één mag aanklikken. Een lijst van pakweg 150 bolletjes (van alle landen in de wereld) is echter niet prettig om te overzien. Bovendien hoeft degene die het invult geen zicht op alle opties, men hoeft alleen één voor de hand liggende keuze aan te geven. Afgezien van personen met meerdere paspoorten, zal men de keuze kunnen beperken tot één optie.

Het aangeven van meerdere opties tegelijk is technisch wel mogelijk, maar wordt door de meeste webgebruikers als ingewikkeld ervaren. In dat geval is een lijst van selectievakjes de noodzakelijke aanpak.

Oefening 9.7

1 Plaats de aanwijzer in de tabel, in de cel rechts van 'Land'.
2 Klik bij **Invoegen** op **Lijst/menu**. Klik op **OK**.
3 Er verschijnt een lijst/menu-element in de cel van de tabel. Selecteer dit element via de statusbalk of door erop te klikken.
4 Klik in het paneel **Eigenschappen** op de knop **Lijstwaarden...**

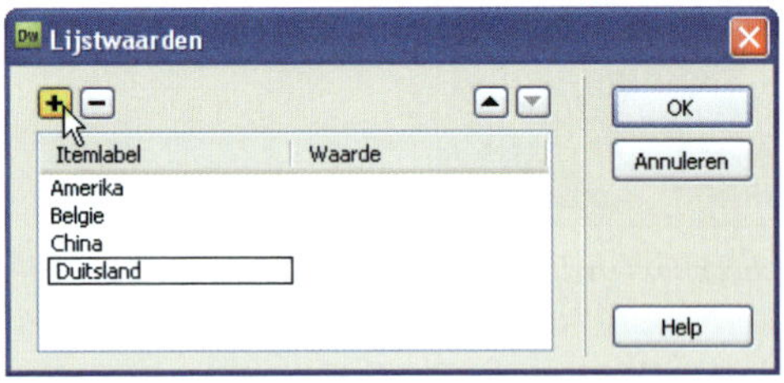

Figuur 9.12: Voor het lijst/menu-element stel je een lijst opties samen.

5 In dit dialoogscherm kun je een lijst van opties aanmaken door (links) een **Itemlabel** te tikken en op het plusteken te klikken. De volgorde kun je ook nog met de pijlen rangschikken.

6 Tik de volgende lijst itemlabels als voorbeeld (het hoeven er geen 150 te worden): **Albanië, België, Cyprus, Duitsland.** Klik op **OK**.

In het paneel **Eigenschappen** kun je ook aangeven welke optie **In eerste instantie geselecteerd** zichtbaar is. Maar eigenlijk is geen van de opties daarvoor geschikt. Daarom is het verstandig om bij **Lijstwaarden** nog één extra optie aan te geven.

7 Klik nogmaals op **Lijstwaarden** en voeg nog één optie toe (plusteken) die als **Itemlabel Maak uw keuze...** krijgt en (met pijlen) helemaal bovenaan komt te staan. Klik op **OK** en stel deze optie in als **in eerste instantie zichtbaar**.

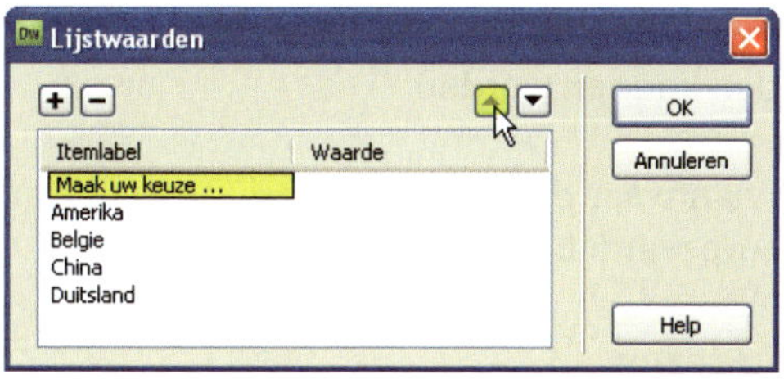

Figuur 9.13: Vergeet de uitnodigende optie 'Maak uw keuze...' niet bovenaan te rangschikken.

Deze laatste optie is verhelderend voor degene die het invult maar niet weet wat hij moet doen. En het voorkomt dat de antwoorden van personen die eigenlijk geen keuze maken, 'vervuild' worden door een vooraf ingesteld land.

Andere keuzes die helpen bij het invullen van lijst/menu's, zijn opties zoals 'Niet van toepassing' of 'Geen voorkeur'.

Daarmee hebben we alle gangbare keuzevelden behandeld en eigenlijk ook alle formulierelementen, waarmee je 99% van alle formulieren (inhoudelijk en visueel) kunt maken. We missen nog één laatste element...

9.2.4 Verzendknop

Met voorgaande formulierelementen voorzien we in alle in te vullen of te kiezen velden. Maar er ontbreekt nog steeds een cruciaal element: zonder een knop Verzenden gebeurt er weinig.

Oefening 9.8

1 Plaats de aanwijzer ergens onder in het formuliergebied, na het tekstveld voor de opmerkingen maar nog steeds binnen de rode omtrek.

2 Klik op het **Knop-icoon** in het paneel **Invoegen** en klik op **OK** in het daaropvolgende dialoogscherm. Er verschijnt een knop met het opschrift 'Verzenden'.

3 Als je dit opschrift wilt wijzigen, selecteer dan deze knop en wijzig in het paneel **Eigenschappen** de **Waarde** in de gewenste tekst.

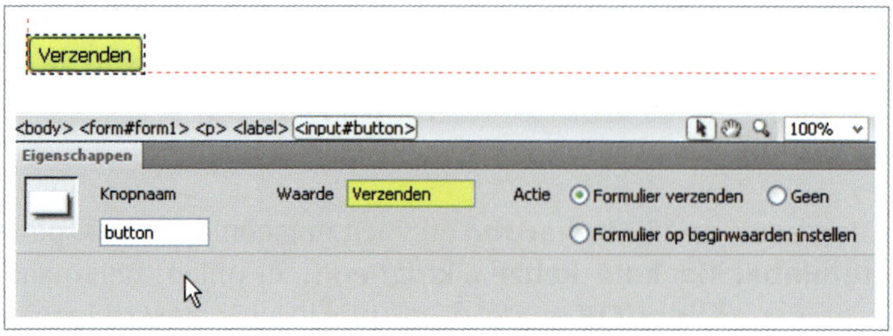

Figuur 9.14: Laatste legosteentje: de Verzendknop met opschrift.

Deze knop doet niet veel meer dan de browser vertellen dat de ingevulde en gekozen gegevens verzonden kunnen worden.

De knop geeft echter niet aan waar de gegevens heen moeten. Daar zorgt de 'action'-tag voor, die verderop wordt behandeld.

9.2.5 Duidelijkheid in formulieren

Een tip met betrekking tot de 'ergonomie' van formulieren: voorkom vergissingen bij het invullen van een formulier door vragen en invul- of keuzevelden duidelijk bij elkaar te laten horen. Visueel moet het antwoord dicht bij de vraag staan. Dat klinkt vanzelfsprekend, maar vaak gebeurt dat niet.

Als je in ons eigen formulier veel meer dranken als keuze zou willen vermelden, wordt het al snel onduidelijker (zie afbeelding).

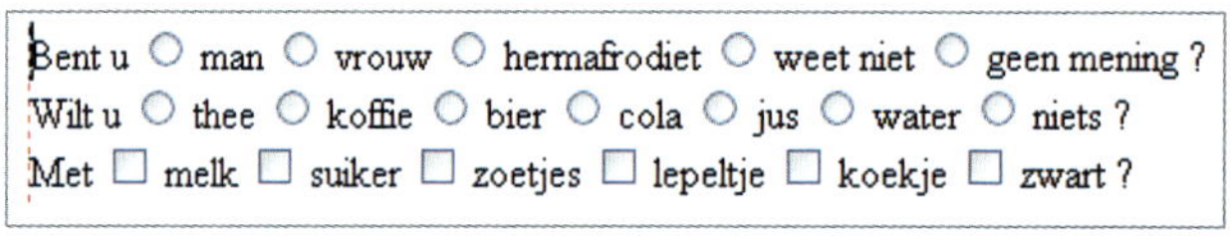

Figuur 9.15: Welk bolletje (of kruisje) hoort nu bij welk antwoord? Met wat meer ruimte wordt het duidelijker en foutloos ingevuld.

Er zijn heel veel slechte voorbeelden hiervan te zien in webformulieren. Zet vragen en bijbehorende invul- en keuzevelden dus liever niet achter, maar boven elkaar.

Zorg verder voor een logische indeling; laat vragen die bij elkaar horen ook visueel bij elkaar staan; gebruik gerust wat meer ruimte en kopjes om groepjes vragen van elkaar te scheiden. En als de database een bepaalde invulwijze vereist (bij tekstvelden), toon dan een voorbeeld van hoe het moet.

Figuur 9.16: Zet het boven elkaar!

9.3 Validatie gegevens

Validaties zijn eenvoudige controles op de ingevulde gegevens, zodat er minder verkeerde (of zelfs malafide) gegevens worden ingevuld en verzonden. Bij een onjuist antwoord wordt een waarschuwing met een korte uitleg gegeven.

JavaScripts schieten daar weer op diverse manieren bij te hulp. Ze kunnen als gedraging (met beperkte mogelijkheden) maar ook als Spry (met meer mogelijkheden) worden toegekend.

In ieder geval zijn beide validatiemethoden 'client-side' zoals dat heet, want de controle gebeurt vóór de verzending, zonder tussenkomst van een server. S

9.3.1 Valideren via gedragingen

De werkwijze van gedragingen kennen we al uit hoofdstuk 8. Je neemt een element dat het gedrag initieert bij een bepaalde gebeurtenis (zoals een muisklik) en kiest dan welk gedrag op welk (eventueel ander) element wordt losgelaten.

Voor hele formulier
Voor deze oefeningen breiden we het formulier uit de vorige oefening uit met twee extra tekstvelden in de tabel. Je kunt deze pagina ook online ophalen, als je de voorgaande oefeningen niet hebt gedaan.

Oefening 9.9

1 Plaats de aanwijzer in de tabel, achter het lijst/menu-element voor 'Land'. Vul met **Invoegen**, **Tabelobjecten** de tabel met twee rijen aan. (Je mag ook elders in het formuliergebied werken.)
2 Tik in de twee lege cellen in de linkerkolom **Aantal personen** en **E-mailadres** en voeg twee tekstvelden toe in de cellen ernaast.
3 Selecteer het eerste nieuwe tekstveld, maak die **3** tekens breed en stel de naam (links) in op **aantal**.

4 Selecteer het tweede nieuwe tekstveld, maak die weer **40** tekens breed (zoals de meeste andere) en stel de naam in op **e-mail**.

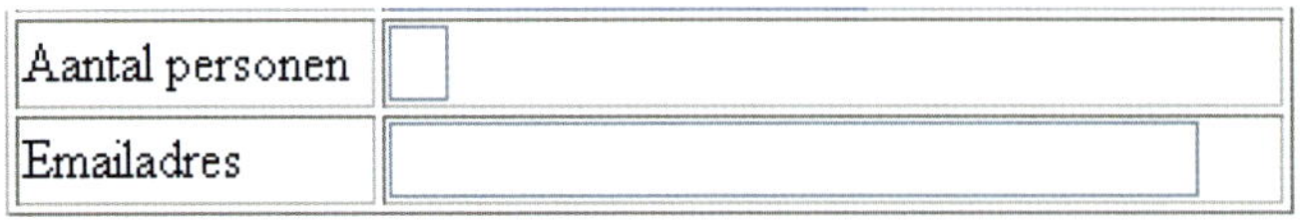

Figuur 9.17: Twee extra velden die specifieke antwoorden vereisen.

5 Stel ook een naam in voor alle andere nog niet benoemde formulierelementen, zoals bij Naam, Adres, Postcode, Plaats, Melk, Suiker en Opmerkingen. (De keuzerondjes had je in de vorige oefening wellicht al een naam gegeven om ze te kunnen testen.)

Gebruik een eenvoudige naam, zonder spaties of rare tekens. Let ook op dat je bij keuzerondjes de naam per groep identiek houdt.

6 Selecteer de Verzend-knop en kies bij **Gedrag** (plusteken) voor **Formulier valideren**.
7 Je kunt nu per veld aangeven of de invulling of keuze **vereist** is (klik die optie voor alle velden aan, behalve voor 'opmerking'). Je kunt dankzij de namen goed zien welk veld je kiest.
8 Bij het veld (input) 'aantal' kun je als extra optie aangeven dat het een 'Getal' is tussen bijvoorbeeld 1 en 100.
9 Bij het veld (input) 'e-mail' kun je als extra optie aangeven dat het een 'E-mailadres' moet zijn (de validatie zoekt dan een ingevuld @-teken).
10 Klik op **OK** en verifieer of de gebeurtenis op 'onClick' staat.
11 Test de pagina in Live View of Voorvertoning, door enkele velden in te vullen (niet alle) en op 'Verzend' te klikken.

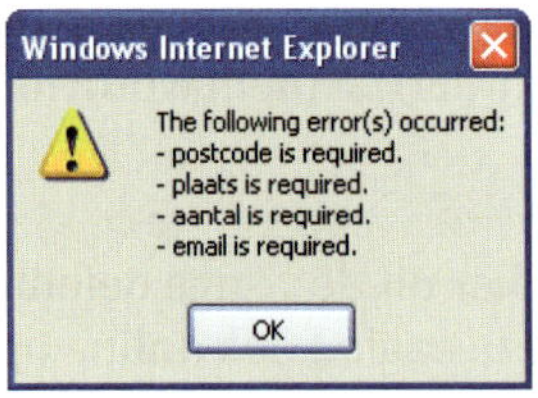

Figuur 9.18: JavaScript voert de validatie uit en trekt aan de bel.

Als het goed is, verschijnt een waarschuwing op het scherm, die je maant tot het (verplicht) invullen van nog enkele velden.

12 Probeer de velden voor het aantal personen en e-mailadres verkeerd in te vullen, en je krijgt wederom een waarschuwing.

Zo zie je hoe een client-side JavaScript in de vorm van een Gedraging voorkomt dat een formulier niet volledig of onjuist wordt ingevuld. Het is geen intensieve controle, maar voorkomt de meest eenvoudige tikfouten of verkeerde interpretaties.

Voor apart element

In de vorige oefening was de verzendknop de initiator die het hele formulier controleert op alle verplichte onderdelen en typen. Maar het kan ook gedetailleerder, door de gedraging per element toe te passen.

Oefening 9.10

1 Kies een formulierelement (bijvoorbeeld het veld bij de naam) en geef dit element dezelfde gedraging, **Formulier valideren**.
2 Je ziet dat het juiste veld al geselecteerd is (input 'naam'). Omdat dit een nieuwe gedraging is, kun je deze apart instellen om dat ene veld ('naam') te controleren. Klik **vereist** aan.
3 Klik op **OK** en zie de gebeurtenis: deze heet nu 'onBlur', hetgeen betekent dat de gedraging geactiveerd wordt zodra je met de muis dit veld verlaat (door ergens anders te klikken).
4 Test de pagina in Live View of Voorvertoning, door het veld bij de naam wel even aan te klikken maar toch niet in te vullen.

Op deze wijze kun je een veld apart laten valideren.

9.3.2 Valideren via Spry-elementen

Om de meer uitgebreide validaties via Spry te gebruiken, moet je er eigenlijk van begin af aan mee werken. Je zou dus velden meteen al met deze Spry-elementen moeten aanmaken, en niet met de gewone formuliervelden.

Om je een indruk te geven van deze aanpak, kun je gerust in een nieuwe lege pagina (of een bestaand formulier) een van de speciale velden voor Spry-validatie invoegen en testen.

Oefening 9.11

1 Maak een nieuwe pagina aan.
2 Kies bij **Invoegen**, **Formulieren** een **Tekstveld voor Spry-validatie**.
3 Je krijgt waarschijnlijk drie waarschuwingen: de ene meldt dat de pagina eerst bewaard moet worden (en dat gebeurt vervolgens), de tweede meldt dat je (minstens) een ID moet aangeven (tik **naam**) en de derde vraagt of je gelijk al een formulier-tag (het gebied met rode omtreklijn) wilt toevoegen (klik op **Ja**).
4 Er verschijnt nu een formuliergebied (rode omtrek) met daarin een Spry-element, herkenbaar aan de felblauwe rand als je het aanwijst of selecteert. Selecteer dit Spry-element.

In het paneel **Eigenschappen** zie je dat er nu veel meer opties geboden worden om te valideren. Daar laten we het voor nu bij. Dus als je Spry-validatie wilt gebruiken, begin er dan vroeg mee.

9.4 Verdere verwerking

De verzending van de gegevens wordt niet geregeld door de Verzendknop (wat veel mensen denken), het proces wordt enkel door deze knop geactiveerd. De browser vergaart dan alle ingevulde en gekozen gegevens en stuurt ze naar de webserver. Maar dan? Waar gaan de gegevens heen?

9.4.1 Form en action

Het lot van de gegevens ligt bezegeld in de form-tag, die al de hele tijd braaf en rood omlijnd het formulier-gebied afbakent. Deze tag bevat het attribuut action, waarvan de waarde een URL kan zijn.

```
<form id="form1" name="form1" method="post" action="">
```

Figuur 9.19: Het action-attribuut van de form-tag dient uiteindelijk de verwijzing naar een script of een ander proces te bevatten.

Als je in een pagina met een formulier deze rode rand aanklikt, zie je in het paneel **Eigenschappen** de optie/attribuut **Actie**. Daar wordt die URL vermeld. Dat is meestal een combinatie van het webadres van een script (of proces) op de webserver plus eventueel een korte of langere reeks extra gegevens.

Meestal staat als action iets vermeld in de trant van:

```
http://www.postbus51.nl/scripts/inschrijven.php
?refer=minvenw+bon=anwb+datum=090315
```

Dit is dus een heel verhaal wat de server voor z'n kiezen krijgt:

- URL van het script of proces;
- eventueel extra gegevens die na de URL staan;
- de ingevulde en gekozen formuliergegevens;
- eventuele extra (verborgen) gegevens.

Webadres van script

Het eerste (en soms enige) deel van de URL is een webadres:

```
http://www.postbus51.nl/scripts/inschrijven.php
```

Hieraan kun je niet alleen zien waar het script op de server staat, je kunt vaak ook zien van welk merk of type techniek het script of proces is. Er zijn namelijk veel technieken in gebruik (cgi, cfm, asp, php), met ieder hun verschillende merken en leveranciers, voor zover ze niet 'open source' of van eigen makelij zijn.

De webserver herkent dit soort adressen en weet dan dat de rest van de vermelde en meegeleverde gegevens ook niet voor hem bedoeld zijn, maar voor een script of proces. Hij geeft deze dus door en daarmee is de kous voor de server zo goed als af. Het script of proces neemt de gegevens over en verwerkt ze.

Veel scripts verwerken gegevensreeksen die afkomstig kunnen zijn van meerdere formulieren, en vaak zelfs van meerdere websites. Daarom moeten extra kenmerken mee worden gegeven en verwerkt, zodat het script steeds de herkomst ervan weet en een navenante respons naar de juiste gebruiker stuurt.

Gegevens in de URL

Het tweede deel van de URL heeft vaak deze structuur:

```
?refer=minvenw+bon=anwb+datum=090315
```

Er volgt een vraagteken met wat koeterwaals volgens de structuur 'variabele= waarde+variabele=waarde' et cetera. Hiermee worden extra waarden aan het script of proces aangeboden (ieder plusteken scheidt een andere variabele en waarde), die niet door formuliervelden worden aangegeven.

Formuliergegevens

Natuurlijk worden de gegevens uit het formulier ook meegezonden, want daar ging het uiteindelijk om. Het is soms van belang dat de methode van deze verwerking correct wordt aangegeven ('get' of 'post', afhankelijk van de server).

Verborgen gegevens

Als de databasespecialist extra gegevens (bijvoorbeeld extra kenmerk over de herkomst of voor een specifiekere respons) als formuliergegeven wil laten meesturen en verwerken, kan dit door middel van verborgen (hidden) formuliervelden gebeuren. Deze worden dan in het pakketje formuliergegevens verpakt en hoeven niet als extra gegevens in de URL te worden vermeld (wat minder zichtbaar voor de gebruiker is). Het icoon voor **Verborgen veld** vind je in het paneel **Invoegen**.

9.4.2 Scripts en query's

Scripts en query's vormen respectievelijk de software en de taal waarmee inhoud in databases wordt gekoppeld aan een website. Hier hoef je als beginner voorlopig geen aandacht aan te schenken. En gebruikers van Dreamweaver die uit de grafische hoek komen, zullen hier zelden direct mee te maken hebben.

Het correct koppelen van webpagina's, databases en scripts is een vak apart en vereist een technische achtergrond (of op z'n minst het lef en de affiniteit om erin te duiken). Heb je daar interesse in, grijp dan wat boeken en verdiep je in websites over onderwerpen zoals php en MySQL. Maak keuzes (zelf ontwikkelen of modulaire systemen) en streef niet naar aanpak die openstaat voor aanpassing en uitbreiding.

Dreamweaver biedt prima ondersteuning voor diverse querytalen (automatisch code completeren, bindingen visueel aangeven, testen en online beheren).

9.4.3 Sluiproutes

Je hebt een formulier gemaakt, maar je hebt geen database waar je de ingevulde gegevens heen zou kunnen sturen. En al zou je die wel hebben, dan weet je wellicht niet hoe je het werkend kunt krijgen. Hoe kun je nou zonder technische achtergrond, zonder affiniteit met databases en met slechts een net formulier, toch de gegevens ergens heen laten gaan? Er zijn twee mogelijkheden:

Mailto-mogelijkheid

In plaats van een opzet met een database, scripts en query's kun je de gegevens uit een formulier simpelweg naar een mailadres laten sturen. Geef de action-tag een URL in de vorm van:

mailto:jouwnaam@jouwdomein.nl

Dit kun je trouwens direct testen door het formulier via een Voorvertoning in te vullen en te verzenden.

Er kleven echter enkele nadelen aan:

- De ontvanger krijgt de gegevens 'rauw' binnen.
- De verzender krijgt geen automatische reactie.

Nu zijn er wel wat trucjes om dat te verbeteren. Zo kan een JavaScript een pagina oproepen nadat de Verzend-knop zijn werk gedaan heeft (gedraging Open URL) en kun je het type verzending als 'text' instellen, maar dit werkt niet altijd goed. Bovendien moet de computer waarop dit wordt gedaan e-mailsoftware hebben en moet men die e-mail zelf verzenden (de tijd dat browsers eigenmachtig e-mail verzonden is voorbij). Kortom: geen heilzame route, al hebben veel webmakers er wel eens van gehoord en kunnen ze het als een optie opperen.

Form-to-Mail scripts

De meeste websites staan op webservers van hostingproviders. Professionele providers bieden deze diensten aan inclusief het gebruik van een aantal scripts, waaronder vrijwel zeker een script dat van een formulier een keurig mailtje maakt en netjes een reactie aan de invuller verstuurt.

Laat je echter niet misleiden door de term 'standaardscripts', want iedere provider heeft daar weer een ander stukje software voor geïnstalleerd (soms gekocht, soms zelf gemaakt). Dus moet je bij iedere provider telkens weer nagaan hoe zij dan willen dat je daar 'standaard' van alles voor instelt. Verdiep je er te zijner tijd maar eens in, volg hun aanwijzingen op een helpdeskpagina stap voor stap op, en dan gaat het meestal wel werken. Het is altijd weer anders (allesbehalve 'standaard') maar je spaart er een hoop databasegedoe mee uit.

9.5 Afronding

Tot zover het maken en eventueel valideren van een formulier. De taak van de webdesigner is daarmee volbracht. Het formulier oogt goed, kan ingevuld worden, maar kan nog geen gegevens vergaren en versturen.

Maar hier houdt het onderwerp in deze basiscursus ook op en zul je andere personen erbij moeten betrekken om het af te ronden. Niet alleen is dat een totaal andere materie die een andere 'breinhelft' vereist (meer technisch dan esthetisch ontwikkeld), de onderwerpen zijn ook te sterk afhankelijk van overwegingen die op andere plekken in een organisatie worden gemaakt (IT) en technieken die te veel variëren om er in het ontwerpstadium concreet over te kunnen zijn.

Wil je toch zelf een website met meer functies uitbreiden, ga dan geen wielen uitvinden, maar verdiep je in de mogelijkheden van populaire CMS zoals Wordpress, Joomla of Drupal. Deze kunnen goed gecombineerd worden met het werken in Dreamweaver (vanaf versie CS5).

Daarnaast kan de in Dreamweaver CS5 ingebouwde Business Catalyst (een 'winkel' in web-functionaliteit) een uitkomst bieden. Deze vind je onder Venster en vereist een (betaalde) account.

9.5.1 Tropic Tracks

Voor de Tropic Tracks-website ga je twee formulieren uitvoeren: een kleintje op de homepage en een wat uitgebreider formulier voor het registreren als vaste klant. Ook hier eigenlijk half werk, want je verzorgt wel het uiterlijk van het formulier, maar niet de verdere afhandeling.

10 Sjablonen

Er zijn veel soorten sjablonen in Dreamweaver: voorbeelden voor bepaalde indelingen en kant-en-klare inhoud, technische sjablonen voor databasetoepassingen en sjablonen die steeds een koppeling houden met het origineel. Over al die sjablonen (en die laatste categorie in het bijzonder) gaat dit korte maar krachtige hoofdstuk. Sneller méér pagina's maken en ook makkelijk onderhouden? Lees dan verder.

10

10.1 In dit hoofdstuk

- Inhoud- en vormsjablonen
- Gekoppelde sjablonen
- Bibliotheek-items

Als je een nieuw document maakt, word je bedolven onder de sjablonen en voorbeelden die Dreamweaver in de loop der jaren heeft opgebouwd. Sommige categorieën zijn inmiddels te beschouwen als onbruikbaar, vanwege achterhaalde technieken als framesets en tabelopmaak. Toch blijven ze in het dialoogscherm vermeld staan.

Voor bijna alle oefeningen heb je steeds **Lege pagina**, paginatype HTML en als lay-out meestal 'geen' gebruikt. Bij **Lege sjabloon** zie je de combinatie van typen databasetechnieken en diezelfde lay-outkeuzes. Bij **Pagina uit voorbeeld** zie je voorbeelden die uit een map met CSS-stijlbladen kunnen putten, maar ook (oude) frameset-indelingen verschijnen. Bij **Overige** komen weer allerlei typen 'brokken' voor database- en scriptinhoud aan bod.

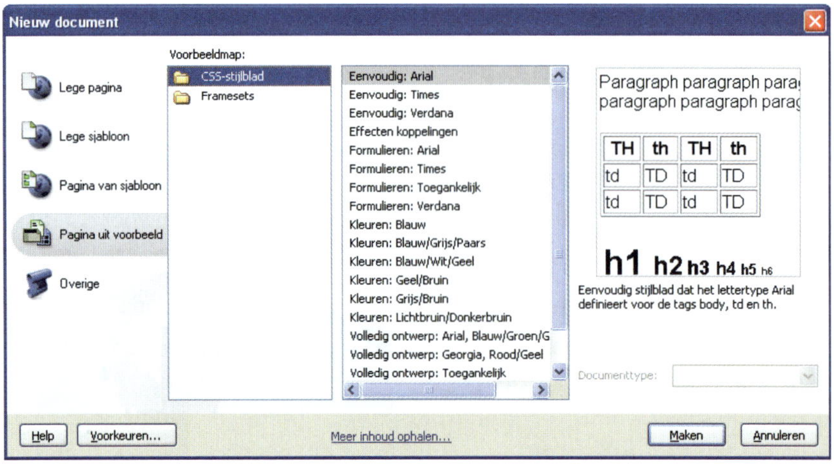

Figuur 10.1: Sjablonenparade in Dreamweaver, waaronder stijlbladvoorbeelden voor tabellen en volledige typografie.

10.2 Inhoud- en vormsjablonen

Deze sjablonen zijn gebaseerd op een eenvoudige opzet: zodra je een sjabloon gebruikt krijgt de pagina (of het brokje inhoud) een bepaalde vastgestelde inhoud en/of een vorm, maar daarna ben jij er heer en meester over. Het sjabloon heeft een pagina volgens voorbeeld geleverd en daar houdt de functionaliteit van het sjabloon dan ook op.

Lay-outsjablonen volgens CSS heb je al eerder gezien, in paragraaf 7.4.2. Deze zetten een werkende constructie van DIV's en CSS neer, waaraan je zelf gaat sleutelen om er de juiste inhoud en vorm aan te geven.

Doe je voordeel met al die voorbeelden, maar het kan best zijn dat je wensen en eisen nooit verder reiken dan de vertrouwde Lege pagina met hooguit een bepaalde lay-out.

10.3 Populaire CMS-sjablonen

Zoals al in hoofdstuk 8 en aan het einde van hoofdstuk 9 werd aangegeven, haakt Dreamweaver versie CS5 uitgebreid in op de syntax en sjablonen van Wordpress, Joomla en Drupal. Dankzij het tonen van alle gerelateerde bestanden en het actief weergeven ervan met Live View kun je makkelijk de sjablonen (en dus ook de CSS-stijlbestanden) van deze populaire frameworks bekijken en bewerken. In deze Basiscursus gaan we daar echter niet verder op in.

10.4 Gekoppelde sjablonen

Één categorie sjablonen zullen we wel in deze Basiscursus behandelen, omdat die in alle versies beschikbaar is en goed te begrijpen en te oefenen is: **Pagina van sjabloon**. Op het eerste gezicht lijkt er weinig te halen. Waarschijnlijk zie je dat je gedefinieerde sites er vermeld staan, maar daar valt ook nog niets te ontdekken.

De kracht zit in de koppeling. Omdat er een blijvende relatie bestaat tussen het sjabloon en de erop gebaseerde pagina, kun je niet alleen snel meer pagina's ermee aanmaken maar deze later ook snel en tegelijk aanpassen, zowel qua inhoud als vorm.

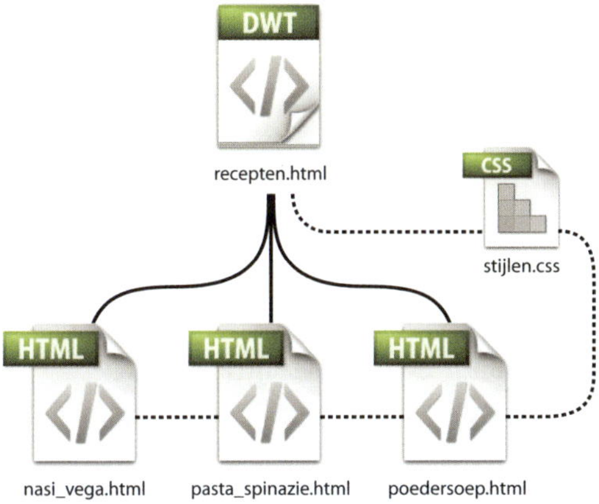

Figuur 10.2: De blijvende relatie tussen sjabloon en pagina (en css) versnelt het maken en onderhouden van vele pagina's.

Drie fasen

Deze sjablonen werken in fases:

1 eerst eigen sjabloon maken;
2 dan pagina's daarmee maken;
3 en later alles snel aanpassen.

Deze opzet is de moeite van de voorbereiding beslist waard!

Let wel, de aanpak is niet ideaal. Het is een goed compromis tussen handmatig telkens weer een (statische) webpagina kopiëren en een volledig (dynamisch) systeem waarbij pagina's gegenereerd worden met behulp van een database. Maar het voordeel van deze 'levende' sjablonen is dat ze heel visueel werken en er geen databasetechniek of CMS voor nodig is.

Daarvoor heb je wel een gedefinieerde website nodig, want het sjabloon wil een plekje in de hoofdmap van je website krijgen.

10.4.1 Fase 1: eigen sjabloon maken

Om een sjabloon te maken, kun je een bestaande pagina of een nieuwe pagina nemen. Al zullen we voor de duidelijkheid van deze oefening uitgaan van een nieuwe pagina, waar we dan inhoud aan gaan geven.

Het voorbeeld betreft een kookrubriek, waarvoor je telkens weer een nieuwe pagina met een vaste indeling wilt aanhouden. Ieder recept heeft dezelfde structuur:

- kop en kreet bovenaan;
- naam van het recept;
- een korte beschrijving;
- een smakelijke foto;
- lijstje benodigdheden;
- de bereidingswijze;
- de auteur.

Oefening 10.1
De stappen in deze voorbereidende eerste fase zijn als volgt:

1 Maak een nieuwe (lege) pagina, zoals gebruikelijk.
2 Zonder al te veel vorm eraan te geven, ga je deze pagina op de typische inhoud voorbereiden. Neem de onderstaande tekst over en geef er wat formattering aan (of gebruik het online voorbeeldbestand).

Zo bevatten de eerste drie alinea's kopformaten (h1, h3, h2) en is er een lijst met bolletjes (met slechts één pro forma-item).

Koken met de muis in de hand
Een vrolijke rubriek voor digitale kookfanaten.
Recept
Korte beschrijving
foto
Bereidingstijd: tijd
Benodigdheden:
• lijstje
Bereidingswijze
Auteur: naam
© 2008 - De Kook Kliek.

Als je je afvraagt hoe je dat ©-teken ook alweer krijgt: kies bij **Invoegen HTML Speciale tekens** Copyright.

3 Gebruik het menu **Bestand**, **Opslaan als sjabloon**. Geef geen gewoon Bewaar-commando!

Figuur 10.3: Een anders dan gebruikelijk Opslaan-dialoogscherm.

4 Je ziet dat je het bestand geen locatie hoeft te geven, want het komt vanzelf terecht in de map Templates van de hoofdmap van je website. Een voor jou duidelijke naam voldoet ('recept').
5 Als je in het paneel **Bestanden** kijkt, zie je dat er nu ook een map **Templates** staat, waarin het bestand recept.dwt te vinden is.
6 Merk ook op dat het bestand de afkorting .dwt heeft gekregen (geen .html), wat staat voor Dreamweaver template-bestand.
7 Dit sjabloonbestand bevat wel inhoud, maar je moet aangeven welke inhoud per pagina mag worden bewerkt. Zo voorkom je dat andere delen van de inhoud onbedoeld worden gewijzigd. Zo'n te bewerken deel heet een bewerkbaar gebied.
8 Selecteer in de pagina de tekst 'Recept'.
9 Gebruik bij **Invoegen**, **Sjabloonobjecten**, **Bewerkbaar gebied** (Ctrl+Alt+V).
10 Geef in het dialoogscherm een naam aan dit gebied: **recept**.

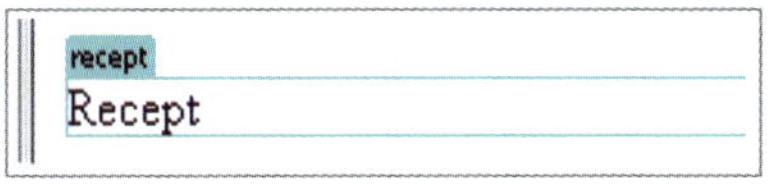

Figuur 10.4: Het bewerkbare gebied is in de pagina aangegeven.

11 In de pagina verschijnt een blauwe rand rondom de tekst, met een label dat de naam 'recept' vermeldt.

Let goed op dat bij het invoegen van nieuwe bewerkbare gebieden niet een hele tag is geselecteerd maar slechts de tekst daarbinnen. Dit controleer je door in de statusbalk te kijken: wanneer je met de aanwijzer ín de tekst klikt, dient de tag <mmtemplate:editable> uiterst rechts te staan, voorafgegaan door de tags <body> en <h2> (als je de formattering identiek hebt gemaakt). Straks zal blijken waarom dit belangrijk is.

12 Doe hetzelfde voor de teksten 'Korte beschrijving' (naam: **kort**), 'tijd' (naam: **tijd**), 'naam' (naam: **auteur**). De foto, lijst en 'Bereidingswijze' nog niet.
13 Selecteer 'lijst' door de tag <li> te selecteren (via statusbalk). Voeg hier weer een bewerkbaar gebied in (naam: **lijst**).
14 Doe dit ook voor 'Bereidingswijze' door tag <p> te selecteren. Voeg weer een bewerkbaar gebied in (naam: **bereiding**).

De foto is een ander geval. Bij het bewerken van dit element moet het bronbestand (de SRC-attribuut) van de afbeelding (de IMG-tag) aangepast worden, en niet de al dan niet aanwezige afbeelding. Daarom hier een andere aanpak.

Zo zijn er trouwens nog meer speciale soorten sjabloonobjecten, zoals een tabel waaraan men per pagina meer of minder rijen kan toevoegen en sjabloonobjecten die optioneel kunnen blijven.

15 Verwijder de tekst 'foto' en kies **Invoegen**, **Afbeeldingsobjecten**, **Tijdelijke aanduiding voor afbeelding**. Dit levert een grijs afbeeldingskader op, zonder afbeelding.
16 Selecteer het kader en stel bij **Eigenschappen** de afmeting in op **400** pixels breed en **200** pixels hoog.
17 Houd het kader geselecteerd en kies bij **Wijzigen, Sjablonen, Kenmerk bewerkbaar maken**.

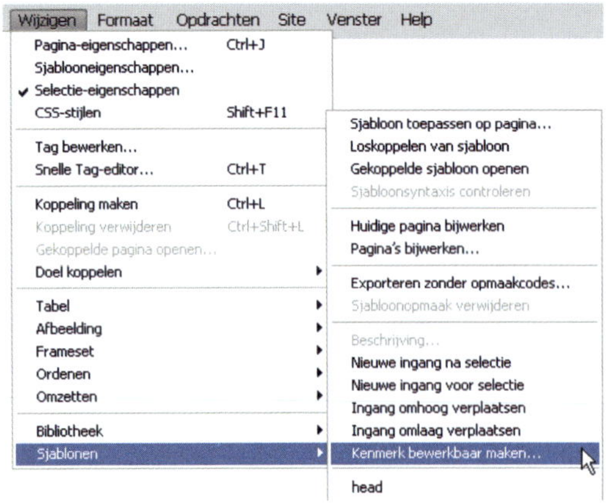

Figuur 10.5: Een wat onverwachte plek voor dit commando.

18 Geef in het dialoogscherm aan dat je het kenmerk 'SRC' bewerkbaar wilt maken (aanvinken) en dat het **Type** een URL is. Klik op **OK**.
19 Bewaar het bestand.

Er verschijnt wellicht een mededeling over 'bewerkbare gebieden binnen een bloktag'. Dat heeft te maken met het verschil in selecties voor de bewerkbare gebieden. Zoals gezegd, dadelijk meer hierover.

20 Klik op **OK**.
21 Sluit het bestand.

Veel mooier?

Natuurlijk zou je dit bestand nu al met DIV's en CSS-technieken veel mooier kunnen indelen en typografisch verfijnen. Maar het frappante is: dat hóeft nog niet. Iedere aanpassing (inhoudelijk of qua vorm) in het sjabloon wordt vanzelf doorgevoerd in alle pagina's die erop zijn gebaseerd. Zelfs als de rubriek over enkele weken honderden pagina's zou bevatten, kan een aanpassing nog steeds snel en integraal worden doorgevoerd.

Terwijl anderen de inhoud voor talloze receptpagina's alvast gaan klaarstomen (dat is de volgende fase), kan de ontwerper nog rustig nadenken over de definitieve vorm van het sjabloon.

10.4.2 Fase 2: snel meer pagina's maken

Met het sjabloon achter de hand kun je nu snel meer pagina's volgens de vaste indeling aanmaken. Denk eraan dat je nu een uitvoerende pet opzet, en niet meer de sjabloonontwerper bent. Je bent nu een stagiair die 30 recepten mag gaan intikken en uitvoeren...

De stappen voor de tweede fase, die je veel zult gaan herhalen.

Oefening 10.2

1 Maak een nieuw bestand aan, maar kies nu de categorie **Pagina van sjabloon**, bij **Site** de naam van jouw site en bij **Sjabloon** het 'recept'. (Rechts zie je een voorvertoning.) Klik op **Maken**.
2 De pagina die nu verschijnt bevat dezelfde elementen als de sjabloonpagina, maar er is een groot verschil: als je er met de muis overheen beweegt, zie je dat je bijna niks mag bewerken, alleen de blauw-gelabelde gebieden zijn bewerkbaar.

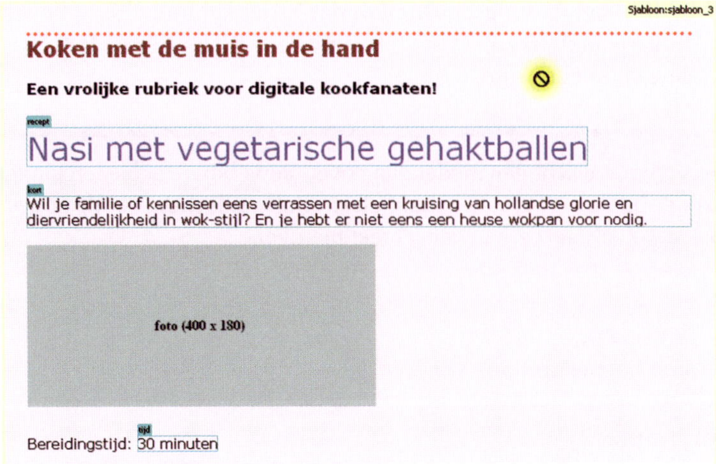

Figuur 10.6: Verboden voor bewerking! Slechts binnen de regio-labels is het mogelijk om inhoud te wijzigen of aan te vullen.

3 Wijzig de tekst 'Recept' in **Tortellini met spinazie** of zoiets.
4 Wijzig de tekst 'Korte beschrijving' in **Lekkere, gezonde pasta voor mensen met weinig tijd.**
5 Wijzig de tekst 'tijd' in **20 minuten**.
6 Wijzig de tekst 'lijst' in enkele zelfverzonnen benodigdheden; na ieder voorwerp of ingrediënt tik je een return, zodat er een volgend bolletje verschijnt.
7 Wijzig de tekst Bereidingswijze in een verhaal van enkele regels. Het hoeft niet waarheidsgetrouw te zijn.
8 Vervang de tekst 'naam' door jouw naam. (Ere wie ere toekomt.)
9 De foto kun je kiezen door bij **Wijzigen**, **Sjablooneigenschappen** het bronbestand (source, src) met het map-icoon op te zoeken. (Het mag voor nu ook leeg blijven.) Klik op **OK**.
10 Bewaar deze pagina in de hoofdmap van je website.

En zo zou je voor ieder recept zo'n pagina moeten gaan maken. Je begrijpt dat we je creativiteit niet op de proef zullen stellen door je maar liefst dertig verschillende recepten te laten verzinnen; drie volstaat. (Je kunt ze ook online vinden.)

Binnen in of buiten om

Bij het instellen van de bewerkbare gebieden was het belangrijk om op te letten of het bewerkbare gebied binnen in of buiten om een tag van het geselecteerde element werd ingevoegd. Stel dat het bewerkbare gebied de hele kop (h1, h2 of h3) zou bevatten, dan kun je als maker van pagina's (in fase 2) deze tag wijzigen, want de tag bevindt zich binnen het bewerkbare gebied.

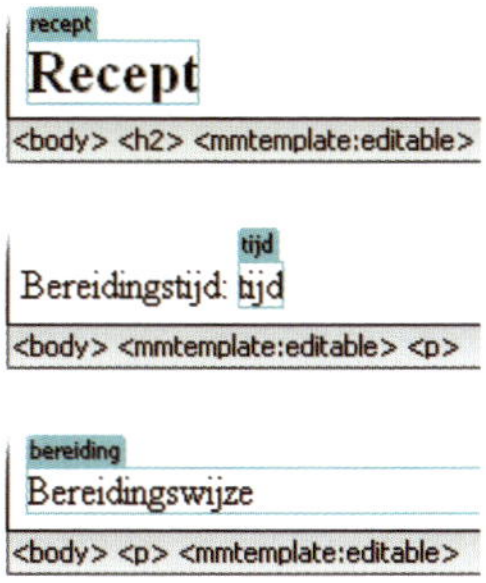

Figuur 10.7: Klein verschil, belangrijk gevolg: regio's binnen in of buiten om een tag? Let op de tag-hiërarchie in de statusbalk.

Omdat je bijna alle bewerkbare gebieden binnen een omhullende tag hebt ingevoegd, kan de uitvoerder van de pagina's deze tag niet aanpassen of verwijderen. Dat kan alleen via het sjabloon.

10.4.3 Fase 3: sjabloon aanpassen

Als je zo een aantal pagina's hebt aangemaakt, zet je de pet van de ontwerper weer op en bedenk je dat er eigenlijk een paar zaken moeten veranderen. Er staat een tikfout in de copyrightregel, er moet een aanduiding bij dat de meeste porties voor één persoon gelden en enkele DIV's en stijlregels voor de typografie zouden ook geen kwaad kunnen.

Of je nu veel of weinig wilt aanpassen, de handelwijze is steeds dezelfde. Dankzij het sjabloon en de 'levende' koppeling met de erop gebaseerde webpagina's kun je heel makkelijk ingrijpen.

Oefening 10.3

1 Open het sjabloon recept.dwt (in de Templates-map).
2 Voeg bij 'Benodigdheden' de tekst **(per persoon)** toe.
3 Wijzig het jaartal '2008' onderaan in **2009**.
4 Selecteer een van de koppen en maak er een stijlregel voor. Daarbij maakt het niet uit of je deze in de pagina of extern opslaat (extern zou niettemin de voorkeur hebben).
5 Als je tussentijds of uiteindelijk het sjabloon opslaat, zal Dreamweaver (naast de terugkerende waarschuwing over die bewerkbare gebieden) vragen of erop gebaseerde webpagina's moeten worden bijgewerkt. Dat is natuurlijk precies de bedoeling. Klik op **Bijwerken**.

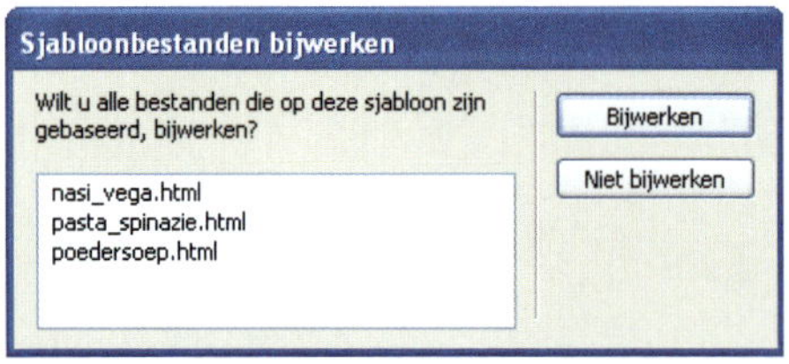

Figuur 10.8: Deze bijwerkfunctie van sjablonen zien werken bij websites van enkele honderden pagina's, is een waar genot.

6 Open de pagina's met recepten maar, dan zie je dat deze alle wijzigingen hebben meegekregen, ook de aanhaking aan een stijlbestand, waardoor ze nu ook meer vorm kunnen krijgen.

Nieuwe pagina's zullen natuurlijk ook deze aangepaste inhoud en vorm volgen. Het enige wat niet meer zal wijzigen, is de inhoud binnen een bewerkbaar gebied. Deze is in alle erop gebaseerde pagina's vrijgegeven voor bewerkingen, en zal dus niet meer wijzigen als het sjabloon wordt aangepast.

Ingrijpen blijft mogelijk

De relatie tussen sjablonen en de erop gebaseerde pagina's is ook voor een of meer pagina's allicht te verbreken. Bij **Wijzigen**, **Sjablonen** kun je een pagina **Loskoppelen van het sjabloon**. Omgekeerd kun je een bestaande pagina die niet op een sjabloon is gebaseerd, alsnog aan een sjabloon toekennen. Alleen volgt er dan een dialoogscherm om aan te geven in welk bewerkbaar gebied de al in de pagina aanwezige inhoud hoort.

Breder toepassen

Iedere website die meer dan tien pagina's bevat, kan al profiteren van het toepassen van een of meer sjablonen. Meestal zijn er altijd wel wat pagina's te vinden die hun inhoud op een sjabloon kunnen baseren, wat het maken en aanpassen ervan enorm kan vergemakkelijken.

Maar zoals voor veel mogelijkheden en werkwijzen die in deze basiscursus behandeld worden geldt, is ook voor deze functie meer ervaring nodig om sjablonen nauwkeurig uit te voeren en in een grotere website met andere functies zoals CSS-stijlen en interactiviteit te combineren. Maar de basis is gelegd en hopelijk ben je in staat het onderwerp uit te diepen en breder toe te passen.

10.5 Bibliotheek-items

Het onderwerp hoort hier niet thuis, want het is eigenlijk het tegenovergestelde van een sjabloon. In plaats van een vaste omgeving met wisselende items, is een bibliotheek-item een vast element in een wisselende omgeving. De procedure lijkt vrij veel op het maken van een sjabloon, drie stappen: item aanmaken, item gebruiken, en eventueel wijzigen.

Voorbeeld: stel, op vrij veel plekken in een website heb je hetzelfde stukje tekst (een naam en telefoonnummer) nodig. Maar het vervelende is dat deze tekst vaak gewijzigd wordt. Veel door de wol geverfde Dreamweaver-gebruikers zeggen dan: 'oh, dan doe ik snel even een zoek-en-vervang in de hele website.' (Je vindt het uitgebreid in te stellen zoek- en vervangcommando bij **Bewerken**.)

Een elegantere aanpak is echter gebruikmaken van Bibliotheek-items. Ze werken redelijk eenvoudig, maar vereisen alleen een hoofdmap want je krijgt (net als bij sjablonen) een map 'Bibliotheek'.

Oefening 10.4

1 Tik in een bestand een korte tekst die je vaker nodig hebt, bijvoorbeeld '**Voor meer informatie, bel Janneke: toestel 241**'. Selecteer deze en sleep hem naar het paneel **Bibliotheek**, of klik in dat paneel op de knop met het plusteken, of kies **Wijzigen**, **Bibliotheek**, **Object toevoegen aan Bibliotheek** (geef een naam).
2 Zet de aanwijzer elders in dezelfde of een andere pagina en sleep het bibliotheek-item naar die plek, of selecteer het item in het panel **Bibliotheek** en klik op de knop **Invoegen**. Doe dat zo vaak als je wilt, overal in de website.
3 Heeft Janneke een ander toestelnummer of een andere baan, open het item dan vanuit het paneel **Bibliotheek** (de inhoud verschijnt in een venster met een grijze achtergrond, om aan te geven dat het een bibliotheek-item is), wijzig de naam en/of het toestelnummer, sluit het venster en klik op **Bijwerken**.

Dreamweaver wijzigt dan de inhoud op alle plekken waar het item gebruikt is.

10.6 Afronding

Niks afronden, hier begint het werk juist! Met sjablonen kom je in de fase van 'lekker eraan werken'. En als iets aan het ontwerp je niet bevalt, dan stel je wat bij en klik je op de knop **Bijwerken**. Vervolgens zie je hoe Dreamweaver een paar honderd pagina's doorwerkt en alles in orde maakt.

Zoals gezegd, een CMS is een betere aanpak, maar is vaak iets lastiger op te zetten. Toch biedt een eerdere opzet met deze Dreamweaver-sjablonen de makers van een CMS al een goede indicatie voor de 'stramienen' van het CMS, en werken ze in een soortgelijke indeling (met vaste en wijzigbare gedeelten). Alleen is hun stramien gekoppeld aan data in een CMS en niet aan driehonderd statische HTML-pagina's. Wees attent op de noodzaak voor die omslag en groei er dan in mee.

10.6.1 Tropic Tracks

Bij Tropic Tracks gaat de website nu ook in de versnelling. Aan de hand van een sjabloon worden snel vele nieuwe maar ook de oude pagina's in een uniform jasje gestoken. Ook worden enkele verfijningen aangebracht in de CSS-technieken, zoals een mooie banner voor iedere categorie pagina's. De website gaat nu echt een geheel vormen.

11 Sitebeheer

Een boek is een boek en een advertentie is een advertentie. Maar een website evenaart tientallen boeken, honderden advertenties, massa's folders, een servicebalie, een etalage, leveranciersingang en televisiezender tegelijk. Daarom moet het in 't gareel houden van al die publicaties en functies overzichtelijk kunnen gebeuren.

11

11.1 In dit hoofdstuk

- Bestanden beheren
- Fouten opsporen
- Online functies

Het paneel **Bestanden** van Dreamweaver is meer dan een handig overzicht van bestanden en mappen. Via dit paneel worden nog veel meer functies geboden:

- bestanden hernoemen
- homepage benoemen
- nieuwe mappen maken
- alle bestanden ordenen
- bestanden weggooien
- koppelingen aanwijzen
- koppelingen controleren
- zwevende zaken ruimen
- betrouwbaarheid testen
- bestanden online zetten
- website synchroniseren

Al deze taken zullen we in dit hoofdstuk gaan behandelen, zodat je website een goed geordend en correct werkend geheel wordt. Tegen het einde van dit hoofdstuk zul je de website ook online leren zetten en onderhouden (handmatig of via synchronisatie).

Vliegende start

Heb je te maken met een 'vliegende start' en moet je met bestaand materiaal dat al op een memorystick, harde schijf of (web)server staat gaan werken, dan zul je vanuit de Inleiding direct bij dit laatste hoofdstuk zijn aanbeland.

Lees met name de gemarkeerde acties (zoals deze hieronder), die in dit hoofdstuk specifiek voor jou bedoeld zijn.

Staat je website al online en wil je de bestanden ervan downloaden, ga dan nu naar paragraaf 11.3.

11.2 Bestanden beheren

Het beheren van een website kan dus niet zonder het bestaan van die hoofdmap van je website, met daarin de nodige bestanden zoals html-pagina's, afbeeldingen (jpeg, gif, png), CSS-stijlbestanden, eventueel scripts en sjablonen.

Vanaf hoofdstuk 4 heb je tijdens de oefeningen steeds in de hoofdmap van een of meer websites gewerkt. Zo niet, neem paragraaf 3.2 dan alsnog door.

Verifieer of je paneel **Bestanden** met de juiste website werkt. Kies de website bij **Weergeven** of stel deze alsnog in met **Sites beheren**.

Safety first

Een belangrijke waarschuwing vooraf: sluit alle bestanden van je website voordat je bestanden gaat beheren. Anders loop je de kans dat je door het beheer een bestand hernoemt of wijzigt, terwijl je er zelf nog in een achterliggend venster mee bezig was maar nog niet bewaard had. Dit levert gevaarlijke situaties op. Als je wat meer routine krijgt in het werken met bestanden en beheerstaken, zul je daar wat laconieker mee omgaan (je begrijpt dan beter welk gevolgen het beheer kan hebben).

Je kunt heel snel controleren of geopende bestanden nog onbewaarde wijzigingen bevatten: zodra er in een pagina (of ander bestand) een wijziging optreedt en het bestand nog niet bewaard is, staat er een sterretje achter de naam in de bovenrand (of tab) van het documentvenster.

Nog een tip met betrekking tot het bewaren van bestanden: als je snel alle open bestanden tegelijk wilt bewaren, kies dan **Bestand**, **Alles opslaan**. Alle sterretjes verdwijnen dan als sneeuw voor de zon.

Het paneel Bestanden

Je gaat de komende oefeningen veel in dit kleine paneel doen, dus het is verstandig om dit paneel nu eerst flink te vergroten. Afhankelijk van de beeldschermgrootte waarover je beschikt, kun je het paneel in een gedokte stand rekken of ergens als apart venster of kolom plaatsen. Doe dit naar eigen inzicht, maar voorkom dat je zit te priegelen in een te klein paneel.

Je kunt het paneel ook helemaal uitvouwen, door op de knop daarvoor te klikken. Het paneel wordt dan zo groot als je scherm en toont een soort tralie in het midden. (Links verschijnt later de online server, rechts zie je je offline hoofdmap met bestanden.) Verschuif deze tralie naar links voor meer zicht op je eigen bestanden. Merk ook op dat het venster in deze stand is gemaximaliseerd en het menu van Dreamweaver heeft plaatsgemaakt voor het menu van het paneel Bestanden.

Figuur 11.1: Het paneel Bestanden kan groter, en zelfs het scherm overnemen. Let op de Uitvouw- en Vernieuw-knop.

Op de Mac zal het Bestanden-paneel altijd een venster blijven (hooguit gedokt) en niet het scherm of de menubalk overnemen.

Vernieuw-knop

Het paneel **Bestanden** houdt regelmatig contact met je computer. Maar af en toe krijg je het verontrustende idee dat je een bestand in je hoofdmap mist of te veel ziet. De inhoud van het paneel moet je daarom zo nu en dan vernieuwen, vooral als je buiten Dreamweaver om enkele bestanden aan de hoofdmap hebt toegevoegd of eruit hebt verwijderd.

Klik op de knop **Vernieuwen** en de hoofdmap wordt bijgewerkt.

11.2.1 Bestanden hernoemen

De eerste beheerstaak is het hernoemen van bestanden. Tijdens het werken aan een website vergeet je wel eens bestandsnamen op correcte wijze te spellen of kies je een naam die later niet zo duidelijk of handig blijkt te zijn. Als je een bestandsnaam wilt wijzigen, kan dit heel makkelijk.

Oefening 11.1

1. Klik eenmaal op een naam om het bestand te selecteren en klik er dan nogmaals op om de naam ervan bewerkbaar te maken.
2. Tik de gewenste naam in; vergeet de juiste extensie niet.
3. Tik een return.
4. Als het bestand aan een andere pagina gekoppeld is, verschijnt een waarschuwing in een dialoogvenster **Bestanden bijwerken**. Je ziet in het overzicht welke bestanden het betreft.

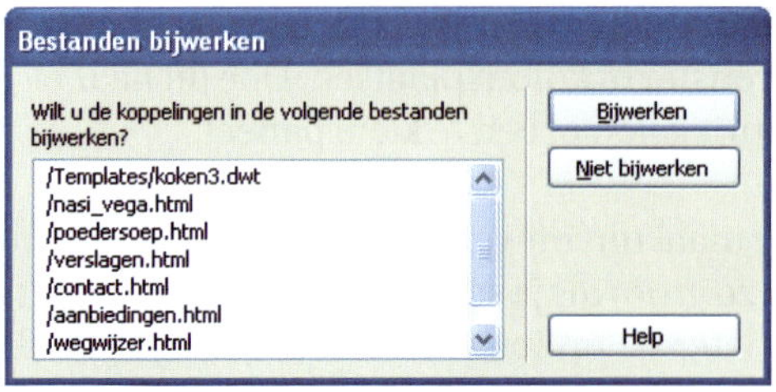

Figuur 11.2: Deze functie bespaart je veel tijd.

5 Klik op **Bijwerken**.

Dreamweaver heeft nu niet alleen de naam van het bestand gewijzigd, maar ook de verwijzing ernaar in andere bestanden, die anders niet meer naar het juiste bestand zouden verwijzen.

Op die manier kun je snel en ook veilig bestandsnamen wijzigen (vaak spaties verwijderen) of een logischer naam geven, zonder je zorgen te maken over consequenties ervan voor verwijzingen. Dreamweaver voorkomt dat koppelingen verbroken en afbeeldingen niet meer gevonden worden. Dat scheelt handmatig corrigeren.

Als je een bestand buiten Dreamweaver om zou hernoemen of verwijderen, zal Dreamweaver de samenhang niet nakijken en worden er geen koppelingen of andere verwijzingen automatisch bijgewerkt.

11.2.2 Homepage benoemen

Een homepage zal waarschijnlijk een andere inhoud bevatten dan de andere pagina's, maar elke pagina kan in principe homepage zijn. Het bepalen van een homepage gebeurt door het toekennen van de juiste naam aan die pagina. Er is geen officiële standaard als naam bedacht; het ligt een beetje aan degene die de webserver beheert.

Meestal is het index.html en/of index.htm, maar beheerders kunnen kiezen wat ze willen. Vraag het dus even na of kijk of op een FAQ-pagina van de provider deze naam wordt vermeld. Geef in je eigen website één pagina (in de hoofdmap) die naam. De webserver zal dan de eerstvolgende keer als iemand geen specifieke URL opvraagt maar gewoon het domein intikt (bijvoorbeeld nu.nl) deze pagina versturen.

11.2.3 Nieuwe mappen maken

Een hoofdmap van een website met tien pagina's en wat plaatjes is nog redelijk te overzien. Maar kleine websites groeien als kool en voor je 't weet heb je honderden bestanden in je hoofdmap. Dan wordt het toch tijd om wat orde in de chaos te scheppen.

Of je nu pagina's in de ene en afbeeldingen in de andere map bewaart, of ze per navigatie-onderdeel bij elkaar houdt (producten, diensten en aanbiedingen in aparte mappen) of alfabetisch ordent, het maakt niet uit. Het is jouw website, jouw indeling. Misschien wil je zelfs meer mappen of een map in een map.

Oefening 11.2

Je kunt mappen als volgt aanmaken in het paneel Bestanden:

1 Selecteer de hoofdmap boven in het paneel **Bestanden**.
2 Klik met de rechtermuisknop op de hoofdmap en kies **Nieuwe map**.

Figuur 11.3: Let even op in welke map (de hoofdmap bovenaan of elders) je een nieuwe map aanmaakt. Klik op die map.

3 De nieuwe map verschijnt onderaan in het paneel Bestanden (ongeacht de alfabetische volgorde) en heet **naamloos**.
4 Wijzig de gegeven naam.

Je kunt ook mappen buiten Dreamweaver om maken. Denk er wel aan om dan op de **Vernieuw-knop** te klikken, als je deze nieuwe mappen niet meteen in het paneel Bestanden in Dreamweaver ziet verschijnen.

11.2.4 Alle bestanden ordenen

Net zoals bij gewone bestanden en mappen, bepaal je zelf welke bestanden je in een map binnen de hoofdmap wilt onderbrengen. Dreamweaver maakt het zoals al eerder gezegd, echt weinig uit. Er zijn slechts een paar dingen die je moet aanhouden:

- Laat mappen die Dreamweaver zelf aanmaakt (o.a. de mappen SpryAssets voor JavaScripts en Templates voor sjablonen) liever ongemoeid. Hernoem deze (en de bestanden erin) niet. Het mag en kan in principe wel, maar waarom zou je het doen?
- Laat het bestand dat de homepage is (wellicht index.html) direct zichtbaar in de hoofdmap staan, zet deze dus niet in een andere map.

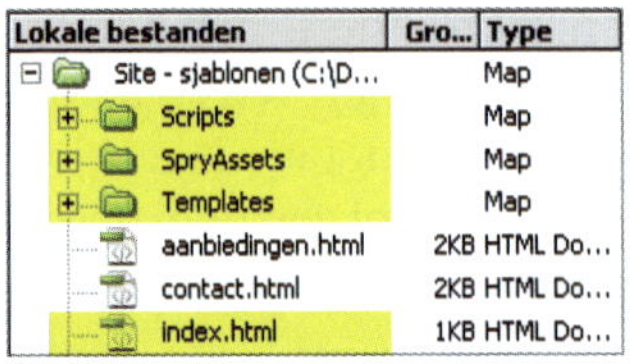

Figuur 11.4: Laat dit soort mappen van Dreamweaver en je eigen homepage staan en hernoem ze niet.

Iedere keer als je bestanden (of een hele map) in of uit een map verplaatst, zal Dreamweaver waarschuwen dat de verwijzingen in de betrokken bestanden moeten worden bijgewerkt, net als bij het wijzigen van de naam van bestanden. En ook hiervoor geldt: doe dit ordenen nooit buiten Dreamweaver om want dan zal die automatische controle en correctie niet plaatsvinden.

Adresseerwijze voor mappen

Om het resultaat van dit automatische bijwerken te zien, kun je het beste een pagina openen waarvan een koppeling of afbeelding naar een andere map is verplaatst.

Bekijk het adres van de koppeling of de bron (src) van de afbeelding in het paneel **Eigenschappen**. Het adres is aangevuld met de naam van de map(pen) en hier en daar een schuine streep: Eerst stond er `logo.png` en nu `afbeeldingen/logo.png`. Als de pagina zelf ook naar een (andere) map is verplaatst, dan staat er `../afbeeldingen/logo.png`.

De schuine streep midden in het adres betekent 'ga in die map' en ../ betekent 'klim eerst uit je eigen map'. Zo geven adressen de hiërarchie van mappen weer.

Homepage per map

Als je gebruikers een URL wilt laten gebruiken die als het ware een website in een website moet lijken, kun je dat doen door in de hoofdmap een map met een duidelijke naam aan te maken, bijvoorbeeld 'sport'. Als je daar weer een bestand met de homepagenaam in plaatst (bijvoorbeeld index.html), kunnen gebruikers deze pagina direct laten verschijnen door slechts de naam van de website, een schuine streep en de naam van die map in te tikken. De server roept dan de index.html op. Bijvoorbeeld: als je kortweg **nu.nl/sport** intikt in de browser, zal de server http://www.nu.nl/sport/index.html oproepen.

CSS-bestanden in hoofdmap

Het is beslist geen noodzaak of plicht, maar wel een verstandige keuze om je CSS-bestanden (die uiterst relevant zijn voor het uiterlijk van hele clusters pagina's) niet te diep te begraven. Maak er een speciale map voor of laat ze zelfs gewoon in de hoofdmap staan. Je zult deze bestanden vaak nodig hebben.

11.2.5 Bestanden weggooien

Natuurlijk kun je bestanden ook weggooien. Selecteer ze in het paneel **Bestanden** en gebruik de **Delete**-toets of het zijklapmenu om bestanden (of mappen) te verwijderen. Als een bestand door verwijdering een verbroken koppeling of ontbrekende afbeelding in een pagina oplevert, zal Dreamweaver vragen of dat wel de bedoeling is.

Bestanden worden niet voorgoed verwijderd maar naar de Prullenbak verplaatst. Je kunt deze dus nog terughalen.

11.3 Fouten opsporen

Een website is als een tuin. Massa's bloemen, planten, hele bomen, gerangschikt in perken en borders, met terrassen en paden er tussen. Maar een tuin vereist ook onderhoud. En af en toe moet je niet alleen nieuwe perken aanleggen; je moet ook bomen rooien, takken afzagen, oude planten weggooien, het onkruid wieden, doodlopende paden verleggen en het gazon netjes houden. Website-onderhoud is flink tuinieren!

We gaan wat snoeien en schoffelen in ons webtuintje.

11.3.1 Koppelingen controleren

Niks zo vervelend als een doodlopende koppeling. Je kent het wel: je klikt als gebruiker op een koppeling en er verschijnt een pagina met een 'Error 404'. Soms heeft men daar een fraaie mededeling voor gemaakt, maar hoe dan ook is het een abrupt einde van je boeiende zoektocht. Ook fout maar minder storend is het ontbreken van een afbeelding.

Dit euvel is te voorkomen door alle koppelingen en afbeeldingen te testen, maar in alle drukte maak je wel eens een vergissing of heb je gewoon geen tijd om alle koppelingen steeds te verifiëren. Daarom doet Dreamweaver dat in sneltreinvaart voor je.

Oefening 11.3

1 Kies in het menu (of het zijklapmenu van het paneel **Bestanden**) **Site**, **Koppelingen op de hele site controleren** (**Shift+F8**).

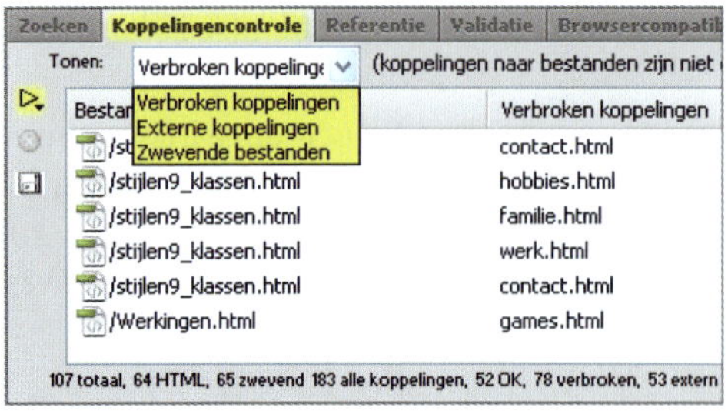

Figuur 11.5: Het paneel Koppelingencontrole geeft een overzicht van Verbroken en Externe koppelingen en Zwevende bestanden.

2 Er verschijnt een paneel genaamd **Koppelingencontrole**. Bij de optie **Tonen** meldt het paneel alle **Verbroken koppelingen** in dit lijstoverzicht. Alle vermeldingen in dit paneel kunnen online een Error 404 gaan opleveren...

Heb je niet één vermelding in dit paneel, dan is alles in orde.

3 Dubbelklik op een willekeurige vermelding links in het paneel. Deze pagina zal verschijnen en de boosdoener zal automatisch geselecteerd worden, zodat je goed ziet waar de fout zit. Aan jou de taak om dit euvel te verhelpen, want Dreamweaver weet hier geen raad mee.

Er zijn vier soorten verbroken koppelingen:

Bestanden die er zijn maar elders staan

Waarschijnlijk heb je buiten Dreamweaver om een bestand in een andere map van je hoofdmap geplaatst of een bestand verplaatst terwijl je erin werkte (niet bewaard en afgesloten).

Corrigeer de koppeling (of bron) zodat deze weer naar het juiste bestand verwijst, of zet het bestand terug op de oude locatie en verplaats het nogmaals, maar nu binnen Dreamweaver, naar de nieuwe locatie. Dreamweaver zal de verwijzingen bijwerken.

Bestanden die er zijn maar anders heten

Je hebt waarschijnlijk buiten Dreamweaver om een bestand een andere naam gegeven, zonder dat Dreamweaver deze wijziging kon nalopen en corrigeren in de ernaar verwijzende bestanden.

Wijzig de koppelingen in de juiste naam door opnieuw naar het bestand te verwijzen, of verander de naam van het bedoelde bestand tijdelijk terug in de oude naam en dan nog een keer in de nieuwe naam, maar nu binnen Dreamweaver. Dreamweaver zal de wijziging nu automatisch bijwerken.

Bestanden die er gewoonweg niet zijn

Naar een bestand dat er nog niet is kan toch alvast verwezen worden, maar de **Koppelingencontrole** zal dit natuurlijk als fout melden.

De remedie: dit halve werk afmaken.

Bestanden die er zijn maar 'buitengaats'

Soms heb je een bestand gekoppeld of een afbeelding ingevoegd dat wel op je harde schijf staat maar niet uit de hoofdmap afkomstig is. Als je dit doet vraagt Dreamweaver meestal of je het bestand naar de hoofdmap wilt kopiëren, maar misschien heb je die suggestie in de wind geslagen.

Dreamweaver markeert dit niet als een echte fout. Sterker nog, deze dreigende error wordt niet eens als ontbrekende koppeling gerapporteerd. Niettemin kun je dit probleem traceren en corrigeren.

11.3.2 Externe koppelingen

Bij de optie **Tonen** in het paneel **Koppelingencontrole** zie je in het tweede deel alle **Externe koppelingen** in een overzichtelijke lijst. Het betreft koppelingen naar andere websites en e-mailadressen. (Niet alleen kun je ze hier overzien, maar ook centraal wijzigen.)

Externe koppelingen controleren

Controleer de externe koppelingen regelmatig. Je bent weliswaar niet verantwoordelijk voor website en e-mailadres van een ander, maar je verwijst er wel naar en als de koppeling niet meer deugt zal men jou erop aankijken.

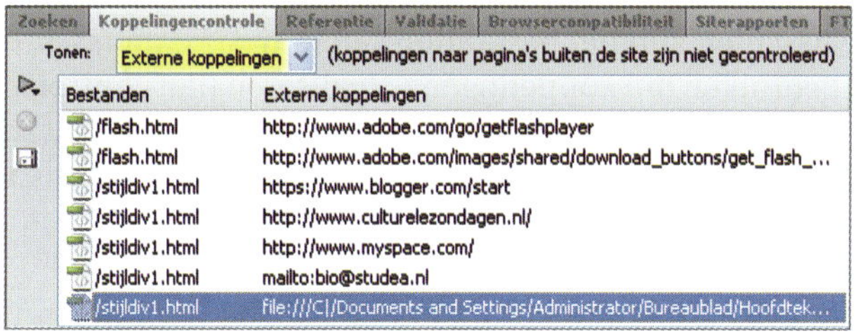

Figuur 11.6: Externe koppelingen zijn niet per se verkeerd, maar sommige bestanden kunnen per ongeluk 'buitengaats' blijken.

Buitengaats naar binnen halen

Waar je ook op moet letten, zijn de namen van bestanden in de rechterkolom. Als dit geen http- of mailto-adressen zijn, zijn het waarschijnlijk buitengaats gekoppelde bestanden die ergens op je harde schijf zwerven maar eigenlijk in de hoofdmap van de website thuishoren.

Omdat je minstens twee duidelijke waarschuwingen hierover hebt genegeerd (of niet begrepen) word je nu gestraft met een flinke handmatige ingreep. Je zult zelf de bestanden opnieuw moeten koppelen (vanuit de pagina) en Dreamweaver zijn hulp accepteren. Komt het toch nog goed.

11.3.3 Zwevende zaken ruimen

De categorie onkruid en dode takken. Het gaat hier om bestanden die al lang niet meer nodig zijn. Bestanden waar geen enkel ander bestand meer naar verwijst, die dus eigenlijk voor spek en bonen in deze website meedoen. Meestal zijn het oude pagina's die niet meer gebruikt worden, plaatjes die zijn blijven staan, vergeten testbestanden, et cetera. Op zich kun je deze fouten lange tijd laten slingeren, maar op een gegeven moment gaan ze je website overwoekeren en ga je er andere fouten door maken.

Figuur 11.7: 'Weeskinderen' werden ze genoemd in Adobe GoLive; bestanden die nergens aan gekoppeld zijn.

Wees voorzichtig

Je zou ze vanuit dit overzicht allemaal tegelijk kunnen selecteren en verwijderen. Maar misschien moet je ze toch even nalopen.

Misschien zit er een pagina in aanbouw bij, die nog niet is gekoppeld maar later wel nodig is. Misschien zijn het bestanden van en voor databases, die hun eigen querytaal gebruiken om koppelingen te realiseren (dat controleert Dreamweaver niet). JavaScripts die niet door Dreamweaver zijn gemaakt worden ook niet gecontroleerd, dus bestanden die voor of vanuit deze scripts nodig zijn, worden ook onterecht genomineerd om te worden geloosd.

Loop de lijst dus even na en kijk welke bestanden je herkent als 'onmiskenbaar oud' of 'overbodig'. Laat de rest dus liever staan als je er de herkomst en het doel nog niet precies van weet.

11.3.4 Koppelingen maken

Een functie van het paneel **Bestanden** die we niet mogen vergeten, is het makkelijk kunnen maken van koppelingen. Als je een site hebt gedefinieerd en het paneel **Bestanden** is in beeld, kun je voor het maken van een koppeling vanuit het paneel **Eigenschappen** met het radertje naar een bestand in het paneel **Bestanden** wijzen.

Figuur 11.8: Naar koppelingen 'hengelen' vanuit het Bestanden-paneel.

Selecteer maar eens een tekst of afbeelding die een koppeling moet worden; klik met de muis op dit **radertje** en sleep het 'elastiek' eruit; wijs daarmee naar een bestand in het paneel **Bestanden** en laat los. De koppeling is dan gelegd, de bestandsnaam staat vermeld.

11.3.5 Meer resultaten

In het menu **Venster**, **Resultaten** zie je naast de al beschreven **Koppelingen controleren** meer controles en tests die je kunt oproepen. Naast het paneel **Koppelingen controleren** kun je extra instellingen en opties vinden in het uitklapmenu en de knoppen in de linkerrand. Hieronder volgt een korte beschrijving van de **Resultaten** die voor een beginner handig kunnen zijn. Doe er je voordeel mee, maar haal er de Help-functie of handleiding bij voor meer uitleg.

Compatibiliteit testen

Via dit paneel kun je controleren welke browsers (zie instellingen in uitklapmenu) problemen kunnen hebben met bepaalde pagina's. Pagina's die met Dreamweaver worden gemaakt zullen geen fouten melden, want zonder aanpassing houdt Dreamweaver rekening met dezelfde browsers als waar je de controle voor uitvoert.

Validatie doorlopen

Via dit paneel kun je controleren hoe strikt je pagina voldoet aan de eisen van de W3C. Schrik niet, het is een nobel streven om een pagina alle goedkeuringen te laten krijgen. Maar waarschijnlijk zal je pagina wat fouten melden. Het geeft je in ieder geval een indruk van de technisch strikte regels van webstandaarden.

Siterapporten maken

De extra onderverdeling verschijnt zodra je op de pijl (links) klikt of het commando kiest in het uitklapmenu. De Workflow-rapporten zijn niet nuttig voor je, maar de HTML-rapporten wel. Dreamweaver kan heel nauwkeurig nakijken welke details beter kunnen, zoals ontbrekende alt-teksten en titels, of slordig toegepaste of ronduit onnodige tags.

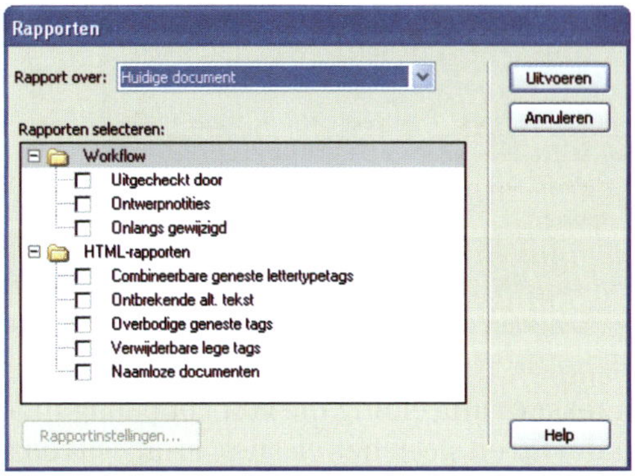

Figuur 11.9: Enkele rapportages die je al vrij snel kunnen helpen.

Let op: de vertaling van 'Untitled documents' (bestanden zonder titel) luidt bij het kiezen voor rapportages 'Naamloze documenten', wat allicht verwarrend is. Terwijl dit juist een nuttige rapportage is.

11.4 Online functies

Als je website in een redelijke staat raakt, geen fouten meer bevat en wat te melden heeft (of je vindt het gewoon spannend om te proberen), gaan we de boel online zetten.

Staat je website al online en wil je de bestanden ervan downloaden, volg dan deze paragraaf.

De meeste beginnende webmakers vinden dit een behoorlijk enerverende stap. Ze zien er zelfs een beetje tegen op omdat het zo gewichtig en technisch verheven lijkt. Iets online zetten, je creatie bloot geven aan het wereldwijde web, eeuwige roem? Maar als je het een paar keer gedaan hebt, is het heel simpel.

Bestanden-paneel in beeld

Het paneel **Bestanden** steelt de show weer, dus zet deze maar weer prominent voor je in beeld. Alle andere bestanden bewaard en afgesloten?

Klik op de knop om het paneel **Bestanden** uit te vouwen, zodat je weer twee panelen erin ziet. Als dat niet het geval is, heb je misschien de tralie te ver naar links verschoven – plaats deze in het midden voor een gelijke scheiding. Links is het paneel vrijwel leeg, rechts zie je de hoofdmap van je website (al dan niet met de + opengeklapt).

11.4.1 Externe map (online)

In hoofdstuk 3 heb je al geleerd dat (en hoe) je een lokale hoofdmap voor alle bij een website horende bestanden maakt. Daar heb je in de oefeningen ook steeds gebruik van gemaakt. Neem dat onderdeel desnoods nogmaals door en herhaal het voor iedere website waar je later aan gaat werken.

Voor de websitedefinitie die je in dat hoofdstuk hebt ingesteld, was de naam en locatie van de lokale hoofdmap van je website voorlopig voldoende. Daar gaan we nu een volgende categorie bij instellen: de externe hoofdmap van je website. Maar daarvoor moet je eerst toegang tot de server hebben.

Als je al een map met bestanden op een memorystick of harde schijf hebt staan of ergens online moet ophalen, zul je paragraaf 3.2.1 eerst gaan doornemen en uitvoeren. Keer daarna hier terug.

11.4.2 Type toegang instellen

De toegang tot een webserver is een soort beveiligde artiesteningang. Zomaar webpagina's ophalen of online zetten is niet mogelijk, anders zou iedereen elkaars website om zeep kunnen helpen.

Je hebt nu (of al eerder) een hoofdmap gedefinieerd voor het offline werken aan een website, maar deze moet gerelateerd worden aan een map die online komt te staan (of al bestaat). Daarvoor moet eerst zo'n toegangswijze worden ingesteld. De meest gebruikte zijn van het type FTP of Lokaal/netwerk.

Oefening 11.4

1 Roep de Sitedefinitie voor je website op via **Site**, **Sites beheren**.
2 Klik op **Bewerken**.
3 Bij **Site** staat in ieder geval de naam en de offline locatie van de Lokale hoofdmap ingesteld. Klik bij **Servers** op het plusteken.

Heb je een versie Dreamweaver CS4 of ouder, dan vind je de panelen 'Lokale informatie' en 'Externe informatie' in het deelvenster **Geavanceerd**.

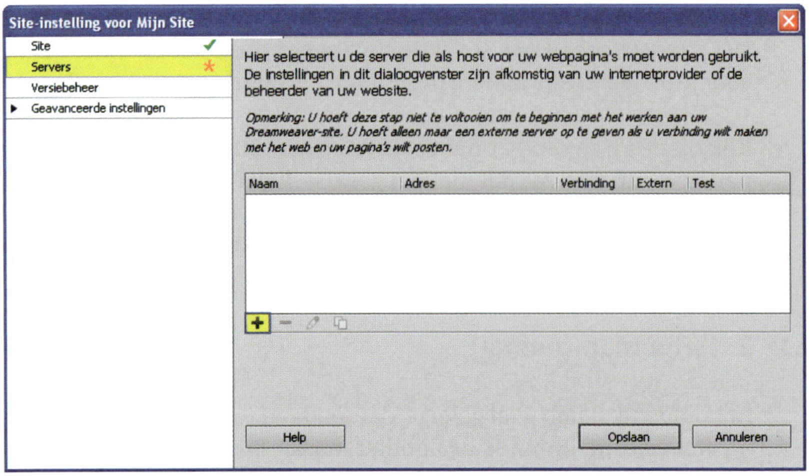

Figuur 11.10: Het tweede paneel in de dialoog voor de sitedefinitie.

Vervolgens ga je de inloggegevens instellen. Maar eerst volgt wat toelichting op de verschillende soorten toegang.

Lokaal/netwerk (LAN of WAN)

In een kantooromgeving, waar men meestal via het netwerk van de organisatie werkt, heeft men soms rechtstreeks toegang tot de webserver. Door met een bepaalde naam (en wachtwoord) op een computer (en het netwerk) in te loggen, meldt men zich vaak al automatisch aan bij een aantal servers. Raadpleeg de IT-afdeling of een beheerder van de webserver voor verdere hulp en aanwijzingen (zoals de vereiste naam voor Externe map).

File Transfer Protocol (FTP)

Alle andere situaties gaan meestal uit van toegang via FTP. Dreamweaver is uitgerust met een uitstekende en ingebouwde FTP-client, dus er is geen aparte FTP-software nodig.

FTP is het oudste functionele internetprotocol. Het behelst in feite niets meer dan commando's om bestanden heen en weer te kopiëren, gepresenteerd via een paneel met lijsten van beschikbare bestanden en knopjes om bestanden te 'uploaden' (van jou naar de server) en te 'downloaden' (van de server naar jou).

11.4.3 Inloggegevens FTP

Maar net als alle FTP-clients moet ook Dreamweaver een aantal inloggegevens weten om toegang te krijgen tot de FTP-server (de 'host') en jouw webruimte.

4 In het dialoogscherm om je **Sitedefinitie** te bewerken wordt bij **Server** en **FTP-toegang** gevraagd om een aantal inloggegevens in te stellen:

- *FTP-host*
  Hoe heet de FTP-server waarmee je toegang hebt tot je online webruimte? Let op, als naam gelden soms diverse spelwijzen en varianten. Veel providers en webserverbeheerders bieden op meerdere wijzen toegang tot je webruimte, wat soms verwarrend of zelfs onduidelijk kan zijn.
- *Hostmap*
  Dit gegeven is optioneel. De webruimte waarover je beschikt bevat soms meer dan alleen de hoofdmap van je website. Je FTP-toegang verwijst in eerste instantie naar een of meer overkoepelende mappen waar de hoofdmap in staat. Dus misschien moet je hier een mapnaam intikken.
- *Inlognaam*
  FTP-toegang vereist vrijwel altijd een inlognaam. Soms is dat de naam die overeenkomt met je e-mailadres, je inlognaam voor de e-mail, soms ook een totaal andere naam.
- *Wachtwoord*
  En bij de inlognaam hoort ook altijd een wachtwoord. Dit is soms hetzelfde als je e-mailwachtwoord, soms iets totaal anders.

Voor al deze gegevens geldt dat de partij of persoon die voor jou de webruimte (en webserver) beheert en onderhoudt, ook weet wat die gegevens zijn of ze opnieuw kan instellen en verstrekken als je ze niet meer weet en die brief of e-mail met cruciale gegevens bent kwijtgeraakt…

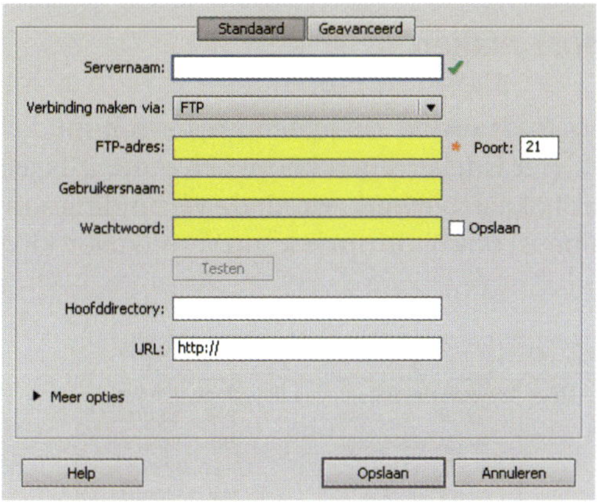

Figuur 11.11: Als er iets spannend is aan het online zetten van je website, is dat wel het vinden van de memo met inloggegevens.

5 Vink de optie **Opslaan** aan als je wil dat Dreamweaver deze instelling (op de machine waarop je momenteel werkt) bewaart.
6 Klik op **Testen** om te verifiëren of een verbinding tot stand kan worden gebracht en je toegang kan krijgen tot je webruimte.

Als het niet lijkt te werken, probeer dan of het wel werkt met de extra optie **Passieve FTP gebruiken** aangevinkt. Als dit niet helpt zul je voor hulp en aanwijzingen (bijvoorbeeld over de firewall) met je webprovider, IT-afdeling of serverbeheerder moeten overleggen. Veel (goede) providers hebben meestal een Help-pagina online, met wat algemene instellingen overzichtelijk op een rijtje.

7 Klik op **OK** als je een en ander hebt ingesteld. Als de test nog niet lukt, kun je later deze inloggegevens nakijken en wijzigen. Je zult nu nog geen toegang krijgen tot je (online) webruimte, maar kunt wel alle andere (offline) beheerstaken verrichten.

11.4.4 Staging server

Sommige bedrijven en instellingen met complexe websites en databases gebruiken *staging servers* als extra buffer tussen het offline werken aan een website en het definitief online zetten ervan. Daarvoor wordt een speciale server als een generale repetitie ertussen geplaatst. Deze staging server bootst alle processen en omstandigheden na van de werkelijke webserver, zodat men een zeer betrouwbare test kan draaien voordat alles echt online gaat. Daarnaast houdt een staging server ook vaak versies van de echte server in back-up, zodat men in noodgeval snel terug kan vallen op een eerdere (werkende) status.

Mocht je met dit soort voorzieningen te maken hebben, houd dan contact met de beheerders ervan voor het instellen en gebruiken van Dreamweaver.

11.4.5 Verbinding met de host maken

Linksboven in het paneel **Bestanden** zie je een grijs symbool dat een losse stekker moet voorstellen. Het is tevens een knop; klik erop. (Als je geen FTP-verbinding gebruikt maar Lokaal/netwerk, wordt de verbinding soms al direct tot stand gebracht. Dit gebeurt ook als je op de knop Vernieuwen klikt.)

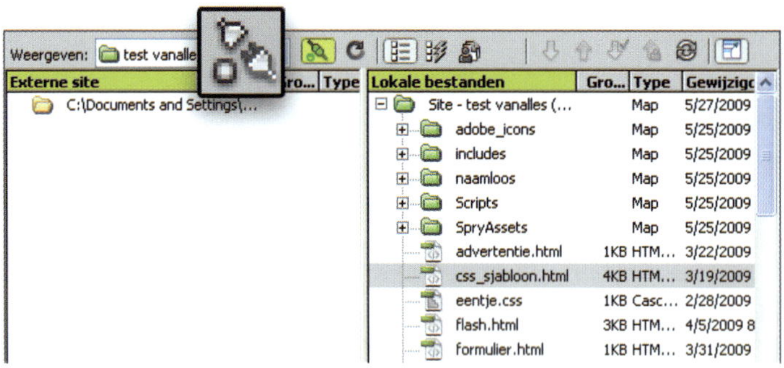

Figuur 11.12: Klik op de symbolische stekkers in het icoon om verbinding te maken.

Als je de instelling in paragraaf 11.4.2 en 11.4.3 goed hebt gemaakt (en getest), zul je nu beloond worden met een werkende verbinding met de webserver ('host'). Zo niet, ga dan terug naar deze paragraaf.

Waar ben ik?

Als de verbinding wel werkt, zie je een of meer iconen van mappen en/of bestanden in het linkerdeel van het paneel verschijnen. Dit zijn de mappen en/of bestanden op de server.

De vraag is nu: staat je FTP-instelling op het juiste niveau om de hoofdmap van je website te gaan overnemen? Zoals al uitgelegd werd in paragraaf 11.4.3, kan toegang op hoger niveau worden verleend, waardoor je misschien de optionele 'Hostmap' moet instellen. Volg de aanwijzingen van je beheerder of provider.

Staat je website al online en wil je de bestanden ervan downloaden, sleep de bestanden dan van links naar rechts.

11.4.6 Bestanden online zetten

Als je op het goede niveau zit, zie je links wellicht weinig en rechts de hoofdmap met mappen en bestanden van je website. Hoe denk je dat je deze bestanden online kunt krijgen?

Het is één stap, maar we maken er een heuse oefening van.

Oefening 11.5

1 Selecteer alle inhoud van de hoofdmap en sleep deze naar het icoon boven in het linkerpaneel. Laat de muisknop los.

Klaar.

Eventuele vragen over 'afhankelijke bestanden' kun je negeren. Er volgt een dialoogscherm dat toont hoe het kopiëren vordert. Na afloop staat links (op de server) een kopie van alle bestanden van rechts (je lokale map).

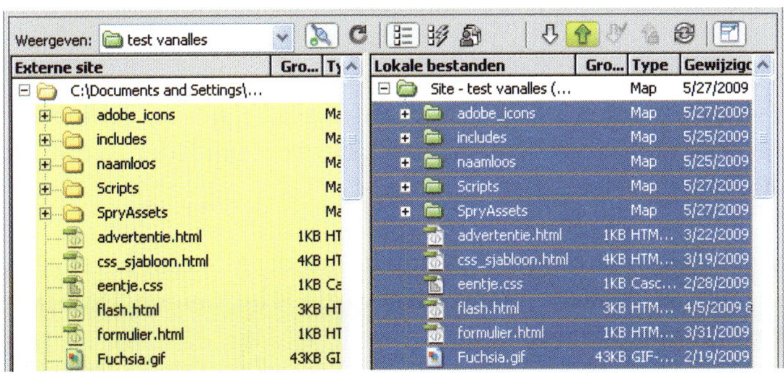

Figuur 11.14: Bij de meeste websites streef je naar het 'spiegelen' van bestanden en mappen; van rechts naar links en vice versa.

Afhankelijke bestanden zijn bestanden die aan een pagina zijn gerelateerd, zoals de afbeeldingen en de stijlbestanden. Als je in een aantal pagina's alleen tekstuele wijzigingen hebt doorgevoerd, kun je die afhankelijke bestanden dus overslaan.

Je zou ook de knoppen **Ophalen** en **Plaatsen** boven in het paneel **Bestanden** kunnen aanklikken; ook niet echt moeilijk.

Je kunt ook met de rechtermuisknop op losse mappen of bestanden klikken en deze van rechts naar links 'plaatsen' (online zetten ofwel uploaden) of van links naar rechts 'ophalen' (downloaden)

De twee panelen bieden dus eigenlijk een 'drag-and-drop'-interface, zoals we die ook kennen van ons gewone systeem. Sleep bestanden van links naar rechts en omgekeerd, in en uit mappen, zoals je al eerder bestanden leerde beheren.

Als je het webadres van deze website weet, kun je gaan kijken of er iets herkenbaars in een browser te zien valt.

Heb je je website nu ook offline om er verder aan te gaan werken? Dan kun je nu terugkeren naar de Inleiding en andere hoofdstukken gaan doornemen.

11.4.7 Website synchroniseren

Het mooiste bewaren we tot het allerlaatste. In alle hectiek van het onderhouden van de website (inhoud wijzigen en aanvullen, nieuwe pagina's aanhaken, afbeeldingen, CSS, Flash-bestanden, et cetera) is het online krijgen van een constant vernieuwende website een tijdrovende klus. Tenminste, als je iedere keer zelf zou moeten nagaan wat er gewijzigd is, en dan niet alleen door jou, maar ook door de automatisch bijwerkende helpende hand van Dreamweaver.

Het is bij een middelgrote of grotere website eigenlijk niet meer goed bij te houden welke bestanden steeds nieuw en/of gewijzigd zijn. En iedere keer (vanwege gebrek aan overzicht) de hele website weer uploaden, is ook een te grof en langdurige werkwijze.

Daarom biedt Dreamweaver een functie die ideaal is voor het snel online plaatsen (of ophalen) van alle nieuwe en gewijzigde bestanden. Deze functie vind je bij **Site**, **Synchroniseren**.

Als je website al online staat en je hebt weer diverse wijzigingen doorgevoerd, kies dan dit commando en geef aan wat je wilt doen (de hele website of een selectie; plaatsen of ophalen of allebei tegelijk).

Je krijgt eerst nog een lijst van alle geconstateerde verschillen tussen de online en offline versie van de website (of geselecteerde mappen/bestanden). Daardoor kun je nog aangeven wat je precies wilt.

Kies in het dialoogscherm voor de extra optie 'Externe bestanden verwijderen' indien je achterhaalde bestanden wil laten verwijderen, als ze niet aan de 'overkant' nodig blijken

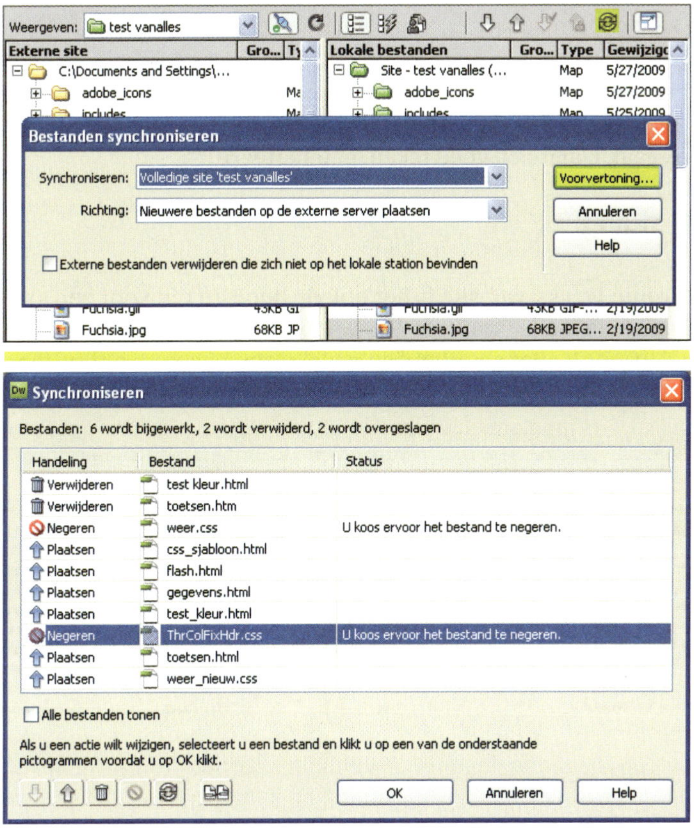

Figuur 11.13: Synchronisatie zoekt voor je uit welke bestanden aan welke zijde nieuwer dan wel ouder zijn. Jij bepaalt wat er gebeurt.

Deze synchronisatie wordt op den duur een automatisme, waardoor je je kunt concentreren op de inhoud en vorm. Want een goede website is **altijd** 'under construction'.

11.5 Afronding

En zo heb je de laatste fase in het werken aan een website doorlopen. De website is gecontroleerd, opgeruimd en online gezet. Daarmee komen we ook aan het einde van deze basiscursus.

Je gaat me nog wel vervloeken. Je gaat nog wel verzuchten 'waarom had je dát niet even kunnen beschrijven' of 'waarom heb je dáár niet voor gewaarschuwd'. Je gaat nog tegen vele hobbels aanlopen en over veel drempels struikelen. Deze basiscursus is een begin en voor een goed begin heb ik prioriteiten moeten stellen en keuzes gemaakt.

Maar bekijk het ook van de positieve kant: als je tegen een nieuw probleem aanloopt, realiseer je dan dat het een teken van groei is. Je reikt verder, verder dan dit boek gaat. Dat is een goed teken, **gefeliciteerd!**

11.5.1 Tropic Tracks

Bij de Tropic Tracks-website is het ook de hoogste tijd voor een grote opruim- en schoonmaakactie, want de bestanden puilen de map uit. Via het paneel Bestanden wordt alles geordend en nagekeken. Klaar om online te zetten.

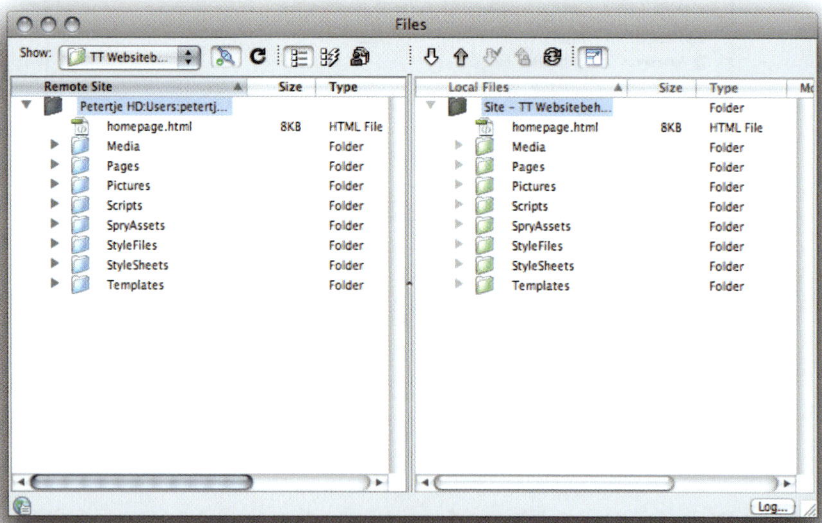

Appendix Sneltoetsen

Vertalingen (Nederlands/Engels) en sneltoetsen van de belangrijkste commando's.
De absoluut volledige lijst (met toetsen voor selecties en werken in code) is online beschikbaar.

Blauw: bij Windows
Paars: bij Mac

Nederlands	Engels	Toets Windows	Toets Mac
Nederlands	**Engels**	**Toets Windows**	**Toets Mac**
Menu-opdrachten			
Dreamweaver	**Dreamweaver**		
Voorkeuren...	Preferences...		Cmd+U
Sneltoetsen...	Keyboard Shortcuts...		
Stop Dreamweaver	Quit Dreamweaver		Cmd+Q
Bestand	**File**		
Nieuw...	New...	Ctrl+N	Cmd+N
Openen...	Open...	Ctrl+O	Cmd+O
Bladeren in Bridge...	Browse in Bridge...	Ctrl+Alt+O	Cmd+Opt+O
Onlangs geopend	**Open Recent**		
Openen in frame...	Open in Frame...	Ctrl+Shift+O	Cmd+Shift+O
Sluiten	Close	Ctrl+W	Cmd+W
Alles sluiten	Close All	Ctrl+Shift+W	Cmd+Shift+W
Mijn scherm delen...	Share My Screen...		
Opslaan	Save	Ctrl+S	Cmd+S
Opslaan als...	Save As...	Ctrl+Shift+S	Cmd+Shift+S
Alles opslaan	Save All		
Opslaan als sjabloon...	Save as Template...		
Vorige versie	Revert		
Pagina-instelling...	Page Setup...		
Code afdrukken...	Print Code...	Ctrl+P	Cmd+P
Koppelingen	Links	Shift+F8	Shift+F8
Applicatie afsluiten	Quit Application	Ctrl+Q	
Bewerken	**Edit**		
Ongedaan maken	Undo	Ctrl+Z,Alt+BkSp	Cmd+Z,Opt+Delete
Opnieuw	Redo	Ctrl+Y,Ctrl+Shift+Z	Cmd+Y,Cmd+Shift+Z

Nederlands	Engels	Toets Windows	Toets Mac
Knippen	Cut	Ctrl+X,Shift+Del	Cmd+X,Shift+Delete
Kopiëren	Copy	Ctrl+C,Ctrl+Ins	Cmd+C
Plakken speciaal...	Paste Special...	Ctrl+Shift+V	Cmd+Shift+V
Wissen	Clear		
Alles selecteren	Select All	Ctrl+A	Cmd+A
Bovenliggende tag selecteren	Select Parent Tag	Ctrl+[	Cmd+[
Onderliggend element selecteren	Select Child	Ctrl+]	Cmd+]
Zoeken en vervangen...	Find and Replace...	Ctrl+F	Cmd+F
Selectie zoeken	Find Selection	Shift+F3	Cmd+Shift+G
Volgende zoeken	Find Again	F3	Cmd+G
Ga naar regel	Go to Line	Ctrl+G	Cmd+,
Coderingstips tonen	Show Code Hints	Ctrl+Space	Ctrl+Space
Codetips vernieuwen	Refresh Code Hints	Ctrl+.	Ctrl+.
Sneltoetsen...	Keyboard Shortcuts...		
Voorkeuren...	Preferences ...	Ctrl+U	
Weergave	**View**		
Inzoomen	Zoom In	Ctrl+=	Cmd+=
Uitzoomen	Zoom Out	Ctrl+-	Cmd+-
Vergroting	**Magnification**		
100%	100%	Ctrl+Alt+1	Cmd+Opt+1
200%	200%	Ctrl+Alt+2	Cmd+Opt+2
300%	300%	Ctrl+Alt+3	Cmd+Opt+3
400%	400%	Ctrl+Alt+4	Cmd+Opt+4
Selectie passend maken	Fit Selection	Ctrl+Alt+0	Cmd+Opt+0
Alles passend maken	Fit All	Ctrl+Shift+0	Cmd+Shift+0
Breedte aanpassen	Fit Width	Ctrl+Alt+Shift+0	Cmd+Opt+Shift+0
Verticaal splitsen	Split Vertically		
Weergaven omwisselen	Switch Views	Ctrl+`	Ctrl+`
Ontwerpweergave vernieuwen	Refresh Design View	F5	F5
Live View	Live View	Alt+F11	Opt+F11
Koppeling volgen	Follow Link	Ctrl+klik	Cmd+klik
Koppeling continu volgen	Follow Link Continuously		
Inspecteren	Inspect	Alt+Shift+F11	Opt+Shift+F11
Visuele hulpmiddelen	**Visual Aids**		
Alles verbergen	Hide All	Ctrl+Shift+I	Cmd+Shift+I
CSS-lay-out achtergronden	CSS Layout Back-grounds		
CSS-lay-out vakmodel	CSS Layout Box Model		
CSS-lay-out omtrek	CSS Layout Outlines		
Omtrek van AP-elementen	AP Element Outlines		
Tabelbreedten	Table Widths		
Randen tabel	Table Borders		

Nederlands	Engels	Toets Windows	Toets Mac
Frameranden	Frame Borders		
Afbeeldingen met hyperlinks	Image Maps		
Onzichtbare elementen	Invisible Elements		
Linialen	**Rulers**		
Tonen	Show	Ctrl+Alt+R	Cmd+Opt+R
Raster	**Grid**		
Raster tonen	Show Grid	Ctrl+Alt+G	Cmd+Opt+G
Raster magnetisch maken	Snap To Grid	Ctrl+Alt+Shift+G	Cmd+Opt+Shift+G
Hulplijnen	**Guides**		
Hulplijnen tonen	Show Guides	Ctrl+;	Cmd+;
Hulplijnen vergrendelen	Lock Guides	Ctrl+Alt+;	Cmd+Opt+;
Hulplijnen magnetisch maken	Snap To Guides	Ctrl+Shift+;	Cmd+Shift+;
Hulplijnen op elementen afstemmen	Guides Snap To Elements	Ctrl+Shift+/	Cmd+Shift+/
Hulplijnen bewerken...	Edit Guides...		
Hulplijnen wissen	Clear Guides		
Kleurpictogrammen	Color Icons		
Panelen tonen	Show Panels	F4	F4
Werkbalken	Toolbars		
Invoegen	**Insert**		
Tag...	Tag...	Ctrl+E	Cmd+E
Afbeelding	Image	Ctrl+Alt+I	Cmd+Opt+I
SWF	SWF	Ctrl+Alt+F	Cmd+Opt+F
Tabel	Table	Ctrl+Alt+T	Cmd+Opt+T
Div-tag	Div Tag		
AP Div	AP Div		
Formulier	**Form**		
Formulier	Form		
Tekstveld	Text Field		
Tekstgebied	Textarea		
Knop	Button		
Selectievakje	Checkbox		
Keuzerondje	Radio Button		
Lijst/menu (Selecteer in CS5)	List/Menu (Select in CS5)		
Lijst/menu	List/Menu		
Bestandsveld	File Field		
Afbeeldingsveld	Image Field		
Verborgen veld	Hidden Field		
Groep keuzerondjes	Radio Group		
Groep selectievakjes	Checkbox Group		
Hyperlink	Hyperlink		
E-mailkoppeling	Email Link		
Benoemd anker	Named Anchor	Ctrl+Alt+A	Cmd+Opt+A

Nederlands	Engels	Toets Windows	Toets Mac
HTML	**HTML**		
Horizontale lijn	Horizontal Rule		
Tekstobjecten	**Text Objects**		
Lettertype	Font		
Vet	Bold		
Cursief	Italic		
Sterk	Strong		
Alinea	Paragraph		
Niet-genummerde lijst	Unordered List		
Genummerde lijst	Ordered List		
Lijstitem...	List Item		
Koptags	**Head Tags**		
Meta	Meta		
Trefwoorden	Keywords		
Beschrijving	Description		
Vernieuwen	Refresh		
Speciale tekens	**Special Characters**		
Regeleinde	Line Break	Shift+Return	Shift+Return
Vaste spatie	Non-Breaking Space	Ctrl+Shift+Space	Cmd+Shift+Space
Overige...	Other...		
Sjabloonobjecten	**Template Objects**		
Sjabloon maken	Make Template		
Bewerkbaar gebied	Editable Region	Ctrl+Alt+V	Cmd+Opt+V
Spry	**Spry**		
Spry gegevensset	Spry Data Set		
Spry-menubalk	Spry Menu Bar		
Spry-deelvensters met tabs	Spry Tabbed Panels		
Spry-accordeon	Spry Accordion		
Inklapbaar Spry-deelvenster	Spry Collapsible Panel		
Spry-knopinfo	Spry Tooltip		
Wijzigen	**Modify**		
Pagina-eigenschappen...	Page Properties...	Ctrl+J	Cmd+J
Sjablooneigenschappen...	Template Properties...		
CSS-stijlen	CSS Styles	Shift+F11	
Koppeling maken...	Make Link...	Ctrl+L	Cmd+L
Koppeling verwijderen	Remove Link	Ctrl+Shift+L	Cmd+Shift+L
Tabel	**Table**		
Cellen samenvoegen	Merge Cells	Ctrl+Alt+M	Cmd+Opt+M
Cel splitsen...	Split Cell...	Ctrl+Alt+S	Cmd+Opt+S
Rij invoegen	Insert Row	Ctrl+M	Cmd+M
Kolom invoegen	Insert Column	Ctrl+Shift+A	Cmd+Shift+A
Rij verwijderen	Delete Row	Ctrl+Shift+M	Cmd+Shift+M
Kolom verwijderen	Delete Column	Ctrl+Shift+-	Cmd+Shift+-

Nederlands	Engels	Toets Windows	Toets Mac
Colspan vergroten	Increase Column Span	Ctrl+Shift+]	Cmd+Shift+]
Colspan verkleinen	Decrease Column Span	Ctrl+Shift+[	Cmd+Shift+[
Afbeelding	**Image**		
Optimaliseren...	Optimize...		
Bewerken met	Edit With		
Bijwerken vanuit origineel	Update From Original		
Grootte van origineel herstellen	Reset Size To Original		
Uitsnijden	Crop		
Aantal bits	Resample		
Helderheid/contrast	Brightness/Contrast		
Verscherpen	Sharpen		
Sjablonen	Templates		
Sjabloon toepassen op pagina...	Apply Template to Page...		
Loskoppelen van sjabloon	Detach from Template		
Gekoppelde sjabloon openen	Open Attached Template		
Kenmerk bewerkbaar maken...	Make Attribute Editable...		
Formaat	**Format**		
Inspringen	Indent	Ctrl+Alt+]	Cmd+Opt+]
Uitspringen	Outdent	Ctrl+Alt+[	Cmd+Opt+[
Alineaopmaak	**Paragraph Format**		
Geen	None	Ctrl+0	Cmd+0
Alinea	Paragraph	Ctrl+Shift+P	Cmd+Shift+P
Kop 1	Heading 1	Ctrl+1	Cmd+1
Kop 2	Heading 2	Ctrl+2	Cmd+2
Kop 3	Heading 3	Ctrl+3	Cmd+3
Kop 4	Heading 4	Ctrl+4	Cmd+4
Uitlijnen	**Align**		
Links	Left	Ctrl+Alt+Shift+L	Cmd+Opt+Shift+L
Midden	Center	Ctrl+Alt+Shift+C	Cmd+Opt+Shift+C
Rechts	Right	Ctrl+Alt+Shift+R	Cmd+Opt+Shift+R
Uitvullen	Justify	Ctrl+Alt+Shift+J	Cmd+Opt+Shift+J
CSS-stijlen	**CSS Styles**		
Nieuw...	New...		
Stijlblad koppelen...	Attach Style Sheet...		
Opdrachten	**Commands**		
Spelling controleren	Check Spelling	Shift+F7	Shift+F7
Bronopmaak toepassen	Apply Source Formatting		
HTML opruimen...	Clean Up HTML...		
Word-HTML opruimen...	Clean Up Word HTML...		

Nederlands	Engels	Toets Windows	Toets Mac
Webfotoalbum maken (t/m CS4)...	Create Web Photo Album...		
Tabel sorteren...	Sort Table...		
Site	**Site**		
Nieuwe site...	New Site...		
Sites beheren...	Manage Sites...		
Ophalen	Get	Ctrl+Shift+D	Cmd+Shift+D
Plaatsen	Put	Ctrl+Shift+U	Cmd+Shift+U
Hele site synchroniseren...	Synchronize Sitewide...		
Koppelingen op de hele site controleren	Check Links Sitewide	Ctrl+F8	Cmd+F8
Koppeling op de hele site wijzigen...	Change Link Sitewide...		
Venster	**Window**		
Invoegen	Insert	Ctrl+F2	Cmd+F2
Eigenschappen	Properties	Ctrl+F3	Cmd+F3
CSS-stijlen	CSS Styles	Shift+F11	
AP-elementen	AP Elements	F2	F2
Bestanden	Files	F8	Cmd+Shift+F
Middelen	Assets		
Paneel Tags	Tag Inspector	F9	Opt+Shift+F9
Werkingen (Gedrag in CS5)	Behaviors	Shift+F4	Shift+F4
Historie	History	Shift+F10	
Resultaten	**Results**		
Zoeken	Search	F7	F7
Referentie	Reference		
Validatie	Validation		
Browsercompatibiliteit	Browser Compatibility		
Koppelingen controleren	Link Checker		
Siterapporten	Site Reports		
Panelen tonen	Show Panels	F4	F4
Toepassingsbalk	Application Bar		
Help	**Help**		
Dreamweaver Help	Dreamweaver Help	F1	F1
ColdFusion Help	ColdFusion Help	Ctrl+F1	Cmd+F1
Referentie	Reference	Shift+F1	Shift+F1

Register

A

B

C

D

E

F

G

H

I

J

K

L

M

N

O

P

Q

R

S

T

U

V

W

X

Y

Z